KB271137

성서 그리고 도마복음

The Bible
and
The Gospel of Thomas

김창호

도서출판 예랑

성서 그리고 도마복음 *(말씀 1-28)*

The Bible and The Gospel of Thomas

지은이 _ 김창호
초판 1쇄 _ 2024.09.20.
발행처 _ 도서출판 예랑
발행인 _ 김창호
등록번호 _ 제 11-390 호 1994년 7월 22일

주소 _ 경기도 의왕시 왕곡로 55. 103-1102호
전화 _ 010-2211-4111
E-mail _ thailo@hanmail.net
총판 _ 하늘유통(031-947-9753)

Youtube.com/@biblelogos
http://cafe.daum.net/entebiblo

ISBN 978-89-88137-27-7 (03230)
정가 _ **22.000원** ⓒ김창호 2024

탈종교 후 가야 할 길

들어가는 말

금세기 성서고고학 분야의 최대 성과는, 쿰란 공동체가 동굴에 보관해 묻혀 있던 사해사본을 발굴한 일이다. 이 사해사본은 쿰란(사해의 북서쪽 해변에 있는 고대 키르벳 쿰란 근처) 주변과 11개 동굴에서 발견되었다. 쿰란 문서라고도 하는 사해 문서는 히브리 성서를 포함한 900여 편의 다양한 종교적인 문서로 되어 있다. 1946년 11월 베두인 목동에 의해 우연히 발견된 후 본격적인 발굴이 1947년에서 1956년경까지 진행된다. 이들의 연대는 기원전 2세기로 올라가기 때문에 종교적, 역사적 가치가 매우 높다. 현존하는 구약 사본으로서는 최고(最古, 가장 오래된)의 사본으로 평가받는다.

사해사본이 발견되기 1년 전, 1945년 이집트의 나그함마디 마을에서 나그함마디 문서(Nag Hammadi library)가 발견되는데, 이는 다량의 초기 기독교 영지주의 문헌들이다. 12권의 가죽 장정 된 파피루스 코덱스가 밀봉된 항아리에 들어있었다. 이를 모함마드 알리라는 농부가 발견하였다. 여기서 코덱스(codex)란

고전 시대부터 중세에 이르기까지 필사하여 만든 책을 칭하는 용어다.

발견된 나그함마디 문서 영어 번역판을 발간한 제임스 로빈슨은 그 책의 서문에서 이 코덱스들은 마을 근처에 있었던 파코미아 수도원(Pachomian monastery)에 속해 있었는데 대주교 아타나시우스가 기원후 367년 정경으로 채택되지 못한 문서에 대해 이단 정죄를 시작하자, 이를 피하여 항아리에 담아 밀봉한 후 땅속에 묻어 놓은 것으로 추정했다.

문서들은 모두 콥트어로 작성되었는데, 그리스어로 된 원본의 콥트어 번역본인 것으로 추정하고 있다. 그중 가장 대표적인 것으로 예수의 어록만을 담고 있는 영지 복음서인 『도마복음』은 크게 훼손되지 않고 거의 원형 그대로 보존되었다.

나그함마디 문서의 발견은 동시에 1898년 남부 나일강 상류 지역에 있는 이집트 옥시링쿠스(Oxyrhynchus)에서 막대한 양의 고대 헬라어 사본들이 발견되었는데, 그중 일부 예수의 어록을 기록한 파피루스 조각 본들이(AD 80년경 저작된 것으로 추정) 원본 헬라어 『도마복음』의 일부라는 것이 판명될 수 있었다. 도마복음의 아주 일부분만 발견되었다는 점이 아쉽다. 고대 사본들은 박물관에 보관되어 학자들의 본문비평을 거친 연구가 계속되고 있고 새로운 연구 발표 또한 꾸준할 것이다.

쿰란 문헌은 80% 이상이 **히브리어**로 작성된 문서들이고(일부 아람어와 코이네 그리스어 문서 포함), 나그함마디 문서는 **콥트어**로 기록된 문헌들이다. 옥시링쿠스에서 발굴된 문헌들은 **헬라어**(그리스어)로 기록되었고 신약성서와 관련한 문서들이 대부분이다. 3

개의 언어로 기록된 고대 문헌들은 중근동의 이스라엘과 이집트 지역으로 각각 발굴된 장소는 다르지만, 다른 언어의 문헌이라는 것이 경이롭다.

나그함마디 문서 중 도마복음은 대한민국이 일제강점기에서 해방되던 해에 땅속에서 벗어났으니, 해방 80년 맞이를 앞두고 있다. 그동안 학계와 종교계의 비상한 관심 속에서 도마복음 연구가 지속되어 왔다. 우리나라에도 다수의 번역본과 논문들이 발표되고 있으나, 주류 기독교는 도마복음에 별 관심을 두지 않고 경원시하거나 소외시키고 있는 실정이다. 정경복음 외에는 경전이 될 수 없다는 도그마에 갇혀 텍스트 자체를 무시하는 경향이 있다.

이 책은 도마복음 서론에서부터 말씀 1-28번까지에 대한 해설서다. 글을 쓰다 보니 한 권의 분량이 되어 우선 묶어서 출간하기로 하고 나머지 로기온의 풀이도 계속 진행할 것이다. 순차에 따라 로기온 114까지 풀이를 해볼 요량이다.

국내의 여러 해설서는 저자들께는 송구하나 일부러 참고하지 않고 콥트어 본문과 성서의 여러 이야기에만 집중하였다. 균형감을 잃지 않으려 S.J. Gathercole 의 주석서를 주로 참고하여 많은 도움을 받았다. 그러나 그의 주석서에 나오는 관련 자료와 연관 성구를 중심으로 하였고 그의 주석과 해석은 만족할 수 없었다. 그래서 콥트어 본문과 성서의 텍스트와 온전히 씨름하며 글을 쓰려고 하였다.[1]

---

1) S.J.Gathercole, The Gospel of Thomas Introduction and Commentary,(Brill, Leiden) 2014.

콥트어 텍스트를 놓고 각종 번역본과 비교하며 원문에 대한 이해를 모색했다. 그러면서 다소 매끄럽지 않고 어색하더라도 의역보다는 직역을 시도했다. 가능하면 원문의 분위기를 탐색해 보려는 의도 때문이다. 필자가 콥트어에 능숙하거나 익숙해서가 아니다. 도마복음은 헬라어를 콥트어로 음역한 어휘가 많다. 예컨대 헬라어 코스모스(κόσμος)를 소리 나는(발음) 대로 콥트어 문자 코스모스(ⲕⲟⲥⲙⲟⲥ)라 표기한다. 그런 식의 어휘가 다수라는 것과 이미 연구자들에 의해 제공된 자료를 활용하여 콥트어 본문에 접근하였다.2)

동시에 콥트어 문자는 그 기반이 헬라어다. 24개 헬라어 알파벳을 그대로 빌리고, 고대 이집트의 민중 문자 6개가 추가되었을 뿐이다. 신약성서의 헬라어 문장에 친숙한 이들은 쉽게 접근할 수 있다고 여긴다. 콥트어에 문외한인 필자가 콥트어 본문을 직역하면서 해설서를 쓰게 된 계기는 그런 정도의 관심에

---

2) Martijn Linssen, The true words of Thomas, Interactive Coptic-English translation. MA Version 1.9.5. 2020. 여기 사용된 번역은 콥트어 단어가 하나의 영어 단어로 번역하고 문자 그대로의 번역을 달아주었다고 저자는 말한다. 그리고 이 책에서 도움을 받을 수 있었던 것은 전자책과 온라인 콥트어 사전과 하이퍼링크로 연결해놔서 언제든 콥트어 사전을 손쉽게 찾아볼 수 있게 해주어 큰 도움이 되었다. 독일 괴팅겐 대학의 주도로 만들어진 KELLIA 의 콥트어 사전 온라인(CDO)판에 있는 콥트어 단어로 하이퍼링크를 사용하여 검증할 수 있었다. 이 책은 Coptic-English concordance 와 English-Coptic concordance 를 부록으로 담고 있어 연구자들에게는 매우 소중한 자료다. 콥트어 본문 연구의 또 다른 자료는 Michael W . Grondin. Grondin`s Interlinear Coptic/English Translation of The Gospel of Thomas, Revised November 22, 2002.를 참고했다.)

이끌려 시도한 것이다.

정경복음과 도마복음은 어록의 약 절반 정도가 일치하고 나머지는 정경복음에 없으니 불일치 하는 것일까. 도마가 기록한 예수의 어록 일부가 왜 사복음서에는 보이지 않는 것일까. 그에 대해서는 Q 자료(복음)와 도마복음의 관계를 연구하는 이들이 다양한 견해로 답할 수 있을 것이다.

그러한 질문에 나는 이렇게 되묻는다. 창세기와 요한계시록은 문체와 서술방식과 이야기하는 내용이 전혀 다른데 왜 하나의 책으로 묶여 있을까. 둘은 같은 책인가 다른 책인가. 서로는 서로에게 적대적인 문서일까 아니면 서로를 보충하고 있는 것일까. 각자는 그 나름대로 문서의 완결성을 지닌다. 전혀 다른 성격의 문서이나 비평가에 의해서 수많은 비평이 이뤄질 수도 있지만, 독자에 의해서 둘은 서로를 증거로 제시하고 서로를 보충하는 문서로 읽힐 수도 있다. 그러나 또 다른 독자에 의해 창세기와 요한계시록은 매우 이질적인 문서가 하나의 책에 담겨 있는 불편하고 이상한 책이라고 비판받을 수도 있다. 이러한 물음과 토론을 봉쇄하기 위해 서구의 신학자들이 묘책을 세운 것이 있으니 성서 영감설(靈感說)이다. 유기적 영감론(Organic Inspi-ration)으로 다수의 질문과 토론을 원천 차단하려 한다. 질문이 시작되면, 그 같은 장치로 과연 질문을 봉쇄할 수 있을 것인가.

도마복음과 정경복음의 차이와 같음에 대해 나는 창세기와 요한계시록의 같음과 다름 정도로 이해한다. 나는 도마복음과 정경복음은 서로를 너무나 잘 보완하고 있다고 여기며 그렇게 읽고 해설한다. 도마복음의 난해한 로기온은 성서의 찬란한 빛에 의해 해석되고, 성서의 난해한 구절 또한 도마복음의 아름다운 로기온이 되비쳐 주어 성서 이해의 깊이를 더 해준다. 도마복음이 어록의 모음집이라는 특성이 있지만, 모름지기 어떤 말씀이 말씀으로 드러나려면 그것의 전후 맥락과 서사가 있기 마련이다. 같은 사건이 아니라 하더라도 유형이 같은 다른 이야기에서 어록을 유추할 수 있다. 성서는 이야기 모음집이고, 성서에는 수많은 이야기가 담겨 있다. 도마복음은 서사와 이야기가 없이 어록만을 모아놨다. 그렇다고 도마복음이 서사가 없다고 단정할 수 없는 이유는 하나의 어록이 존재하기 위해서는 반드시 보이지 않는 서사 속에서 어록이 생산된다는 것이다. 따라서 독자에 의해 어록의 이면에 있는 서사가 읽혀야 한다. 그때 수많은 서사가 담겨 있는 성서는 매우 훌륭하고도 풍부한 자료를 제공한다. 성서는 도마복음을 밝혀주는 보물 창고(寶庫)다. 동시에 도마복음의 어록은 수많은 서사의 의미를 비로소 이해하게 하는 결정적인 힌트를 제공하고 있다.

도마복음 풀이 글을 쓰면서 더욱 분명해진 사실이 있다. 도마복음과 성서는 서로 충돌하지 않는다는 것이다. 서로는 서로를 너무도 충분하게 보완하고 보충해준다. 물론 성서가 완결성이 부족해서 보완해준다는 말이 아니다. 어떤 문서도 그 자체로 나름의 완결성을 갖는다. 독자가 질문하고 의문을 갖게 될 때 그 물음에 답해주는 텍스트로서 서로는 서로를 보충해준다는 의미다. 물론 이것은 매우 개인적인 견해로 비판받을 수 있다. 그에 대한 비판은 기꺼이 감수한다.

나는 성서를 사랑한다. 히브리어와 헬라어 텍스트로 기록된 그들 텍스트와 수많은 시간을 보냈고 또 보내고 있다. 나는 도마복음이 경이롭다. 그것이 낯선 콥트어와 씨름하며 그 의미와 뜻을 탐색하게 하는 동기가 되었고 거기서 얻은 이해를 기록하여 또 다른 누군가와 나누고 싶어 이렇게 책을 내게 된다. 그래서 이 책은 도마복음 속의 성서와 성서 속의 도마복음으로 읽히기를 희망한다. 둘의 차이와 다름에 대해서는 다른 이들에 의해서 논구되고 발표될 것이다. 이 책은 둘(정경복음과 도마복음)을 대립시키지 않는다. 서로의 조화 속에서 근원과 궁극을 탐색해 나간다.

아테네 델피 신전에 기록된, 소크라테스가 인용하여 유명한 '너 자신을 알라(그노티 세아우톤 γνῶθι σεαυτόν)'는 명제가 도마복음에서는 '너 자신을 아는 것이 왕국이 찾아오는 것이고, 왕국에 들어가는 것'임을 곳곳에서 역설(?)한다. 도마복음의 주제는 '나 자신이고, 또 너 자신'이다. 그리고 단지 '너 자신을 알라'는 단순 명제에 그치는 것이 아니라, 114개의 주옥같고 번득이는 어록에 담아 우리 자신의 내면 속으로, 깊고 또 높은 곳으로 안내한다.

탈종교 시대는 벌써 와 있고 또 오고 있다. 그때는 교회가 필요했고 사원이 필요했다. 그것이라도 없었으면 정신의 결핍으로 헐벗고 주려 죽을 수밖에 없었다. 이제 그들의 유통기한은 다했다. 남아 있다 해도 한시적이다. 누군가에게는 여전히 필요하겠지만, 순례자는 이제 그곳을 지나 자기 자신에게로 향해야 한다. 교회 밖에서, 사원 밖에서도 넉넉히 존재 자아(εἶναι Ἐγώ 에이나이 에고)로 세워져야 하고 서 있어야 한다. 이제는 예루살

렘을 떠나 각자 흩어져 제 홀로 서서 존재의 삶을 살아가야 한
다. 더는 누군가에게 길을 묻는 일을 멈춰야 한다. 그들의 답이
언제나 오류일 수밖에 없는 까닭은 종교지도자, 그가 '나'일 수
는 없기 때문이다. 그의 답은 그에게 옳은 것이지, 내게 옳은
것은 아니기 때문이다. 그의 말은 그의 말이지 '내'가 아니다.
힌트는 될 수 있을지 몰라도 결코 정답은 아니다. 그에게 더는
의존할 수 없다. 내 삶에 대해서는 나 자신에게 묻고 또 물어
야 한다. 흩어져 제 홀로 남겨져 정신이 직립보행하여야 할 '디
아스포라'에게 이 책이 길라잡이가 되길 희망한다. 1700년 동
안 땅속에 묻혀 있다가 얼굴을 드러낸 고대의 문서가 인공지능
시대에 길을 묻는 이들에게 답을 찾게 해줄 수 있을까. 때로
AI에게 묻게 되더라도 내 삶은 내가 살아야 한다. 스스로 그
물음에 답을 찾으려는 이들에게 여기 숨겨져 있던 문서 '도마
복음'에서 힌트를 얻어보면 어떻겠는가 제안하고 싶다.

2024년 8월 뜨거운 여름 한가운데서

목 차

도마복음 서론 · 도마복음 텍스트 구조

이것은 살아있는 예수가 말했고 쌍둥이 유다
도마가 기록한 숨은 그 말씀이다.

살아있는 예수

여기서 살아있는 예수란 단지, 생물학적으로 육체가 살아있을 때만을 의미하지 않는다. 예수는 나는 길이요 진리요 생명이라고 했다. 이때 생명을 일컫는 말이 헬라어로 조에(ζωή)라 한다. 여기서 길(ὁδός)과 진리(ἀλήθεια)와 생명(ζωή)이라고 할 때의 생명을 대부분 영원한 생명(eternal life) 곧 시간의 영원을 가미시켜 종교적으로 해석하려 한다. 나는 그 같은 견해에 동의하지 않는다. 영생의 개념을 크로노스의 역사적인 시간의 연속성에서 이해하려는 것은 매우 이기적이고 기만적이다. 신학적 반성이 필요하다.

'생명' 혹은 '살아있는'의 의미는 말씀 1에 나오는 '죽음을 맛보지 않는다'라고 할 때의 생명이다. 요한복음은 로고스 복음이고, 하나님을 로고스로 단언하는 혁명의 복음서다. 신이란 무엇인가에 대해 단호하게 로고스로 규정하고 시작하는 게 요한복음이다. 거기서 로고스는 사람들의 빛이고 동시에 생명이라고 선언한다. 다시 로고스를 우상으로 세우는 우를 범하지 않아야 요한복음을 제대로 읽어갈 수 있다. 그러므로 로고스란 무엇인가를 성실하게 묻는 게 필요하다.

살아있는 예수란 생명(ζωή)의 예수, 곧 로고스를 담고 있어서 산 자(εἰς ψυχὴν ζῶσαν)일 뿐 아니라 살려 주는 영(εἰς πνεῦμα ζωοποιοῦν)의 예수를 의미한다. 곧 로고스의 복음을 선언하는 자 예수요, 도마복음은 쌍둥이 유다스 토마스를 통해 114개의 말씀을 전한다.3)

---

3) 도마복음 114개 어록의 시작과 소개 문장의 특성을 보면 다음과 같다.

1. "예수가 말했다 …" ⲡⲉϫⲉ ⲓ(ⲎⲤⲞⲨ)Ⲥ̄, λέγει Ἰ(ησοῦ)ς)의 방식이다. '예수가 말했다… Jesus Said …'로 대개 번역한다. 2 - 5, 7 - 11, 13 - 17, 19, 23, 25 - 36, 38 - 42, 44 - 50, 54 - 59, 61 - 71, 73 - 78, 80 - 90, 92 - 98, 101 - 103, 105 - 112, 114가 여기에 해당한다.

2. 말씀 1과 8은 '그리고 그가 말했다(ⲁⲩⲱ ⲡⲉϫⲁϥ 아우오 페자프, and he said)'로 시작한다. '그가 말했다(ⲡⲉϫⲁϥ 페자프 he said)'로 시작하는 말씀은 65, 74다. 소개말이 없는 곳도 있다. 어록 27, 93, 101이다. 이 경우 번역본들은 [예수가 말했다], <Jesus said,>로 대괄호를 넣고 있다. 따라서 '예수가 말했다'라는 분류 목록에 포함할 수 있다.

3. 기타의 어록들은 18, 20, 37, 43, 51-53, 60, 72, 79, 91, 100, 104, 113의 경우 '그의 제자들이 예수에게 말했다.'라는 방식이다. 21은 '마리아가 예수에게 말했다.'라고 시작된다. 물론 각 말씀 본문의 핵심은 예수가 말하는 구조다. 72는 표기가 명확지 않아 '[어떤 사람이] 그에게 말했다.'라고 시작한다. 79 '군중 속에서 한 여인이 그에게 말했다.' 91 '그

디두모스 유다스 토마스

도마(콥 ⲑⲱⲙⲁⲥ, 헬 Θωμᾶς thōmas)는 아람어 토마(תאומא)에서 유래했고, 그것은 성서 히브리어 토모(תאומ)에서 빌려온 이름이다. 토마는 남자 쌍둥이 이름이다. 성을 구분하지 않을 때, 테 옴(תאומ)이고 그 뜻은 쌍둥이(Twin)다. 헬라어로는 Θωμᾶς(토마스)다. 아람어를 소리 나는 대로 음역하여 헬라어로 표기한 것임을 알 수 있다. 본래 헬라어로 쌍둥이는 디두모스(ⲆⲓⲆⲨⲘⲞⲤ, תא ם 톰)다. 디두모스 역시 쌍둥이라는 뜻으로 요한복음에 3회 나오고 호메로스의 서사시 '일리아드와 오디세이'에 나온다. (요 11:16; 20:24; 21:2, Homer Iliad 23, 641.)4) 사복음서에 따르면 도마는 예수의 열두 제자 중 한 사람이다. 콥트어 디두모스(ⲆⲓⲆⲨⲘⲞⲤ)는 헬라어 디두모스(Δίδυμος)를 소리 나는 대로 표기한 것임을 알 수 있다.

도마복음 들어가기에서 주목할 바는 '이름'의 상징이다. 도마복음은 쌍둥이 복음이다. 도마복음을 다른 이름으로 부르라면 그렇게 부를 수 있다. 도마는 예수의 말씀을 받아적었다. 예수의 심비(心碑)에서 터져 나오는 말씀을 그대로 옮겨적은 제자이

들이 그에게 말했다.' 100 '예수에게 금화 하나를 보이고 이렇게 말했다.' 104 '그들은 말했다.' 113 '그의 제자들이 그에게 말했다.'라는 특성을 볼 수 있다.

4) Homer, Odyssey 19, 227; 쌍둥이(Δίδυμος), 삼 쌍둥이(τρίδυμος 트리두모스), 사 쌍둥이 (τετράδυμος 테트라두모스), 일곱 쌍둥이(ἑπτάδυμος, 헵타두모스) Δί+δυμος 에서 Δί(ς)가 둘(double)의 의미고 δυ(ι)μος 는 사람(people)이라는 뜻이다.

니, 예수의 복심(腹心)이 틀림없다. 예수와는 정신적으로 쌍둥이를 방불한다. 그래서 쌍둥이일까? 그럴 리 없다. 옛사람들 이야기 속에 쌍둥이 의미를 그렇게 사용하지 않는다. 한 배(胚)에서 같은 날에 동시에 태어나 둘은 서로 비슷하나 전혀 다른 존재 유형을 쌍둥이로 비유한다. 겉의 모습은 유사하다. 속은 전혀 다르다.

옥시링쿠스 사본5)에는 '디두모스'라는 단어가 보이지 않는다. 콥트어 본문에는 디두모스 유다스 토마스라고 기록한다.

도마의 본래 이름은 '유다'다. 유대의 '유다'는 한두 사람이 아니다. 그의 별명이 '토마스'고 토마스라는 말은 아람어로 쌍둥이며, 이의 헬라 말이 '디두모스' 즉, 토마스와 같은 의미의 쌍둥이라는 뜻을 갖는다. 따라서 '디두모스 유다스 토마스'라는 말은 쌍둥이라는 말이 두 번 겹쳐 있는 셈이다. 본래의 이름은 '유다'가 맞다.

신약성경 '유다서'의 저자와 동일 인물일 가능성도 배제할 수는 없다. 물론 문체에서는 유사점을 찾기 어려운 점도 있는 게 사실이다. 예수에게 '유다'라는 생물학적인 형제가 있었다. 마가복음 6:3에 보면 "이 사람이 마리아의 아들 목수가 아니냐 야고보와 요셉과 유다와 시몬의 형제가 아니냐 그 누이들이 우리와 함께 여기 있지 아니하냐 하고 예수를 배척한지라"

---

5) P.Oxy. 654. 1-5 {οι} τοῖοι οἱ λόγοι οἱ [ἀπόκρυφοι οὓς ἐλά]λη
   σεν ιης ὁ ζῶν κ[αταγράφοντος Ἰούδα τοῦ] καὶ Θωμᾶ. καὶ εἶπεν·
   [ὅς ἂν τὴν ἑρμηνεί]αν τῶν λόγων τούτ[ων εὕρη, Θανάτου] οὐ μὴ
   γεύσηται.

유다서의 저자가 예수의 형제 유다라는 추측은 유다서 1절 '야고보의 형제 유다'라는 표현에서 비롯된다. 그렇다고 예수의 생물학적 쌍둥이 형제라고 단정할 수 있는 근거나 자료는 희박하다. 생물학적 쌍둥이로 규정할 때 동정녀 탄생에 대한 사복음서의 표현들에 대한 또 다른 논란이 제기될 수 있다. 물론 성령으로 잉태하여 동정녀에게 탄생했다고 하는 신화적 표현은 당연히 해석이 필요하고 신화적 표현을 통해 전달하고자 하는 이야기 속 은유를 포착할 과제가 우리에게 놓여 있다.

이 글은 쌍둥이에 대한 생물학적 논의에 주목하지 않는다. 도리어 유다에게 디두모스와 토마스라는 이름이 부여되어 있고 그렇게 불리고 있는 그의 이름이 상징하는 바를 주목한다. 그가 생물학적으로 쌍둥이였기에 그렇게 불렸을 수도 있지만, 아람어 토마스라는 이름 때문에 디두모스라 불렸을 수도 있다. 도마의 주변 사람들이 '디두모스'라 부르고 있었다는 사실이 이를 뒷받침한다(요 21장). 본래 이름 유다보다 도마가 더 알려져 있다.

구약에서 쌍둥이로 등장하는 첫 인물이 '12형제(그중에는 유다라는 아들도 있었음)'의 아비였던 '야곱'과 그의 형 '에서' 이야기다.

성경은 형제 이야기, 혹은 쌍둥이 이야기를 통해 전해주려는 바가 분명하다. 가인과 아벨 이야기가 그렇고 이스마엘과 이삭의 이야기가 그렇다. 갈라디아서를 통해 바울은 이스마엘과 이삭의 이야기를 비유와 상징으로 해석하여 이스마엘은 육신의 자녀로, 이삭은 약속의 자녀라고 명확히 해준다. 구약의 형제 이야기를 실존적으로 풀이하고 있다는 사실에서 쌍둥이 이야기의 존재론적 단서를 찾을 수 있다.

쌍둥이 이야기는 서로 대립하는 두 존재 양태를 담고 있다. 우리 자신의 내면에 담겨 있는 두 모습이다. 나의 두 모습을 형제 이야기로 때로는 쌍둥이 이야기로 풀어간다. 누가복음의 형제 이야기도 마찬가지다. 맏아들과 둘째 아들이라는 형제 이야기는 나의 두 존재 양태를 일컫는다.

쌍둥이의 대표적 인물은 야곱과 에서다. 이야기 속에 에서는 자유를, 야곱은 사랑에 대한 기표다. 그렇게 말할 수 있는 근거는 에서와 야곱은 약속의 자녀 이삭이 낳은 자이기 때문이다. 이삭은, 이스마엘과 대립하며 갈등의 자리에 있었지만, 이스마엘이 광야로 쫓겨난 후 비로소 영을 좇아 사는 자의 표상이 된다. 바울이 그렇게 해석하고 있다(갈라디아서 참조). 믿음은 자유를 낳는다. 자유자 이삭은 믿음의 조상 아브라함이 사라(자유자의 어미)를 통해 낳으니 이삭은 '자유'를 상징한다.

성령을 좇아 사는 이삭의 삶 속에서 맺게 되는 두 자녀, 두 열매가 쌍둥이 '에서와 야곱'이다. 에서와 야곱은 이삭이 낳은 쌍둥이다. 에서와 야곱은 자유와 사랑의 갈등에 대한 그림이다. 자유는 자유와 사랑을 낳는다. 자유와 사랑은 한 씨, 한 배에서 태어난 쌍둥이 형제라는 말이다. 자유는 자유를 앞세우고 자유를 우선한다. 자유의 가치가 강조되는 것에 비례해 사랑을 억압한다. 어린 야곱은 엄마 품에 안겨 있는 응석받이 사랑에 머문다. 처음에는 사랑이 만개하는 것이 아니다. 자유가 사자처럼 포효하며 먹이를 찾는 사냥꾼의 모습으로 이야기가 진행된다. 이는 의식의 흐름이 흘러가는 순서도나 다름없다.

이 둘이 갈등과 다툼의 시기를 거쳐 서로 껴안는 것이 얍복 강가에서 아니던가. 사랑은 자유를 기반으로 한다. 자유는 사랑을 지향하지 않으면 팥죽 한 그릇에 목매고 만다. 하나님 나라의 유업은 믿음과 소망과 사랑을 통해 이어진다. 히브리인들은 아브라함의 하나님, 이삭의 하나님, 야곱의 하나님을 통해 그들의 하나님이 살아계신 하나님이라고 증거한다. 성서의 이야기에 형제와 쌍둥이 이야기가 등장하는 배경이다.

쌍둥이는 대립적인 양태로 나타나지만, 궁극적으로는 다툼의 존재, 대립의 존재가 아니라 하나로 화합해야 할 존재다. 야곱과 에서는 서로 화해하고 껴안아야 할 존재다. 육신의 자녀와 약속의 자녀는 대립과 갈등의 과정을 거쳐 하나로 융합 통일되어야 할 존재라고 하는 사실.

선과 악은 서로 대립의 표현이지만 형제다. 빛과 어두움도 마찬가지. 이 둘은 둘이지만 둘이 아니라 한 형제요 한 태에서 태어난 쌍둥이라는 사실이다. 저녁과 아침은 대립하는 존재가 아니라 생명을 키우기 위한 하나의 은혜다. 빛과 어두움, 은혜와 징계, 심판과 의는 다름이나 다툼이 아니라 한 형제다. 징계와 심판은 어둠이고 의와 은혜는 빛이라고 하는 이분법적인 세계관이 판을 치고 있다.

이런 때에 쌍둥이 복음은 진정 복음이 될 수 있을까. 도마복음 말씀의 서술 구조는 이항대립의 형태를 띠고 있다. 독자들이 이해하기 쉽게 둘의 대립구조(쌍둥이)로 진술된다. 노인과 어린아이를 대립시키면 그 의미 전달이 쉽다. 산 자와 죽은 자, 영과 육, 선악과 생명, 사망과 생명, 안과 밖, 하늘과 땅, 먼저와 나중, 앞에 있는 것과 감추어진 것, 나타난 것과 숨어 있는 것, 축복과 저주, 큰 물고기와 작은 물고기 등등 서로 대조적인 구조 틀 거리로 114개의 말씀(말씀)을 진술하고 있다고 나는 파악한다.

대조법은 서로 반대되는 개념이나 사실을 대조시켜 현상의 본질을 뚜렷하고 인상적으로 드러내려는 방식이다. 내용상 대립되지만 짝(쌍둥이)을 이루면서 전달하려는 뜻을 분명히 한다. 대구법은 내용과는 상관없이 형식상 짝을 이뤄 표현하는 방식이다. 디두모스 유다스 토마스라는 표현이 상징하는 바는, 도마복음의 말씀 서술방식과 매우 밀접한 관련이 있다. 유다의 특징은 대조법을 이용하여 말씀을 전달하는데 탁월해, 디두모스라는 별명이 생겼을 테고, 본래 이름 유다와 상관없이 스스로도 '토마스'라고 불렀을 수도 있었을 개연성이 높다. 거기서 '디두모스 유다스 토마스'라는 독특하고도 조금은 장황한 이름이 서론에 등장하는 배경으로 나는 해석한다. 도마복음 텍스트 전체를 관통하는 구조적 특성이다.

선악이 먼저 오고 생명은 다음에 온다. 여기서 먼저와 다음이란 우리 의식의 성장 과정이 그렇다는 의미다. 우리의 의식은 처음엔 선악으로 태어나고 두 번째 다시 거듭나면 생명으로 태어난다는 말이다. 처음 사람은 양육강식의 논리에 매몰되어 살지만, 둘째 사람은 바람처럼 흐름을 따라 살고자 한다. 이 경우 쌍둥이라기보다는 형제다. 먼저 온 자가 있고 나중의 사람이 있기 때문이다. 먼저 태어나는 맏아들이 있고 나중에 태어나는 둘째 아들이 있다는 말이다. 이 둘은 잠시 대립한다. 서로 거스른다. 서로 이해하지 못하는 것에서 갈등한다. 우리 내면이 겪는 갈등이라는 것은 결국 이 두 존재가 양립하며 마주하고 있기 때문이다.

이 둘은 하나가 쫓겨나야 비로소 평화가 도래한다. 전쟁을 겪지 않고서는 극복할 수 없다. 이사야의 두 아들 스알야숩과 마헬살랄하스바스도 형제다. 스알야숩은 '남은 자가 돌아오리라'는 예언을 담고, 마헬살랄하스바스는 '노략이 속히 온다. 파멸이 임박하다.'는 의미를 담은 이름이다.

형제의 시대가 가고 나면 쌍둥이 시대가 도래한다. 자유와 사랑은 쌍둥이다. 이 둘은 전적으로 대립하기만 하는 존재가 아니다. 한 씨, 한 태에서 태어나, 때로는 대립하기도 하고 때로는 융합한다. 자유를 기반하지 않는 사랑은 사랑이 아니다. 강제된 사랑은 사랑이 아니다. 권해서 하는 사랑은 강제된 것이다. 사랑에 앞서 자유가 먼저다.

자유는 사랑할 수도 있고, 사랑하지 않을 수도 있다. 자유자의 의식은 무엇에도 속박되지 않는다. 그리하여 하늘을 난다. 처음엔 자유에 의해 사랑이 움츠러든다. 사랑으로 자유가 더 자유롭다는 사실을 섣부른 자유는 잘 알지 못한다. 자유가 자유를 마음껏 구가하는 그 끝에 사랑이 찾아온다. 사랑은 자유를 비로소 자유가 되게 하고 자유는 사랑의 토대가 되며 사랑을 비로소 사랑이 되게 한다. 자유와 사랑도 대립과 갈등의 시기를 거쳐 비로소 한 형제요, 쌍둥이라는 것을 알 수 있다.

토마스 복음은 바로 이 지점에서 시작된다. 형제와 쌍둥이 이야기 방식으로 말씀이 짜여 있다. 물론 이는 전적으로 사적인 견해다. 114개의 도마복음을 살피면서 그곳에 담겨 있는 패턴을 찾아보면 그 같은 특성이 있다는 것을 파악할 수 있다. 대조와 대구의 형식으로 구조화되어 있다. 여기에는 많은 것이 담겨 있다.

히브리어 '엘'은 단수 하나님이다. 히브리인들은 '엘'의 복수형 '엘로힘'으로 표기하고 또 하나님을 '엘로힘'으로 부른다. 학자들은 여기서 복수는 다수의 신을 일컫는 게 아니라, 엘의 엄위함을 나타내려 단수임에도 복수형으로 표기한다고 하고 이를 '장엄 복수'라고 칭한다.

그러나 엘로힘은 장엄 복수가 아니라 쌍수로도 새길 수가 있다. 쌍수는 짝을 이루는 둘을 의미한다. 엘의 복수 엘로힘은 짝을 이루는 쌍의 의미로 새길 수가 있을까? 토론이 필요하겠지만, 짝을 이루는 신으로 파악하는 것도 얼마든지 가능하다. 도마복음의 관점 곧 쌍둥이 복음의 관점에서 읽는다면 무수한 논의를 이어갈 수 있다. 엘샤다이 엘로힘과 야웨 엘로힘은 명백히 짝을 이룬다. 한 하나님이지만, 어느 때에는 엘샤다이 엘로힘으로 또 어느 때에는 야웨 엘로힘으로 등장한다. 물(마임)도 마찬가지요, 하늘도 마찬가지다. 위엣물과 아랫물은 서로 짝을 이룬다. 궁창을 중심으로 위의 하늘과 아래 하늘로 나눈다면 그 것도 짝을 이룬다. 그 둘이 서로 이항대립의 요소로만 있다면 단지 자연과학적 서술에 불과하다. 도마복음은 그 둘의 대조와 갈등과 화해의 과정을 통해 다다르려는 곳이 있다. 마침내 감춘 것은 드러내려 함이고 숨은 것은 나타내려 함이고 죽음을 맛보지 않고 생명을 맛보게 하려는 데에 있다.

이런 관점 아래 살아 있는 예수의 말씀을 '디두모스 토마스 유다'가 기록하고 있다.

이름이란 본디 처음 이름은 부모가 육신의 유익을 따라 욕심을 담아 짓게 마련이고 나중 이름이나 별칭은 그 사람의 됨됨이를 반영하고 존재를 드러내는 이름을 쓰게 된다. 아브람이 아브라함이 되고, 사래가 사라가 되는 것이나 사울이 바울 되는 것이 그렇다. 우뢰의 아들이라는 이름이 그러하고 베드로는 반석에서 유래한 나중에 붙여진 이름이 아니던가. 나중 이름은 언제나 자신의 존재의미를 드러내는 이름이고, 성경은 어느 곳에서나 이 같은 원리가 존재한다. 이들 두 이름조차도 쌍둥이 구조를 띠고 있다.

도마가 복음을 전달하는 방식이 그의 이름에 함축되어 있다. 이항대립을 통해 마침내 이항대립의 세계를 넘어서 하나(Single One)로 통일되는 생명의 세계를 드러내려는 도마의 독특한 전달방식이 도마복음의 구조요 양식(Form)이며 도마복음의 타비니트(תבנית 식양, construction, pattern, figure)다. 이 같은 구조는 114개 말씀 전체를 관통하고 있다. "나그네가 되라"는 말씀 조차, 그 이면에는 이항 대립의 구조가 잠재되어 있다. 머무는 자와 떠나는 자의 쌍둥이 구조를 이루고 있다는 말이다. 이름이 전해주는 도마복음의 구조적 특성이다.

그의 이름이 '디두모스 유다스 토마스'요, 쌍둥이가 두 번 거듭 기록된다. 즉, 이름은 이름일 뿐 이름이 그가 생물학적 쌍둥이라는 걸 입증하는 게 아니다. 생물학적 쌍둥이냐 아니냐는 중요하지 않다. 생물학적으로 쌍둥이, 혹은 생물학적으로 삼둥이라는 게 도마복음의 전체 메시지와 무슨 상관인가.

그가 쌍둥이라는 뜻의 이름을 갖고 있다는 '이름'의 상징적 의미에 주목해야 한다. 성서에 등장하는 인물의 이름은 각기 그 상징하는 의미가 크다. 나는 실제로 쌍둥이 아빠다. 그렇다고 해서 아이들에게 쌍둥이라는 이름을 붙이지 않는다. 나만이 아니라 모든 쌍둥이 부모들이 아이의 이름에 쌍둥이의 이름을 붙이기란 흔하지 않다. 쌍둥이라는 의미가 아닌 각자의 이름을 부여받아 불리고 있다. 도마는 생물학적 쌍둥이 이전에 그의 이름이 쌍둥이의 뜻을 지니고 있다. 독자가 주목해야 하는 것은 바로 이 부분이다.

하여 난, 도마복음을 '쌍둥이 복음서'라고 별칭을 달아주고 싶다. 어찌 숨겨진 은밀한 말씀이 아닐까.

쌍둥이 플러스

아브람과 아브라함은 몸은 하나다. 아브람과 아브라함은 서로 다른 몸을 갖는 두 존재가 아니다. 몸은 하나지만 그 정신이 두 존재다. 그 정신의 존재 양태가 아브람과 아브라함이다. 그러므로 존재 양태가 둘인 것이다. 이스마엘은 아브람이 낳은 아들이고, 이삭은 아브라함이 낳은 아들이다. 정신의 존재는 각각이다. 그러나 몸의 아비는 같다. 한 몸에서 두 존재를 낳은 것이다. 그러므로 몸의 아비는 같아도, 그를 낳은 태는 또 각각이다. 이스마엘은 하갈의 태에서 태어났고, 이삭은 사라의 태에서 태어났다.

하갈은 계집종이고 사라는 자유자였다. 여기서 이스마엘을 잉태한 하갈의 태는 무엇일까? 아브람의 좌뇌다. 타자의 씨를 받아 타자 자아를 잉태하는 자궁은 생물학적으로 비유하면 아브람의 좌뇌다. 인생은 처음에 타자의 씨를 좌뇌가 받아들인다. 먼저 언어 뇌요 언어중추가 자리 잡고있는 좌뇌가 활성화되면서 언어, 문자, 숫자, 기호, 논리적이고 분석적인 사고를 형성하며 타자의 규칙을 받아들인다. 법의 세계가 형성되고 그 시대의 사회와 집단 무의식의 타자가 이곳에 자리를 튼다. 좌뇌는 타자의 무도회장이 되는 것이다. 타자의 규칙이 자리를 잡아야 그들 속에서 생존할 수 있기에 그들의 무대로 내어준다. 그들 속에서 생존하기 위해 우선은 그들의 규칙을 받아들여야 한다. 그러므로 하갈의 태에서 태어나는 존재는 이스마엘이다.

이스마엘(יִשְׁמָעֵאל)은 하나님께서 들으셨다는 의미다.

> 여호와의 사자가 또 그에게 이르되 네가 잉태하였은즉 아들을 낳으리니 그 이름을 이스마엘이라 하라 이는 여호와께서 네 고통을 들으셨음이니라. (창 16:11)

놀랍게도 이스마엘은 '샤마(쉐마)와 엘'의 합성어 아닌가. 대부분 종교의 몸짓이 이 영역에서 나타나는 놀이다. 종교는 그러므로 계집종의 자녀 놀이다. 노예도덕의 놀이다. 거기 수많은 형이상학적 개념이 등장하더라도, 천국과 자유와 사랑과 소망을 노래하며 하나님께서 들어주셨다는 간증이 판을 치더라도 고통의 노래일 뿐이다. 수고와 고통에서 이스마엘 곧 종의 자녀가 태어난다.

정녕 탈종교의 시대를 맞이할 수 있을까? 탈종교는 문화와 문명 속에 성큼 다가와 있고 우리의 삶 속에 깊숙이 들어와 있다. 그러나 교회는 여전히 이스마엘의 시대를 산다. 하나님이 들어주셨다는 노래를 부르면서 노예로 산다. 자유와 사랑은 언감생심이다. 미래의 천국을 노래하며 가상 세계와 증강현실 속에서 행복하다.

존재 자아의 태는 우뇌다. 그렇다고 좌뇌의 태와 단절되는 것은 아니다. 좌뇌에 뿌려진 타자 자아와 우뇌에 태동하는 존재 자아의 갈등이 시작된다. 이 경우 좌뇌와 우뇌는 쌍둥이다. 좌우의 손은 쌍둥이다. 히브리어는 복수뿐만 아니라 쌍수의 표기법이 있다. 좌우의 손발은 쌍둥이요 쌍수다. 좌우의 눈은 쌍둥이다. 오른 눈이 범죄하고, 오른 손이 범죄하고, 오른 발이 범죄하면 빼어버리고 혹은 잘라내라는 뜻은 생물학적 오른쪽 눈을 의미하지 않는다. 옳다는 오른 눈, 옳다는 오른손, 옳다는 오른발을 의미한다.

싱글 원(Single One)이란 좌우의 두 눈이 하나의 초점에 맞춰져 두 개의 상이 아니라 하나의 상으로 나타나는 것을 의미한다. 갈등이란 언제나 두 개의 상으로 나타날 때 생기는 마음의 현상이다. 좌뇌와 우뇌는 그 기능과 역할을 달리하고 정체성 형성도 마찬가지다. 둘은 쌍둥이고 때로 대조적이지만, 결코 적대적인 게 아니다. 음과 양은 서로 대조적이지만 서로가 서로를 세운다. 밤과 낮이 결코 대립이 아니듯, 아침과 저녁이 결코 적대관계가 아니듯, 이스마엘을 지나고서야 이삭이 세워진다. 엘 샤다이 엘로힘을 지나서 야웨 엘로힘이 세워진다. 양자에 의해 기(氣)의 세계가 활성화된다. 양자에 의해 생명의 세계가 세워진 다. 따라서 쌍둥이는 둘이면서 하나(single one)인 셈이다. 둘은 결코 둘이 아니라는 뜻이다.

의식은 그러한 순례의 길을 통해 싱글 원에 이른다.

몸이 하나이나 두 존재의 양태로 나타나는 것이 아브람과 아브라함이다. 몸은 하나이지만, 받아들이는 태가 둘로 양분되 는 것이 하갈과 사라다. 제 1대의 사람을 그림으로 나타내면 머리가 하나이되 둘이고 태가 하나이되 둘이고 각각의 태에서 태어난 자녀가 둘인 형태로 그림을 그려야 한다. 이를 그림으로 그리면 어찌 표현할 수 있을까? 샴쌍둥이 그림으로도 제대로 그릴 수 없다. 이를 상징적 이미지로 나타내면 생물의 세계에서 볼 수 없는 괴물로 표현될 것이다. 그러므로 그림으로 표현하기 보다는 서사가 있는 이야기로 풀어가는 것이다. 이야기의 장점 이라 하겠다. 우리의 정신은 그렇게 복잡하다. 아직 이삭 이야 기가 전개되기 전 단계인데도 그러하다.

감추어져 있는, 신비의 말씀(Ñϣⲁϫⲉ ⲉⲑⲏⲡ 언샤제 에테프)

생은 의식에 온전히 포착되지 않는다. 언어에 잡히지 않는 다. 의식은 끊임없이 생을 의식하고자 한다. 언어에 담아내려 한다. 담을 수 없는 것을 담고자 하는 언어는 하여 개념 이상이다.

영이란 무엇인가. 히브리어에 '네페쉬 하야'가 있고, '루아흐'가 있고, '네샤마'가 있고, '예히야'가 있다. 헬라어로는 '푸쉬케'가 있고 '프뉴마'가 있고, '누스'가 있고 '에고 에이미'가 있다. 우리의 몸은 정신과 분리될 수 없다. 몸은 정신을 담고 있고 정신이 있을 때 몸은 움직인다. 의식하고 생각하는 것이 푸쉬케다. 의식을 잃으면 몸은 기능하지 않는다. 삼만여 개가 넘는다는 자동차의 부품을 모아놓았다고 해서 자동차가 움직이는 것은 아니다. 부품이 각자의 자리, 위치에 맞게 조립된 후, 에너지를 공급해야 한다. 기름을 넣고 혹은 전기 배터리를 장착하고 운전자의 시동과 작동으로 비로소 자동차는 움직인다. 운전자가 없는 자동차는 고물에 불과하다. 조립되지 않은 부품은 그저 쇳조각일 뿐이다. 에너지가 없으면 자동차도 운전자도 차를 움직일 수 없다. 자동차와 에너지와 운전자 모두 서로 필요 조건이다.

영과 혼은 각각의 존재가 아니다. 성서는 하나님의 말씀은 영이요 생명이라고 한다. 푸쉬케 곧 우리들의 정신에 영이요 생명인 말씀 곧 얼, 근본이 담길 때, 혹은 근본이 일깨워질 때 푸쉬케는 곧 영(프뉴마)이 된다.

영이라는 뜻은 타자 지배 아래에서 의식이 활동하는 것에서 벗어나 존재 자아가 비로소 활성화되는 것을 영이라 한다. 타자 자아란 타자 지배의 노예가 되어 의식 활동이 활성화되는 것을 일컫는다. 적자생존의 동물적 활동에만 노출되어 육신의 생각(사르크)에 젖어 사는 것을 타자 자아의 활동이라고 나는 일컫는다.

반면, 이것을 극복하고 비로소 존재 자아의 의식 활동이 시작되는 것을 영이라 하고 이를 '메타노에오(넘어서 생각하다, 회개)'라 한다. 그런 과정을 거쳐 말씀은 육신이 된다. 이를 일컬어 영혼 혹은 영이라 한다. 혹자가 말하는 대로 영 따로 있고 푸쉬케가 따로 있는 것이 아니다. 난 이분설이니 삼분설을 논하려는 게 아니다. 영성이란 육체(육신의 이기적인 욕망의 추구를 기준으로 생각하기)를 좇아 사는 것이 아니라 얼, 곧 타자 자아의 욕망을 초월할 수 있는 유일한 에너지인 얼이 박힌 몸으로 사는 것을 일컬어 영성이라 한다. 그러한 정신을 '영'이라 한다. 혹은 '고귀한 정신' 또는 '거룩한 영(Holy Spirit)', 혹은 '프뉴마'라고 옛사람들이 칭해왔고 오늘 나는 그렇게 이해한다.

생의 비밀은 이곳에 있다. 육신에 속한 인간에게 '얼'은 언제나 비밀이다. 영혼은 비밀이다. 사랑은 본질적으로 은밀한 것이다. 처음의 베드로는 예수를 따라다니며 목숨을 바쳐서 사랑한다고 했다. '사랑'은 그에게 비밀이다. 즉, 그가 목숨을 바쳐 사랑하겠다는 것은 사랑이 아니다. 닭이 세 번 울기 전에 부정되는 베드로만의 사랑이었고 인생들이 좇아가는 사랑이다. 후에야 알게 되지만, 비밀이 드러나야 비로소 알게 되지만 그때까지 그가 아무리 사랑을 말하더라도 그에게 사랑은 감추어진 것이고 알 수 없는 것이었다. 이처럼 인생에게 사랑은 숨어 있는 것이고 감추어져 있는 것이다.

도마복음 서론에서 언급하는 '언샤제 에테프(Ⲛϣⲁϫⲉ ⲈⲐⲎⲡ)', 감추어져 있는 말씀이란 곧 각각의 존재 자아에 드러나고 나타나야 할 은밀한 그 말씀이다. 감추어져 있고 숨겨 있는 것은 감추고 숨기기 위함이 아니라 드러내고 나타내려 함이다. 그것은 숨바꼭질을 즐기는 신의 심술이 아니다. 그것을 그것 되게 하고 찾는 이에게 찾아지게 하려는 인생의 순례도일 뿐이다. 말씀은 곧 영이요 생명이라는 게 요한복음의 진술이다. 그것은 얼이며 각성된 정신이 담고 있는 개념 이상의 언어다. 얼이 담겨 있는 언어를 통해 인간의 정신은 거룩한 영이 된다. 얼빠진 뱀의 정신을 담고 있는 푸쉬케는 더러운 영일 뿐이다. 쌍둥이 복음, 도마복음은 살아있는 예수가 말씀하시고 쌍둥이 유다스 도마스가 받아 적은 드러내고 나타내려는 숨은 말씀들이다.

신혼 초야에 신부의 옷고름을 풀듯 도마복음의 하얀 속살을 만지려는 떨리는 가슴으로 미지의 여행에 발걸음을 내딛는다.

말씀 1 해석을 발견하는 자

그가 말했다. 여기서 말한(말하기, to speak) 것들의 해석을 발견하는 자는 죽음을 맛보지 않을 것이다.

말씀 1은 헬라어 텍스트와 콥트어 텍스트는 크게 다르지 않다. 다만 헬라어 텍스트는 매우 간결하다. 말씀 1에서 주목할 개념은 '이 말씀들, 해석, 죽음을 맛보지 아니하리라'다. 이 말씀들(ϣⲁϫⲉ)이 무엇보다도 중요하다. 쇠제(ϣⲁϫⲉ)는 요한복음의 로고스다. 쇠제는(ϣⲁϫⲉ)는 명사로 '말씀들'이지만, 사히딕(Sahidic)어로는 부정사 '말하기(to speak, 레게인)'다.

말하기는 생각하기에서 시작된다. 생각하기에서 자기의 존재하기가 이뤄지고 자기 존재는 비로소 제 말하기가 가능하다. 제 말하기에서 드러나는 것, 거기서 로고스와 쇠제의 의미가 분명해진다.6)

---

6) 김창호, 「에덴의 뮈토스와 로고스」 도서출판 예랑, 요한복음의 로고스 편 참조. 2021. pp. 19-32.

해석은 고대 그리스어로 헤르메네이아(ἑρμηνεία)다. 뜻은 해석 (interpretation), 설명(explanation), 해석학(hermeneutics), 음악에서의 표현(music expression)이다.7)

음악으로 말하면 표현력이다. 하나의 악보를 놓고 부르는 사람마다 저마다 각각의 해석 능력에 따라 나타나는 표현 기법이 다르다. 해석이란 단순히 번역하거나 그 의미를 설명하는 것만을 의미하지 않는다. 114개의 말씀이 악보라면 이 악보를 보고 독보(讀譜)는 물론 스스로 자기 자신 안에서 존재 자아가 말씀을 자기 언어로 표현해내는 것, 해석해내는 것을 의미한다. 독보(sight-reading)란 악보, 특히 처음 보는 악보를 읽고 연주(노래)하는 것을 말한다. 같은 의미로 표현해내는 것, '말하기(레게인 λέγειν, to speak)'가 해석이라 하겠다. 자기 말로 말하기가 이뤄진다는 것은 결국 자기 존재가 말하기로 표현되기 때문이다.

그리스 신화에 나타나는 헤르메스 신은 '표지석 더미'라는 의미가 있다. 숨은 의미를 해석하는 학문인 해석학(hermeneutics)이 헤르메스에서 유래했다. 헤르메스라는 낱말의 어원인 헤르마(Herma)의 뜻이 '경계석·경계점'인 것에서 알 수 있듯, 고대 그리스인들에게 헤르메스는 '건너서 넘어감'이라는 개념을 구체화한 신이었다. 원래 헤르마(Herma)는 길가에 있는 표지석 무더기

---

7) Henry George Liddell. Robert Scott. A Greek-English Lexicon. revised and augmented throughout by. Sir Henry Stuart Jones. with the assistance of. Roderick McKenzie. Oxford. Clarendon Press. 1940. 말씀 1에 등장하는 콥트어 ⲈⲐⲈⲢⲘⲎⲚⲈⲓⲀ(에테르메네이아) Ⲉ+Ⲧ(to the)+ϨⲈⲢⲘⲎⲚⲈⲓⲀ(헤르메네이아)는 그리스어다. 콥트어로 음역 표기했을 뿐이다.

인 케언(cairn)을 뜻했다. 여행자들은 지나가며 그 무더기에 돌을 올려놓았다. 표지석은 안내판인 셈이다. 표지석을 놓고 제대로 해석해야 길을 잃지 않는다.

악보를 보고 제대로 표현해야 자기 길을 가고 자기 노래를 부르게 된다. 모창이 아니라 자기 노래를 부르는 것이 해석을 발견하는 것이다. 이 해석을 발견하는 자가 죽음을 맛보지 않는다. 그렇다면 죽음을 맛보지 않는다는 의미는 무엇일까?

죽음을 맛보지 아니하리라

진실로 진실로 너희에게 이르노니 사람이 내 말을 지키면 죽음을 영원히 보지 아니하리라 유대인들이 가로되 지금 네가 귀신 들린 줄을 아노라 아브라함과 선지자들도 죽었거늘 네 말은 사람이 내 말을 지키면 죽음을 영원히 맛보지 아니하리라 하니(요 8:51-52)

죽음을 맛보지 않는다는 뜻이 무엇일까. 도마복음의 이 뜻을 이해하기 위해 사복음서에 등장하는 유사 표현을 살펴본다.

요한복음 8장 51절에 예수의 말씀이 나온다. 내 말을 지키면(τηρήση, τηρέω, keep, guard, observe, watch over, 지키다, 관찰하다, 감시하다), 죽음(다나토스)을 영원히 맛보지 아니하리라고 한다. 이때 죽음을 맛보지 않는다고 할 때의 데오레오(Θεωρέω)는 극장(theatre

극장)의 어원이다. 사람들이 공연을 집중해서 보는 곳이 극장이
듯, 죽음을 집중해서 보는 것에 해당한다. 그것이 무엇을 의미
하는 걸까.

성서를 읽는 독자들이 매우 깊이 오해하는 말이 내 말을 지
키면에서 '지킨다'는 단어다. 내 말을 순종하면, 혹은 복종하면
으로 읽으려 한다. 번역된 우리 말에서 오는 혼돈이라고 하겠
다. 테레오라는 뜻은, 순종의 의미가 아니라, 골키퍼가 상대의
공이 골문에 들어가지 않도록 방어하는 것을 지킨다고 하고 경
기장에서는 이를 골키퍼라고 한다. 성문 안으로 수상한 사람이
들어가지 못하게 방비하는 경비병을 지킴이라고 한다. 성안에서
밖으로 유출되지 않도록 지키는 것도 지키는 것이다.

따라서 '내 말(τὸν ἐμὸν λόγον 톤 에몬 로곤)을 지키면'이라고 할
때의 '지킨다'는 뜻은, 우선 지킬 것이 무엇인가 하는 점이다.
요한복음의 주제인 로고스다. 어떤 로고스인가. 나의 말이다. 예
수께서 화자이니 예수의 말씀이라고 할 수 있다. 그러나 예수는
거기서 '나의 말'이라고 하고 있다. 청자는 당연히 그의 말씀이
라고 들으려 한다. 그래서 순종의 개념으로 이해하려 한다. 예
수는 나는 길이요, 진리요, 생명이라고 했다. 그는 길이요, 진리
요 생명이다. 청자는 그의 말씀만 순종해야 하고, 그만이 길이
고, 그만이 진리고, 그만이 생명이라고 들으려 한다.

예수께서 '나의 로고스'라고 했으면, 우리도 '제소리, 제 말'
이라고 들으면 안 되는가. 다석 유영모가 하늘소리, 제소리라고
하면 그것은 다석이 말한 바만이 하늘 소리요, 제소리라고 하면
얼마나 이상한가.

따라서 예수께서 '내 말(τὸν ἐμὸν λόγον 톤 에몬 로곤)을 지키라'는 뜻은, 제소리를 간직하라(keep, 테레오)는 의미다. 제 말과 제소리를 품는(τηρέω) 자가 죽음을 주목하면서 사는 것으로부터 벗어난다는 뜻이다. 제소리, 제 말을 간직하지 못하면 언제나 타인이 제공한 것, 그 시대의 집단 무의식이 제공한 것을 준거로 선악에 사로잡혀 자신과 타인을 향하여 끊임없이 옳고 그름을 논하는 세계에 머물게 된다는 뜻이다. 죽음을 맛본다는 것은 자기 존재의 부재라는 말과 같다. 자기 부재는 자기 죽음(다나토스)이다.

자기가 부재한 사람은 끊임없이 자기 존재감을 확인하기 위해 타인을 끌어다가 타인을 부정함으로 자기 존재를 긍정하려는 유혹에 빠진다. 옳고 그름을 논함으로 자기 존재를 긍정하려고 한다. 옳고 그름은 타인의 그름을 증명하여야 하기에 타인을 살해하는 것이 된다. 여기서 타인을 살해한다는 것은 정신적으로 살해한다는 뜻이다. 정신은 타인을 살해함으로 자신을 살리려 한다. 타인의 죽음을 통해 자신을 살게 하려는 유혹에 머무는 것, 그래서 언제나 선악에 집중한다. 마치 극장에서 무대의 공연에 집중하듯, 스크린만을 집중하듯 온통 선악에 집중한 채 그의 삶을 영위한다. 누구는 옳고 누구는 그르고가 그의 일상이다. 연예인의 가십을 놓고 낄낄거리며 웃고 떠드는 까닭은 그를 상품으로 삼으면서 자신의 우월을 증명하고 싶은 속성 때문이다. 경계를 세우고 이를 준거로 선악의 기준으로 삼는다는 것은 그의 정신이 언제나 죽음을 맛보며 사는 것이다.

타인의 소리에 휘둘리지 않고 거기에 취해 있는 것에서 벗어나, 제 말(τὸν ἐμὸν λόγον 톤 에몬 로곤)을 간직하는 자는 영원히 죽음을 보지 아니하리라는 예수의 말씀에 일대 소동이 일어난 다.

유대인들이 이를 맞받아서 하는 말이 "지금 네가 귀신 들린 줄을 아노라 아브라함과 선지자들도 죽었거늘 네 말은 사람이 내 말을 지키면 죽음을 영원히 맛보지 아니하리라(οὐ μὴ γεύσηται θανάτου) 하니"(요 8:52)에 나오는 '죽음을 맛보지 아니하리라'는 도마복음 말씀 1에 나오는 것과 같은 표현이다.

복음서에는 이와 유사한 관용적인 표현이 몇 군데 등장한다.

진실로 너희에게 이르노니 여기 섰는 사람 중에 죽기 전에 (οὐ μὴ γεύσωνται θανάτου) 인자가 그 왕권을 가지고 오는 것을 볼 자들도 있느니라.(마 16:28; 막 9:1; 눅 9:27) 규오마이(γεύομαι, taste) 는 '맛보다 혹은 경험하다'는 뜻이다.

공관복음에는 한결같이 '죽기 전에'라고 번역하고 있다. 그 러나 "진실로 너희에게 이르노니 여기 섰는 사람 중에 **죽음을 맛보지 않고** 인자가 그 왕권을 가지고 오는 것을 볼 자들도 있 느니라"(마 16:28;막 9:1;눅 9:27)라고 번역한다 해서 전혀 이상하지 않다. 도리어 '죽기 전에'라고 하면 육신의 죽음을 전제하는 것 이어서 예수의 말씀을 심히 왜곡하는 것이 된다. 그런데, 예수 는 죽음을 맛보았다. 아담도 죽음을 맛보았다(도마복음 85).

오직 우리가 천사들보다 잠간 동안 못하게 하심을 입은 자 곧 죽음의 고난 받으심을 인하여 영광과 존귀로 관 쓰신 예수를 보니 이를 행하심은 하나님의 은혜로 말미암아 모

든 사람을 위하여 죽음을 맛보려(γεύσηται) 하심이라 만물이
인하고 만물이 말미암은 자에게는 많은 아들을 이끌어 영
광에 들어가게 하시는 일에 저희 구원의 주를 고난으로 말
미암아 온전케 하심이 합당하도다(히 2:9).

이를 어떻게 이해해야 할까? 이때의 죽음을 맛보는 것과 죽
음을 맛보지 않으리라 할 때의 선악(사망)에서 사는 죽음은 어떤
차이가 있을까?

'죽음' 개념에 대해

선악을 알게 하는 나무의 실과는 먹지 말라 네가 먹는 날
에는 정녕 죽으리라(מות תמות 모트 타무트) 하시니라(창 2:17)

도마복음에 등장하는 여러 개념은 성서의 그것들과 무관치
않다. 따라서 도마복음에 등장하는 여러 개념을 이해하기 위해
성서를 배제할 수 없다. 도마복음 말씀은 그 배경이 성서다. 성
서를 배제하고 도마복음을 읽어낼 수 없다. 도마복음은 성서 읽
기에 큰 힌트를 제공한다. 서로는 조금도 적대적이지 않다. 일
련의 독자들이 성서와 도마복음을 대척의 관계로 보려는 것일
뿐이다. 이는 마치 창세기와 요한계시록이 언어가 다르고 표현
도 다르고 서로 이질적인 것처럼 보여도 하나의 책에 모여 있

는 것과 같다.

　성서에 처음 죽음이 언급되는 것은 창세기 에덴 이야기에서다. 히브리인들, 특히 성서에서는 죽음이라는 개념을 어떻게 사용하고 있을까? 창 2장 17절에 '정녕 죽으리라'는 원문의 뉘앙스를 약화한 번역이다.　무트(מות 모트)가 두 번 반복된 것은 강조법이라는 뜻이다. 무트의 절대형과 칼 동사가 이어서 나오는 문장 형식은 매우 강조할 때 사용하는 히브리인들의 어법이다. 따라서 '반드시 죽으리라'가 적절한 번역이라 할 수 있다.

　선악을 알게 하는 나무의 실과를 먹는 것과 죽음은 필연의 관계다. 이때 죽음은 육체의 죽음이 아니다. 만일 에덴 이야기에서 선악을 알게 하는 나무의 실과를 먹은 것이 육체의 죽음이었다면, 아담의 육체가 죽었다는 이야기가 먼저 나와야 한다. 선악과를 먹고 나서 나타난 현상은 육체의 죽음이 아니라, 그의 정신이 생명으로 살지 못하고 사망으로 살 수밖에 없었다는 것이 이야기 속에 잘 드러난다. 70인 역에서 이를 '다나토 아포다네이스데(Θανάτῳ ἀποθανεῖσθε)'로 번역한다. 죽음을 맛보지 않는다는 말과 죽음을 맛본다는 이야기는 여기서부터 시작되어야 하지 않을까?

　이 이야기에서 선악을 알게 하는 나무의 실과를 먹고 아담이 죽었다. 이때 죽은 것은 그의 육체가 아니라 또 다른 무엇이다. 이전의 아담, 즉 아담이 되기 전(?) 아담은 사실 아다마로부터 나왔다. 아다마로부터 아담 아파르가 되고 그 코에 생기가 들어가 산 숨이 되었고 산 자가 되었었다.

아담의 이야기는 그가 하아다마로부터 비롯되었고 기쁨의 동산에 살고 있었지만, 에덴의 네 강이 흐르는 야웨의 물이 흐르던 곳이 선악의 지식의 열매를 먹으므로 다시 황폐해져 땀을 흘려 수고하여야 하는 상태가 되었다는 것, 그것이 그가 맞이한 죽음의 실체다. 죽음을 육체의 죽음으로 오해하는 데서 성서의 이야기는 매우 혼탁한 해석의 소용돌이에 들어간다. 혼란스러워졌다.

여기에는 많은 서사가 담겨 있지만, 그 모든 서사의 흐름에서 '죽음(히 מם, 헬 θάνατος, 콥 ⲘⲞⲨ)'은 육체가 아니라 정신의 상태를 일컫는 개념이다. 정신이 죽음, 곧 사망으로 영위된다는 뜻이다. 그 정신의 운영체계(Operating system)가 율법의 시스템에 의해 작동된다는 의미다. 자신과 타인에 대해 선과 악의 지식으로 분별하여 자신의 존재감을 입증하려는 것은 역으로 자기 존재의 부재만을 드러내는 것이다. 자기 존재의 부재가 곧 사망이고, 죽음으로 사는 것이다. 정신의 상태가 다나토스(θάνατος, 다나토스)로 산다는 뜻이다. 늘 죽음으로 사는 것이다. 히브리인들의 죽음에 대한 사유에는 이런 부분이 담겨 있다. 그들의 언어와 문화를 이해하지 못하고 오늘날 대중의 개념을 기준으로 그들의 언어를 재단하면 대단한 오해가 발생한다.

우리의 생은 온통 비밀이고 숨어 있다. 생은 비밀이다. 신은 비밀이다. 나는 나에게 비밀이다. 내가 나를 모른다. 그것은 나로 인해 내가 인봉(印封)되어 있기 때문이다. 안이비설신의(眼耳鼻舌身意)의 나로 인해 정작 존재의 나는 숨겨 있고 감춰 있다. 나 아닌 나, 곧 선악을 분별하는 전문가를 나로 여기고 큰소리치며 사는 것이 나를 더욱 은폐시킨다. 나는 더욱 숨게 되고 인봉되고 만다. 신의 얼굴은 더더욱 멀어진다. 생명의 싹, 존재의 싹을 베어버리고 그 위에 화려한 선악의 기둥을 하늘 높이 세운다.

이 말씀의 해석을 발견하는 자가 죽음을 맛보지 않는다는 뜻은, 곧 선악을 넘어서 존재의 나를 발견하고 존재의 나가 존재를 드러내는 로고스를 발견하는 것, 자신의 소리와 자신의 노래를 부르는 것, 나의 말과 나의 소리를 간직하고 그를 살려내 나의 노래를 부르는 것, 그를 향해 서 있는 것이 도마복음의 어록 배후에 숨어 있는 웅장한 서사다. 나를 감추고 숨게 한 은폐물이 곧 누구도 아닌 자기 자신임을 알게 되고 장애물을 치우는 것, 거기에 많은 서사가 있다. 도마복음은 114개 말씀의 구슬로 이뤄졌다. 그 중심 주제는 '나'이고 '신'이며. 비로소 '나'와 마침내 '나'에 대한 서술이다.

공관복음은 서사가 있는 이야기들 속에 말씀을 담고 있다. 도마복음과 사복음서가 그런 점에서 매우 많은 차이가 있지만, 나는 여기서 주목하고 싶은 게 있다. 하나의 말씀은 그 말씀이 나오기 위한 보이지 않는 서사가 있다는 점이다. 도마복음이 비록 사복음서와 차이가 있다고 해서, 서사가 빠져 있다고 단정할 수 없다는 뜻이다. 물론 명백한 서술방식의 차이와 구조를 부정하자는 이야기가 아니다.

도마복음은 어록의 모음이지만, 명언 집이 아니다. 단지 좋은 말 모음집이 아니다. 거기 대화의 형식이 있고 단문으로 기록되어 있지만 보이지 않는 서사를 아울러 읽어야 도마복음을 제대로 읽을 수 있다고 판단한다.

이야기꾼은 땅속에 수만 년 묻혀 있다가 발굴된 단지 토기한 조각과 유골 뼈 하나를 갖고도 그 옛날의 문명과 문화, 풍속과 삶의 다양한 이야기를 추론한다. 이야기를 만들어낸다. 도마복음은 말씀의 모음이지만, 단지 말씀이 아니라는 걸 주목해야 한다. 수많은 서사를 동시에 살펴야 도마복음은 그 얼굴을 제대로 드러내 준다. 해석을 발견할 수 있다.

죽음을 맛보는(γεύσηται θανάτου) 또 다른 형태

생명 나무와 선악을 알게 하는 나무는 에덴 이야기에서 동산 중앙의 상징적 장치로 언급되는 나무다. 생명의 나무와 선악의 나무는 모든 쌍둥이의 아르키 타입이다. 쌍둥이 복음서 도마복음의 숨은 배경이다.

선악을 알게 하는 지식의 나무 열매는 그 정신을 병들게 하고 죽게 만드는 열매, 곧 죽음의 열매다. 에덴의 지옥 나무인 셈이다. 인생은 모두 이 나무의 열매를 먹고 그 나무와 같은 선악을 아는 나무가 되어버렸다. 율법의 시스템 속에서 그의 정신 활동이 작동한다. 반드시 죽는다는 예언처럼, 율법의 시스템에서 한치도 벗어나지 못하고 그 아래에서 살게 된다. 율법의 시스템 아래에 형성한 레바논의 백향목보다 더 큰 나무로 자신을 키우려 수고하는 삶이 날마다 죽음을 맛보며 사는 삶이다. 처음에는 누구나 죽음을 맛보며 사는 삶으로 인생은 운명지어졌다. 형용모순인듯하나 죽음으로 산다. 다른 말로 하면 선악으로 산다. 생명으로 사는 게 아니라 선악으로 산다. 반드시 죽는 길을 따라 산다.

목숨은 육체의 숨쉬기다. 정신의 숨쉬기는 크게 두 종류가 있다. 선악으로 숨쉬기와 생명으로 숨쉬기다. 세분하면 여러 단계로 말할 수 있다. 인생은 언제나 선악으로 숨 쉬는 삶을 살고 그를 생명으로 오해하기에 정작 '생명'이라는 말은 매우 추상적이고 이해하기 어렵다. 육체의 목숨을 '생명'으로 생각하기 십상이다. 물론 육체의 목숨은 육체에게는 절대적인 생명이다.

경전 특히 성서에서 생명이라고 할 때의 생명은 그 정신의 측면을 말하는 것이고, 선악과와 대비해서 말하는 개념이다. 생명과 선악은 쌍둥이나, 전혀 다른 속성이다. 즉 비슷하지만 다르다. 선악이 언제나 먼저 온다. 에덴의 이야기는 이 같은 인간의 실존을 바라보며 진단하고 전승해 온 옛사람들의 이야기다. 에덴의 이야기에 등장하는 아담 때문에 인류에게 불행이 온 것이 아니다. 인간의 그러한 속성 때문에 에덴의 이야기가 생성된 것이다. 에덴 이야기는 신화적 이야기 방식으로 인간을 진단하는 옛사람들의 지혜라는 말이다.

정신은 기본적으로 이기적이어야 그 육체의 욕망을 보존하고 또 만족한다. 선악의 판단이 먼저 오는 까닭이다. 레바논의 백향목보다 더 크고 우람하게 선악의 나무를 키워가는 것이다. 이때의 정신을 성서는 '죽음을 맛보며 사는 것'으로 진단한다. 죽음을 맛보며 사는 것은 '나'를 잃어버리고, 망각하고 사는 것을 의미하기도 한다. 내가 아닌 '다른 나,' 타자 자아의 숨결로 사는 것을 일컫는다. 선악은 언제나 타자를 끌어들여 그의 정신을 부정함으로 자신의 정신을 긍정하려 한다. 자기 존재를 긍정하기 위해 타인을 부정하려 한다. 그러나 그것은 타자를 자신 안에 끌어들여 그들이 설정해 놓은 것을 기준으로 자기 존재를 찾으려고 하지만, 역설적으로 자기 부재만을 입증할 뿐이다.

죽음을 맛보지 않으려면 어떠해야 할까? 물론 도마복음은 이 말씀의 해석을 발견하는 자가 죽음을 맛보지 않는다고 한다. 죽음을 맛보지 않으려면 '죽음으로 사는 삶이 죽어야 죽음을 맛보지 않는다' 죽음으로 사는 삶이 죽는다는 뜻은, 선악의 시스템을 생명의 시스템으로 업그레이드해야 한다. 시스템을 다시 설치해야 한다. MS-DOS 의 시대가 끝나고 Window 시대가 도래한 지 벌써 30년이 넘었다. 다시 AI 시대로 대변혁을 맞이하나, 우리 정신의 운영체계는 선악의 운영체계로 수천 년 동안 반복하여 사용한다.

부모와 사회가 우리의 좌뇌에 설치해놓은 선악의 운영시스템을 삭제하고, 생명의 운영시스템을 재설치하여 업그레이드해야 비로소 생명의 시스템으로 삶이 운영된다. '생각하기'도 바뀌고 생각하기가 바뀌면 삶의 태도가 달라지고 살아가는 방식도 달라진다. 생명의 삶으로 대변혁을 일으킨다. 생명의 운영시스템에서 살아본 적이 없어 '생명'이라는 말 자체가 늘 추상적이다. 예수는 나는 길이고 진리고 생명이라고 했다. 생명의 중심에 '나'가 있다. 생명의 운영시스템 중심에 '나'가 자리 잡고 있다. 선악의 운영시스템을 삭제하는 것을 일러 '죽음으로 사는 삶이 죽음을 맞이하는 것'이라 하겠다.

예수는 그의 정신의 운영체계가 '생명'이었다. 그러나 그를 둘러싼 주변의 사람들은 '선악의 운영체계'에 속해서 살았다. 운영체계를 업그레이드하기 위한 특별 조치가 필요했다. 제자들이 운영하는 시스템 곧 선악의 정점에 예수를 위치시킨다. 예수 자신을 부득불 그들의 '메시아(그리스도)'의 자리에 차별화한다. 이때의 그리스도는 제자들과 유대의 민중들에게 선악의 정점인 셈이다. 선악의 운영시스템을 붕괴시키기 위해 부득불 자신이 그 자리에 등장하여 그들 욕망의 투사물이 된다. 예수는 민중의 열망이 들끓는 중심에 서서 상징적 '세상 임금'의 자리에 오른다. 세상 임금이라는 그들이 말하는 영광과 존귀의 관을 쓴다. 세상 임금이라는 가장 큰 자의 자리에서 죽음을 맛보게 된다. '호산나 찬송하리로다 이스라엘의 왕으로 오시는 이여'라는 왕의 호칭을 받으며 예루살렘에 입성하지만, 단호하게 그 '그리스도는 죽어야 한다.'고 비로소 말하기 시작한다. 제자들의 정신이 선악의 정점에서 타자 자아와 일체감을 누리게 된 때에 그 그리스도를 거세하므로 선악의 운영시스템을 붕괴시킨다. 이것이 예수의 죽음 체험이고 죽음을 맛보려 함이다.

오직 우리가 천사들보다 잠간 동안 못하게 하심을 입은 자 곧 죽음의 고난 받으심을 인하여 영광과 존귀로 관 쓰신 예수를 보니 이를 행하심은 하나님의 은혜로 말미암아 모든 사람을 위하여 죽음을 맛보려 하심이라(히 2:9)

죽음의 고난을 받은 결과 영광과 존귀로 관을 쓰신 게 아니다. 영광과 존귀로 관을 쓰고 죽음의 고난을 받았다. 본문 해석에 여러 의견이 있을 수 있으나, 영광과 존귀(독세 카이 티메 δόξη καὶ τιμῇ)는 여격으로 표기되고 있다. '영광과 존귀로 관 씌워진 채 죽음의 고난을 받음으로 인하여(διὰ τὸ πάθημα τοῦ θανάτου δόξη καὶ τιμῇ ἐστεφανωμένον)'로 번역하는 것이 더 합당하다는 게 나의 견해다.

'주는 그리스도시오, 살아계신 하나님의 아들이십니다'라는 영광과 존귀의 관을 잠시 쓴 것일 뿐이다. 호산나 찬송하리로다 이스라엘의 왕이시여~라는 칭호를 잠시 들은 것뿐이다. 메신저(천사)로 있을 때의 즐거움보다도 못하게 된 것은, 선악의 정점(영광과 존귀)에서 십자가의 죽음을 겪어야 하는 치욕을 맛보기 때문이다. 이는 그의 죽음 체험을 통해 제자들과 민중들의 헛된 꿈, 가상 세계의 만취 상태를 깨어나게 하는 일환이었다.

예수는 죽음을 맛봄으로 죽음을 맛보는 삶의 운영체계를 변혁하고 있다. 대개 번역가나 성서해설가들이 '모든 사람을 위하여 죽음을 맛보려 하심이라'를 대속의 원리로 해석하려 한다. 모든 사람을 위하여(ὑπὲρ παντὸς 휴페르 판토스)는 대속의 원리를 설명하는 것이 아니고, 이 같은 방식이 선악의 시스템을 극복하는 길임을 모든 이들에게 보여주는 의미에서 '모든 사람을 위하여'다.

'죽음을 맛보며 사는 것으로부터 죽는 것'을 상징하는 이야기 속 십자가의 메타포를 살펴보자. 선악의 운영체계에서 생명의 운영체계로 대전환이 이뤄지는 상징적 장치가 성서의 이야기 속 십자가 사건이다. 십자가 사건의 중심은 물론 세상 임금으로 관 씌워진 예수의 죽음이다. 예수의 십자가에 등장하는 함께 못 박힌 강도의 이야기가 십자가의 서사에서 크게 주목받지 못하고 있으나 오른편 강도와 왼편 강도의 죽음이 예수의 십자가 이야기에는 함께 등장한다.

세 개의 십자가가 십자가 사건의 상징적 그림이다. 가운데 십자가에 베드로가 고백한 그리스도가 달려 있다. 예수가 고백하고 있는 그리스도와 베드로가 고백하는 그리스도는 전혀 다른 그리스도다. 예수의 그리스도는 베드로의 마음에도 임해야 할 그리스도요, 제자들의 가슴에 임해야 할 기름 부음이고, 모든 인생의 마음에서 성취되어야 할 하나님 나라였다면, 이때 베드로와 제자들, 그리고 민중들의 그리스도는 이스라엘을 구원할 세상 임금 그리스도였다. 예수에게 영광과 존귀로 관을 씌운 그리스도였으나, 그것은 세상 임금의 영광과 관이었다. 예루살렘에서는 고난을 받고 죽었다가 베드로의 가슴에서 다시 살아나야 할 그리스도였다. 가운데 십자가에는 바로 베드로가 고백하고 있는 그리스도가 십자가에 달렸다. 그러므로 그 그리스도는 선악의 정점에 베드로의 욕망이 투사된 베드로 자신이기도 했다. 그리스도의 죽음은 베드로의 꿈과 소망이 물거품이 되는 것이고, 베드로가 목숨을 바쳐 충성하려던 세상 임금의 죽음이었으니 동시에 베드로의 죽음이었다.

선악의 운영체계 중심축은 가운데 십자가다. 운영체계를 구동시키기 위해 양 날개가 있으니 오른쪽 날개는 선의 날개요, 왼쪽 날개는 악의 날개다. 이들 모두 '생명의 나'를 축출하고 혹은 은폐시키고 선악의 나를 우뚝 세우게 하는 강도요 도적이다. 옳음과 선을 세우는 오른쪽에 서 있는 '옳은 나'도 나를 죽이는 강도요, 왼쪽에 서 있는 '나는 옳지 못하다. 나는 죄인이다. 나는 악하다'고 하는 '옳지 못한 나'도 '존재의 나'를 죽이는 왼쪽 강도다. 십자가의 서사에 등장하는 두 강도의 메타포다. 나는 단연코 그렇게 해석한다.

예수와 함께 십자가에 못 박혔다고 한다면, 오른쪽 강도도 함께 못 박혀야 하고 왼쪽 강도도 함께 못 박혀야 비로소 옳고 그름으로 자신을 세우려는 것에서 벗어난다. 선악의 운영체계에서 벗어나려면 세 개의 십자가를 통해 우리의 의식이 거듭 태어나야 한다는 말이다.

그럴 때 인정 투쟁의 노예에서 벗어나게 된다. 죄의식의 우울에서 벗어나고 타인의 불인정이나 그들의 기준으로 퍼부어대는 비난으로부터도 자유롭다. 죽음을 맛보는 운영체계가 죽어야 죽음을 맛보지 않는다. 이 말씀의 해석을 발견하는 자란, 선악의 운영체계가 아니라, 생명의 운영체계를 발견하고 새로운 시스템을 그 마음에 설치(인스톨)해야 비로소 죽음을 맛보지 않는다. 성서는 이를 물과 성령으로 거듭 태어나야 한다고 표현하기도 한다.

예수께서 죽음을 맛보는 까닭은, 새로운 운영체계를 모든 사람에게 알게 하기 위한 고육지책이다. 동서는 물론이요, 고금에서 볼 수 없었던 정신의 세계를 새롭게 하는 경천동지의 혁명적 사건이었다. 이것이 내가 이해하는 일반의 죽음을 맛보는 삶과 예수의 죽음을 맛보려 하심의 차이라고 나는 해석한다.

말씀 2 찾음과 발견 그 경악스러움과 주권

예수가 말했다. "찾는 자는 그가 발견할 때까지 중단하지 말라.
그가 발견하게 되면 그는 당혹스러울 것이다.
그가 당혹하게 될 때, 그는 놀랄 것이다.
그러면 그는 모든 것(THP, 테르)을 지배할 것이다."

도마복음 말씀 2는 옥시링쿠스[8] 그리스어 본문과 콥트어
본문에는 두 가지 분명한 차이가 있다. 첫째, 그리스어 본문에
서는 말씀 중간에 '찾다와 놀라다'의 순서로 되어 있지만, 콥트
어 본문에서는 '찾다, 고민하다, 놀라다'의 순서로 표현하고 있
다. 콥트어 본문은 발견했을 때의 당혹감, 혹은 혼돈을 분명히
하고 있다. 콥트어 본문에 나오지 않는 휴식에 이르게 될 것
(ἐπαναπαύομαι, 에파나파우오마이, will rest)이라는 문장이 옥시링쿠스
본문의 특징적 요소다.

---

8) P.Oxy. 654. 2.1 [λέγει ιης] μὴ παυσάσθω ὁ ζη[τῶν τοῦ ζητεῖν ἕως ἂ
ν] εὕρῃ, 2.2 - 3 καὶ ὅταν εὕρ[ῃ 2.3 θαμβηθήσεται, καὶ θαμ]βηθεὶς
2.4 βασιλεύσ⟨ ει ⟩, 2.5 κᾳ[ὶ βασιλεύσας ἐπαναπα]ήσεται.

‘찾는다(제테오, seek, ⲱⲓⲚⲈ 쉬네)’는 것은 무얼 의미할까. 제테오는 묻고(αἰτέω, ask), 물은 것에 대해서 생각하고 따져보고 조사하는 것을 일러 ‘찾는다’고 하고 헬라어로 ‘제테오(ζητέω)’라 한다. 콥트어로는 쉬네(ⲱⲓⲚⲈ, seeks)다. 그러므로 제테오의 선행은 질문이라는 말이다. 먼저 찾아오는 것이 물음이고 질문이다. 마 7:7은 매우 중요한 참고가 된다. 거기서 ‘구하라’는 ‘질문하라(ask)’라는 뜻이다. ‘이게 무얼까’의 물음에 대해 끝없이 되묻고 생각하기가 제테오라 하겠다.

찾는 이가 발견(εὕρη)하게 된다. ‘발견하다(εὑρίσκω, 휴리스코, ⳓⲓⲚⲈ 치네, find)’는 질문이나 관찰, 곰곰이 생각하기, 조사하기를 통해 홀연히 마주치게 되는 것, 인지하게 되는 것을 의미한다. 되풀이 생각하며 찾다 보면 홀연히 찾아오는 것이 있다. 인지하게 되는 것, 그것이 곧 발견이다.

발견하게 되면 겪게 되는 것이 ‘놀라움’이다. 헬라어로는 담베오(θαμβέω)다. 담베오의 명사형 담보스(θάμβος)는 본래 마비, 경악, 움직일 수 없게 만듦이다. 담베오는 ‘경악케 하다. 놀라게 하다. 마비시키다’는 뜻을 갖는다. 따라서 그리스어 본문에 ‘당혹하다’는 단어가 특별히 없다 해도 콥트어 본문 속에 담겨 있는 ‘당혹하다’의 의미를 ‘담베오’가 이미 포괄하고 있다고 해도 과언이 아니다. ‘놀라다’는 단지 경이로움만을 의미하는 것이 아니기 때문이다. 이미 알고 있던 것에 대해 마비가 찾아오는 것이고 이전의 방식으로는 움직일 수 없는 경악스러움이 찾는 이가 발견하게 되는 놀라움이기 때문이다.

그러므로 도마복음 말씀 2에서 언급하고 있는 찾음과 발견과 놀라움은 지금까지 삶의 방식을 마비시키고 전혀 다른 세계와 접속하게 하는 찾음과 발견이라는 사실이다. 담베오가 등장하는 성구를 살펴본다.

> 다 **놀라** 서로 물어 가로되 이는 어찜이뇨 권세 있는 새 교훈이로다 더러운 귀신들을 명한즉 순종하는도다 하더라 예수의 소문이 곧 온 갈릴리 사방에 퍼지더라(막 1:27, 막 10:24, 32 참조)

그러므로 도마복음 말씀 2에서 찾음과 발견은 단지 자연과학의 물리적 현상이나, 일상적인 호기심의 발견을 의미하는 게 아니다. 놀라게 되면 찾아오는 것이 있다. 후반부에 나오는 다스림과 연관해보면 찾음과 발견이 무엇을 의미하는지 해석할 수 있을 것이다. He will reign over the all. 발견과 놀라움의 결과 모든 것을 다스리는 주권을 회복하게 되리라는 점은, 발견하기 전, 찾기 전의 상태가 무엇인지 능히 알 수 있다. 지배당하고 주권을 박탈당한 노예 상태가 그의 이전 삶이라는 것, 그렇다면 그때 노예의 삶이란 무엇을 의미하는가?

에덴의 지옥 나무 이야기에 의하면 선악의 노예가 되었고, 모든 인생이 타인의 시선에 강박 당한 채 자신의 시선을 갖지 못하고 산다. 구하고 찾는다는 뜻은 따라서 생명 나무를 향한 열망이다. 마치 사춘기의 청춘이 이성을 향해 성적인 만족의 열망에 사로잡히듯, 선악의 나무 아래에서 벗어나 존재의 나무를 향한 추구를 멈출 수 없는 것이라 하겠다.

마침내 존재의 나무 앞에 서게 되면 이미 선악의 나무가 되어버린 자신과 정면으로 마주하게 되고 이를 베어버려야 하는 상황에 직면하게 된다. 발견이란 상상계에서의 나를 기꺼이 거세당한 채, 상징계에 등재되는 것이야말로 진정한 자신이라 여겨 인정 투쟁의 전쟁에서 목숨을 건 투쟁을 하게 된다. 그 정신이 노예(즉자존재, 사물존재, 노예는 단지 주인의 재산목록으로 언제든 팔려나갈 거래품)에서 주인의 주인이(대자존재)되는 변증법적 승리를 일궈내고서도 주인의 주인이 참된 실재계의 내가 아니라는 사실과 정면으로 마주함이다.

찾는 자는 무엇을 찾는 자일까? 발견하는 것은 무엇을 발견함일까? 주인과 노예의 인정 투쟁에서 승리하면 자유가 찾아온 것이고, 존재의 나무를 발견하게 된 것일까?

정신은 그같은 투쟁의 과정을 거치게 마련이다. 정신의 현상은 끊임없이 즉자존재(그렇고 그런 사람, 사물 존재와 같은 사람)에서 대자존재(새로운 나를 향한 존재)로 나아가고 즉자대자(어제의 나와 다른 오늘의 나로 매일 새로운 존재를 향해 서 있는) 존재로 끊임없이 변증법적 투쟁의 과정을 거치지만, 상징계에 등재되는 것으로 존재의 나를 발견하는 게 아니다. 인정 투쟁에서 승리하고 상징계에 등재된 나조차도 타인에 둘러싸여 옴짝달싹 못하는 신세가 되어버렸고, 즉 또다시 노예가 되어버렸고 그곳 어디에도 나는 존재하지 않는다는 사실을 발견하는 것에서 존재의 나무 여행은 시작된다.9)

---

9) 상상계, 상징계, 실재계는 프랑스의 정신과 의사이며 정신분석학자요 철학자인 라캉이 사용한 개념이고 즉자존재, 대자존재, 즉자대자존재는

그 모든 타인의 시선으로부터 '홀로'되는 것이 single one
의 진정한 의미다. 홀로 하나인 나는 곧 타인의 시선에 등재된
다는 것으로부터 자유롭게 된다. 상징계에 자신을 업로딩시켜
타인으로부터 인정받아야 안도하는 것으로부터 벗어난다. 즉 더
는 인정 투쟁 놀이에 빠지지 않는다. 비로소 존재의 '나'가 시
작되지만, 상징계에 등재된 나는 해체당하는 위험에 직면하고,
당연히 베임당하게 된다. 상징계에 등재된 나는 마비되는 경악
스러움에 직면하게 되지만, 비로소 휴식하게 되고 그 모든 것으
로부터 안식하게 된다. 지배당하지 않고 그 모든 것의 주인이
되어, 다스리게 된다. 비로소 자신의 언어가 시작되고, 자신의
말을 하게 되며, 자신의 나라를 다스리게 된다. 이는 성서의 언
어로 하면 하나님 나라의 임함이요, 비로소 그 나라의 주권자가
된다. 내가 비로소 '나'로 발견되고 비로소 '존재의 나'가 시작
되는 것에서 부터 휴식은 시작된다. 유위의 경계를 지나 무위의
세계에 당도한다.

독일의 관념 철학자 Hegel 이 사용한 개념이다. 이들 모두 정신의 여러
현상을 표현하기 위해 동원한 개념을 빌어왔다.

말씀 3 너희 자신을 아는 것과 왕국

예수가 말했다. "만일 너희를 인도하는 자들이 너희에게 '보라,
왕국이 하늘에 있다.'라고 말한다면,
하늘의 새들이 너희보다 먼저 갈 것이다.
만일 그들이 너희에게 '그것은 바다에 있다.'라고 말한다면
물고기가 너희보다 먼저 가서 들어갈 것이다.
그러나 왕국은 너희 안에 있다.
그리고 너희의 눈(ⲃⲁⲗ, 발, eye)에 있다.
만일 너희가 너희 자신을 안다면 그들은 너희를 알게 될 것이고,
너희는 너희가 살아계신 아버지의 아들이라는 것을 깨닫게 될
것이다. 그러나 만일 너희가 너희 자신을 알지 못한다면,
너희는 결핍 속에 있고, 너희 자신이 결핍이다."

말씀 3의 콥트어 본문과 헬라어10) 본문 사이에는 몇 가지

10) P.Oxy. 654. 3.1 λέγει ι[ης· ἐὰν] οἱ ἕλκοντες ⟨ὑ⟩μᾶς [εἴπωσιν ὑμῖν·
ἰδοὺ] ἡ βασιλεία ἐν οὐρα[νῷ, ὑμᾶς φθήσεται] τὰ πετεινὰ τοῦ οὐρ[αν
οῦ· 3.2 ἐὰν δ’ εἴπωσιν ὅ]τι ὑπὸ τὴν γήν ἐστ[ιν, εἰσελεύσονται] οἱ ἰχ
θύες τῆς θαλά[σσης προφθάσαν]τες ὑμᾶς·3.3 καὶ ἡ βασ [ιλεία τῶν
οὐρανῶν] ἐντὸς ὑμῶν [ἐ]σ τι [κἀκτός. 3.4ὃς ἂν ἑαυτὸν] γνῷ, ταύτην
εὑρή[σει, καὶ ὅτε ὑμεῖς] ἑαυτοὺς γνώσεσθ⟨ε⟩, [εἴσεσθε ὅτι υἱοί] ἐσ

사용하는 개념의 차이가 보인다. 호이 헬콘테스 휴마스와 콥트어로는 네트 소크 헤티 튜텐(ⲚⲈⲦ⸌ⲤⲰⲔ Ⲥ2ⲎⲦ⸌ ⲦⲎ́ⲨⲦ̄Ⲛ̄, 네 앞에서 가는 자, lead). 헬라어 헬콘테스(헬큐오)는 '이끄는 자, 혹은 내면의 힘으로 잡아 당기는 자'의 의미가 있다. 베드로가 그물을 끌어 올릴 때(요 21:11) 사용하는 개념이다.

> 나를 보내신 아버지께서 이끌지(헬큐오) 아니하면 아무라도 내게 올 수 없으니 오는 그를 내가 마지막 날에 다시 살리리라(요 6:44)

'헬큐오'를 반영해 '유혹하는 자'로 번역한 역본도 보인다. 콥트어 소크(ⲤⲰⲔ)는 조금 부드러운 표현이다. 리더 혹은 지도자라는 의미다. 유혹하는 자, 혹은 지도자가 왕국에 대해서 말한다. 왕국은 하늘에 있다거나, 바다에 있다고 말한다. 오늘날 종교의 양태다. 아니, 어느 때나 동서고금을 막론하고 왕국은 하늘에 혹은 바다에 혹은 땅에 혹은 어느 또 다른 우주의 행성에 있다고 소위 앞서간다는 자들이 말한다. 그리고 왕국은 먼 미래의 알 수 없는 종말의 때에 임하는 것으로 전하려 한다. 유혹이다. 미혹이다. 미끼다.

종교는 천국을 시공간에 매달아 놓고 사람들을 유혹한다. 도마복음은 이 점에서 매우 단호하다. 그런 천국은 없다는 것이다. 그런 천국이 있다면, 하늘에 천국이 있다면 새들이 먼저 그

τε 'ὑμεῖς' τοῦ πατρὸς τοῦ ϛ. [ῶντος· 3.5 εἰ δὲ μὴ] γνώσ⟨εσ⟩θε ἑαυτοὺς, ἐγ [τῇ πτωχείᾳ ἐστὲ] καὶ ὑμεῖς ἐστε ἡ πτω [χεία.]

곳에 있다는 것이다. 새들이 그대들보다 앞서서 천국에 들어가는 게 아니겠느냐?는 뜻이다. 만일 천국이 바다에 있다고 한다면 물고기가 너희에 앞서서 천국에 있는 것이 아니겠는가? 천국을 어떤 가상의 공간으로 상정한다면 역시 마찬가지다. 도마복음은 밖에 있는 천국에 대해 단호하게 메스를 가한다. 그런 천국은 없다는 것이다. 이 점은 복음서와도 일치한다. 천국은 여기 있거나 저기 있는 것이 아니라, 너희 안에 있다고 하는 것이 복음서의 강력한 서술이다.

> 그러면 사람들이 너희에게 말하되 보라 그리스도가 광야에 있다 하여도 나가지 말고 보라 방에 있다 하여도 믿지 말라, 번개가 동편에서 나서 서편까지 번쩍임 같이 인자의 임함도 그러하리라.(마 24:26~27)
> 그 때에 사람이 너희에게 말하되 보라 그리스도가 여기 있다 보라 저기 있다 하여도 믿지 말라, 거짓 그리스도들과 거짓 선지자들이 일어나서 이적과 기사를 행하여 할 수만 있으면 택하신 백성을 미혹케 하려 하리라.(막 13:21~22)
> 바리새인들이 하나님의 나라가 어느 때에 임하나이까 묻거늘 예수께서 대답하여 가라사대 하나님의 나라는 볼 수 있게 임하는 것이 아니요, 또 여기 있다 저기 있다고도 못하리니, **하나님의 나라는 너희 안에 있느니라**, 또 제자들에게 이르시되 때가 이르리니 너희가 인자의 날 하루를 보고자 하되 보지 못하리라, 사람이 너희에게 말하되 보라 저기 있다 보라 여기 있다 하리라 그러나 너희는 가지도 말고 좇지도 말라(눅 17:20~23)

예수께서는 물론이요, 바울도 이를 강력히 주장한다.

너희가 하나님의 성전인 것과 하나님의 성령이 너희 안에 거하시는 것을 알지 못하느뇨(고전 3:16)

오늘 기독교는 이같이 간결 명쾌한 것을 일부러 잊으려 하는가? 물론 이같은 성구를 인용한다. 그러면서 동시에 하나님 나라는 여기 혹은 저기에 혹은 종말에 있는 듯이 말한다. 자기기만을 쉬지 않고 반복한다. Already ~but not yet 의 구호 아래 천국의 현재성과 미래성을 동시에 말하는듯하나, 미래에 방점을 두고 있다. 과거 현재 미래의 시간 구분에서 발생하는 혼선에 대한 대응책으로 등장하고 매우 그럴듯해 보이지만 이 언어에 담겨 있는 자기기만을 간과해서는 곤란하다.

예수가 말했다. "너희를 유혹하는 자들이 너희에게 '보라, 왕국이 하늘에 있다.'라고 말한다면, 하늘의 새들이 너희 앞에 있을 것이다. 만일 그들이 너희에게 '그것은 바닷속에 있다.'라고 말한다면 물고기가 거기서 너희 앞에 있을 것이다. 그러나 왕국은 너희 안에 있다. 그리고 너희 눈(Βαλ, 발, eye)에 있다. 만일 너희가 너희 자신을 안다면 알려질 것이고, 너희가 살아계신 아버지의 아들이라는 것을 알 것이다. 그러나 만일 너희가 너희 자신을 알지 못한다면, 너희는 결핍 속에 있고, 너희 자신이 결핍이다."

도마복음의 천국관은 성서의 천국과 충돌하고 있을까? 그렇지 않다. 성서에서 말하는 천국에 대한 기독교인들의 해석과 충

돌할 따름이다. 도리어 예수가 전하고자 하는 천국과 너무나 일
치한다. 성서의 천국을 명료하게 이해하는데 도리어 도마복음은
큰 힌트를 주고 있다. 물론 해석을 달리하는 이들에게 도마복음
은 철저히 배척될 뿐만 아니라, 불경하다. 그만큼 경전 이해의
견해 차이가 크다.

유혹하는 자들은 무엇을 가지고 유혹할까. 가장 아름답고 달
콤한 것으로 유혹한다. 그것이 곧 천국이다. 종말론을 채찍의
도구로, 천국을 달콤한 당근으로 삼는 게 유혹하는 이들의 전형
적인 특징이다. 유혹하는 이들은 이미 유혹되어 있다. 스스로
유혹되어 있고 또 다른 이를 유혹한다. 왕국을 갖고 유혹한다.
천국이야말로 가장 아름다운 미혹의 미끼가 되어 있다. 그것은
특정 종교만이 아니라, 표현을 달리할 뿐, 모든 종교의 특징이
다. 종교가 민중의 마약이라고 갈파했던 칼 맑스의 통찰력을 빌
지 않더라도 조금만 살펴보면, 어느 시대나 마찬가지지만 이 같
은 미혹은 조금도 달라지지 않고 있다. 도리어 더 기승을 부린
다. 내세를 빌미로 지금 여기를 노략질하는 행태는 꺼지지 않는
불꽃으로 종교의 주류를 형성한다.

통찰하는 사람들은 과감히 외친다. 왕국은 하늘에 있거나 바
다에 있는 것이 아니다. 여기 있거나 저기에 있는 것이 아니다.
오늘이 지난 후 내일 있다고 말하지 않는다. 만일 천국이 저
하늘에 있다고 한다면, 새들이 우리를 앞서서 천국에 있는 것이
며, 그것이 바다에 있다고 한다면 물고기가 우리를 앞서서 천국
에 있다는 것과 같은 난센스가 아니냐는 말이다. 천국은 의식의
존재자에게 주어지는 정신적이고 영적인 개념이다. 즉, 천국은

시간적이거나 공간적인 그 무엇이 아니라는 단호한 선포다.

천국으로 미혹하는 사람들은 주려서 결핍에 시달리고 있다. 무슨 결핍일까. 왕국을 잃어버린, 하나님 나라의 시민권을 박탈당한, 그저 꿈으로만 천국을 그리고 있는, 천국을 구걸하고 있는 결핍증 환자임을 스스로 증거한다. 스스로는 신의 아들이라고 주장할지라도 천국을 바겐세일하는 미혹하는 사람은 도리어 천국으로부터 멀리 떨어져 있다.

천국은 여기 있는 것도, 저기 있는 것도 아니다. 그것은 우리 안에 있다. 우리 안에 있을 때만 천국은 하늘에도 있고 땅에도 있고 바다에도 있다. 왜냐하면 천국은 각자의 안에 있고 그의 눈에 있기 때문이다. 어떤 눈으로 밖을 보느냐에 따라 바깥도 달라진다. 만일 천국이 우리 안에는 부재하고 하늘에 있거나 땅에 있거나 바다에 있다면, 그것은 미혹이고 '사기요, 혹세무민'이라는 말이다.

이 같은 진실을 외면한다. 진실이 드러나면, 고통을 받게 될 것이라는 두려움이 심층 깊은 무의식에 도사려 있기 때문이다. 진실이 은폐되고 진실이 숨어드는 까닭은 진실이 드러나게 되면 자신의 모든 허위가, 지금껏 천국을 향한 용맹정진의 수고가 진실이 아니라는 게 드러날 테고, 거기서 겪게 되는 허무와 두려움 때문에 천국은 여전히 여기 있거나 저기 있어야지, 그리고 어쨌든 먼 훗날에 도래할 일이지, 지금 이렇게 내 안에 텅 빔으로 있는 것이어서는 곤란하지 않은가. 그 같은 두려움이 더욱 천국을 외면하게 되고 천국을 밖으로 밀어낸다. 진실을 외면하는 일은 늘 그렇게 반복된다.

왕국은 우리 안에 있다. 이것이 진실이다. 우리는 밖을 향하고 있는 눈의 습성 때문에 밖을 보는데 익숙해져 있고 안을 보는 눈은 멀어 있다. 육신의 눈은 밖을 향해 있을지라도 의식의 깨어 있는 눈은 내면을 향하여 있어야 한다. 따라서 천국은 안에 있고 안을 보는 그 눈(eye)에 있다. 대개 나 자신을 바라보는 눈은 칠흑 같은 어둠에 묻혀 있다. 천국은 그 속에 숨어 있고 어둠 속에 덮여 있다. 소경 바디매오의 눈이 뜨였던 것처럼 우리의 눈먼 눈이 뜨이는 것에서부터 무엇이든 새로움은 시작되고 유혹의 안개는 조금씩 걷힌다.

도마복음 말씀 3은 단호하다. 그런 천국은 있을 수 없다는 것. 왕국은 너희 안에 있고, 그리고 너희 눈(eye)에도 있다는 것에 대해 확언한다. 도마복음의 핵심 주제가 등장한다. 만일 너희가 너희 자신을 안다면 알려질 것이라고 한다. 무엇이 알려질 것인가? 왕국이 무엇인지 분명히 드러나게 된다는 것, 아울러 살아계신 아버지의 아들이라는 걸 알게 된다고 한다. 결국 왕국은 '너희 자신을 아는 것'에 달려 있다. 소크라테스가 인용해서 유명해진 그리이스 델피 신전에 기록되어 전해져온 그노티 세아우톤(γνῶθι σεαυτόν)을 연상시킨다.

도마복음은 114개의 말씀을 통해 숨은 것, 감추어 있는 것이 무엇인지를 분명히 한다. 왕국은 '나'와 관련된 개념이다. 나 자신을 알지 못하는 것은 '나'의 부재, 존재의 부재. 결핍이고 죽음을 맛보는 것이다. 결핍이란 존재의 나가 부재하다는 의미다. 타자 자아로 살면서 존재 자아의 부재는 왕국의 부재다. 결핍과 핍진(乏盡)이다.

말씀 4 칠 일 된 어린아이와 생명의 장소

예수가 말했다.
"그의 날에 노인이 된 사람은 칠 일된 어린아이에게
생명의 장소에 관하여 묻기를 머뭇거리지 않을 것이다.
그리고 그는 살 것이다.
왜냐하면 처음(사람)이 나중(사람)이 될 사람이 많을 것이다. 그리고
그들은 단독자(ΟΥⲁ ΟΥⲰΤ, 우아 우오티 one alone)가
될 것이기 때문이다."

말씀 4의 그리스어 본문과 콥트어 본문 사이에는 작지만 몇 개의 차이점이 있다. 옥시링쿠스[11] 헬라어 본문에는 어린아이로 콥트어 본문에는 작은 어린아이로 표현한다.[12]

---

11) P.Oxy. 654. 4.1 [λέγει ιης·] οὐκ ἀποκνήσει ἄνθ[ρωπος παλαιὸς ἡμε]ρῶν ἐπερωτῆσ⟨αι⟩ πα[ιδίον ἑπτὰ ἡμε]ρῶν περὶ τοῦ τόπου τῆ[ς ζωῆς, καὶ ζή]σετ⟨αι⟩· 4.2 'ὅτι' πολλοὶ ἔσονται π̣ [ρῶτοι ἔσχατοι καὶ] οἱ ἔσχατοι πρῶτοι, 4.3 καὶ [ἔσονται εἰς ἕνω]σιν.

12) 파이디온(παιδιον, 어린아이)과 코우에이 엔쉐레 쉠(ΚΟΥⲈΙ Ⲛ̄ϢΗΡⲈ ϢΗΜ) 사이의 차이는 매우 미미하다. 콥트어는 작은 어린아이로 형용사

‘사람’의 경우도 헬라어의 안드로포스에는 정관사가 없으나, 콥트어에는 정관사가 표기되고 있다. 두 본문 사이에 관사의 병행이 이뤄지지 않는다.13) 영역하게 되면 헬라어 본문은 ‘A man old in days’요 콥트어 본문은 ‘The man old in his days’다.

헬로(2ⲗⲗⲟ, old men, elders)란 무엇을 의미하는 걸까? 옥시링쿠스 헬라어 본문에서 더 큰 힌트를 얻을 수 있다. 콥트어 헬로는 그리스어 파라이오스와 병행어다. 파라이오스(παλαιὸς)는 신약성서에서 낡은 것, 옛것을 의미할 때 주로 사용하는 단어다. 때가 찬 노인으로 번역했지만, 다른 말로 하면 ‘옛사람’을 의미한다. 여기서 옛사람이란 크로노스의 시간에 예속된 나이가 많은 사람의 의미도 있겠지만, 엄격히 하면 처음 사람을 일컫는다. 처음 사람이란 율법에 속한 사람이요, 선악에 속한 사람이다. 첫 사람 아담의 유형을 일컫는다. 번역서들은 ‘때가 찬 노인’ 혹은 ‘나이 든 사람’으로 주로 역하고 있으나, 파라이오스의 사용례를 살펴보면 그 의미가 명확하다.

마 9:16 생베 조각을 낡은(파라이오, παλαιῷ) 옷에 붙이는 자가 없나니 이는 기운 것이 그 옷을 당기어 해어짐이 더하게 됨이요 새 포도주를 낡은 가죽 부대에 넣지 아니하나니 그렇게 하면 부대가 터져 포도주도 쏟아지고 부대도 버리게 됨이라 새

가 두 번 나와서 어린아이를 강조하고 있는 것이 특징이다.
13) ἄνθ[ρωπος παλαιὸς ἡμε]ρῶν(안드로포스 팔라이오스 헤메론) ⲠⲢⲰⲘⲈ Ⲛ̄2ⲗⲗⲟ 2Ⲛ̄ ⲚⲈϤ2ⲞⲞⲨ(프로메 엔헬로 헨 네프호우), ⲠⲢⲰⲘⲈ(the human)

포도주는 새 부대에 넣어야 둘이 다 보전되느니라.

9:17 새 포도주를 낡은(파라이우스, παλαιοὺς) 가죽 부대에 넣지 아니하나니 그렇게 하면 부대가 터져 포도주도 쏟아지고 부대도 버리게 됨이라 새 포도주는 새 부대에 넣어야 둘이 다 보전되느니라

마 13: 52 예수께서 가라사대 그러므로 천국의 제자 된 서기관마다 마치 새것과 옛것(παλαιά)을 그 곳간에서 내어오는 집 주인과 같으니라

눅 5: 39 묵은(파라이온, παλαιόν) 포도주를 마시고 새것을 원하는 자가 없나니 이는 묵은 것이 좋다 함이니라

롬 6:6 우리가 알거니와 우리 옛사람이(호 파라이오스 헤몬 안드로포스, ὁ παλαιὸς ἡμῶν ἄνθρωπος) 예수와 함께 십자가에 못 박힌 것은 죄의 몸이 멸하여 다시는 우리가 죄에게 종노릇 하지 아니하려 함이니 이는 죽은 자가 죄에서 벗어나 의롭다 하심을 얻었음이니라.

고전 5:7-8 너희는 누룩 없는 자인데 새 덩어리가 되기 위하여 묵은(파라이안, παλαιάν) 누룩을 내어버리라 우리의 유월절 양 곧 그리스도께서 희생이 되셨느니라 이러므로 우리가 명절을 지키되 묵은(파라이아, παλαιᾷ, old) 누룩도 말고 괴악하고 악독한 누룩도 말고 오직 순전함과 진실함의 누룩 없는 떡으로 하자

고후 3: 14 그러나 저희 마음이 완고하여 오늘까지라도 구약(τῆς παλαιᾶς διαθήκης, the old covenant)을 읽을 때에 그 수건이 오히려 벗어지지 아니하고 있으니 그 수건은 그리스도 안에서 없어질 것이라 오늘까지 모세의 글을 읽을 때에 수건이 오히려

그 마음을 덮었도다

엡 4:22 너희는 유혹의 욕심을 따라 썩어져 가는 구습을 좇는 옛사람을(τὸν παλαιὸν ἄνθρωπον, 톤 파라이온 안드로폰) 벗어 버리고

골 3:9 너희가 서로 거짓말을 말라 옛사람(τὸν παλαιὸν ἄνθρωπον, 톤 파라이온 안드로폰)과 그 행위를 벗어버리고

요일2:7 사랑하는 자들아 내가 새 계명을 너희에게 쓰는 것이 아니라 너희가 처음부터 가진 옛 계명(ἡ ἐντολὴ ἡ παλαιά, 헤 엔토레 헤 팔라이아)이니 이 옛 계명은 너희의 들은 바 말씀이거니와

헬라어의 신약성서 사용례를 살펴보면 '날이 찬 노인'의 의미가 분명하다. 안드로포스 파라이오스 헤메란(ἄνθρωπος παλαιὸς ἡμερῶν)은 옛사람의 방식으로 살아온 사람을 의미한다. 옛사람이란 늙은 사람을 일컫는 게 아니라, 선악의 운영체계에서 살아온 사람을 일컫는다. 도마복음은 수건을 쓰고 모세의 글을 읽을 수밖에 없는 사람을 '올드 맨'으로 칭하고 있다. 날이 찬 노인이란 아브람이 마침내 백세가 되어 아브라함이 되는 시점이기도 하다. 때가 찬 노인은 선악의 종착지에 도달한 옛사람이라는 말이다. 다시 말해 그 자신이 지독한 율법주의자 임이 자신에게 드러난 사람이라고 해석할 수 있다.

옛사람은 새 사람과 대비되듯, 때가 찬 노인은 묵은 포도주에 취해 있는 사람이고 낡은 가죽 부대에 담긴 묵은 포도주며, 묵은 누룩의 사람을 일컫는다는 것이 명확하다. 큰 자를 지향하

는 방식으로 사는 사람을 일컫는다. 그러나 때가 된 옛사람이다. **큰 자를 자랑하는 삶에 지쳐 있는 사람**이 어린아이와 대비된다.

그러므로 어린아이는, 작은 자를 일컫는다. 작은 자란 옛사람과 대비되는 새사람이다. 칠 일된 어린아이(παιδίον ἑπτὰ ἡμερῶν, ⲟⲩⲕⲟⲩⲉⲓ ⲛ̄ϣⲏⲣⲉ ϣⲏⲙ ⲉϥⲍⲛ̄ ⲥⲁϣⲩ̄ ⲛ̄ⲍⲟⲟⲩ, 우 코우에이 엔쉐레 쉠 에프헨 사샤프 엔호우)는 묵은 포도주와 대비되는 새 포도주의 사람이다. 칠 일 된 어린아이는 옛사람(ἄνθρωπος παλαιὸς ἡμερῶν, 안드로포스 파라이오스 헤메론)과 대비된다. 여기서 처음과 나중의 의미도 명확해진다. 옛사람은 처음 사람이고 어린아이는 나중의 사람이다. 첫 사람 아담과 두 번째 사람 아담이기도 하다. '처음이 나중 되고 나중이 처음 된다.'는 속담처럼 쓰이는 관용적 표현이 무엇을 뜻하는지 분명해진다. 선악의 사람이 생명의 처소에 대해 어린아이에게 묻게 되면 처음의 방식이 두 번째 방식으로 변환(개혁)됨을 의미한다. 두 번째 방식이란 생명의 방식이며 존재의 나무로 사는 방식이다. 타자 자아에서 존재 자아로의 대변혁을 의미한다. 처음이 나중 되고 나중이 처음 된다(πρῶτοι ἔσχατοι καὶ οἱ ἔσχατοι πρῶτοι). 이때 나중이 처음 된다는 것을 생명이 선악이 된다는 뜻으로 새기면 곤란하다. 여기서 나중이란 에스카토스(ἔσχατος, 종말)라는 뜻이기도 하다. 처음의 종말이다. 처음의 마지막이라는 뜻이다. 선악의 종말을 의미한다. 선악의 종말이 찾아오면 생명의 처음이 시작된다. 그러므로 '처음은 종말(나중)을 맞이하게 되고 나중(종말)은 새것의 처음을 시작하게 한다'로 읽어야 한다. 첫 것은 폐하고 새것을 세운다는 의미가 담겨 있는 속담이다. 그러므로 소위 현재 기독교에서 운위되고 있는 크로노스의 종말론은 대단한 오해에 기반한다. 단언컨대 허위요 혹 세무민이다.

자기 부재의 끝이 찾아오면 자기 존재가 비로소 시작된다는 의미다. 생명의 세계가 열리는 것이다. 거기서 비로소 Single one 단일한 자(ογα ογωτ 우아-one 우오티, single, εἰς ἕνωσιν, 에이스 헤노신)가 된다. 단일자에 대해서는 그 중의적 의미를 후에 서술하게 될 것이다. 단일자가 되어야 단일자가 된다. 홀로 하나일 때, 비로소 둘이 하나가 된다. 이에 대해서는 후술하게 될 것이다. 밖과 분리되어 온전히 안(홀로)이 될 때 안과 밖이 하나가 된다. 옛것과 온전히 결별하여 홀로 하나가 될 때, 비로소 옛것이 새것이 되고 새것과 옛것의 구분과 경계가 없어진다. '홀로'와 '홀로'는 따라서 점진적이라는 말이다. 결과적 싱글 원, '하나'만을 강조하게 되면 새로운 도그마에 빠지고 만다. 과정을 거치지 않고 다가설 수는 없기 때문이다. 의식은 끊임없이 새로 창조된다.

니체 '정신의 삼단계'와 말씀 4

부자가 천국에 들어가는 것은 낙타가 바늘구멍으로 들어가기보다 어렵다. 낙타는 타고난 짐꾼이다. 등에 짊어진 것이 많다. 봉우리 두 개 속에는 사막을 견딜 수 있는 영양소를 저장한다. 스스로의 짐만 지는가. 그 주인의 짐까지도 짊어진다. 그리고 사막으로 발걸음을 옮긴다.

가치 있는 삶을 지향하는 사람일수록 많은 것을 짊어진다. 봉사 정신이 높은 사람일수록 주변 사람의 짐까지 챙긴다. 그 정신의 고달픔은 이루 말할 수 없다. 무에 그리 많은 것을 등에 지려는가. 심지어 자기의 주인인 하나님의 일까지도 짊어진다. 그리고 자랑스럽게 여긴다. 등에 짊어지고 있는 짐의 양에 비례해서 자긍심도 높아간다. 그러나 기다리고 있는 것은, 가끔은 오아시스가 있어 목을 축일지 몰라도 황량한 사막만이 그대를 기다린다. 인간은 사막 한가운데를 지나 탈진하기 전에는 짐을 내려놓지 않는다. 오아시스가 있어 목을 축일 수 있는 한 고통을 감내하면서 즐거워한다.

낙타의 등에 올라탄 사람은 편할지 몰라도 낙타의 등에 올라앉은 하나님의 기분은 어떠실까. 낙타는 바늘구멍을 통해 천국을 들어가기는커녕 사막 한가운데서 길을 잃기 일쑤다.

그런데 마침내 사막은 낙타가 짐을 내려놓게 만든다. 사막 한가운데의 절망은 등에 짊어진 짐의 허구를 일깨워 준다. 자긍심에 흠뻑 취해 있는 것이 결코 사랑이 아니라는 사실도 알려 준다. 부자가 천국에 들어가는 것은 불가능하다.

그러나 사람으로는 할 수 없지만 야웨 하나님(내가 나인 하나님)은 그것을 가능케 한다. 낙타의 거듭남을 가능케 만든다. 사막에서 낙타는 죽고 사자가 태어난다. 모든 짐으로부터 자유롭다. 하나님으로부터도 자유롭고 터무니없는 사명감으로부터도 자유롭다. 더는 사막을 배회하는 것이 아니라, 밀림의 왕자로 군림한다. 자유의 대헌장을 발표한다. 먹고 싶을 때 먹고 자고 싶을 때 잔다.

그러나 사자가 되었다고 해서 바늘구멍으로 들어갈 수 있는가. 천국에 입성이 가능한가. 사자의 먹이는 여전히 짐승일 뿐이다. 젖과 꿀이 사자의 먹거리가 될 수 없다. 자유의 노래는 아름답지만, 여전히 천국의 문은 두꺼운 휘장으로 덮여 있어 접근할 수가 없다. 바늘구멍은 여전히 작다. 천국은 여기 있거나 저기 있는 것이 아니라, 그대 안에 있다. 내가 낙타로 있거나 사자로 있는 한 결코 그대 안에 들어갈 수 없다. 그대를 부담스러운 짐으로 삼거나 혹은 먹이로 삼으려 하기 때문이다.

사람은 할 수 없으나 야웨 하나님은 하신다. 사자를 잡아 이제는 젖과 꿀이 되게 한다. 꿀벌의 서식처가 되게 한다. 젖과 꿀이 흐르는 먹거리가 될 때만 그대 안에 입성이 가능하다. 사자는 어린아이가 잡는다. 어린아이는 그대 품에 안길 수 있다. 천국에는 어린아이가 들어간다. 어린아이는 흐름이며 바람이다. 옛사람은 노인의 공의를 주장하지 말고 칠 일 된 어린아이에게 생명의 처소(천국)에 대해 묻기를 주저하지 말라. 칠 일된 어린아이란 칠일 창조의 과정을 거쳐 낙타가 마침내 바람이 된 존재를 말한다.

그대 안에서 숨을 쉬고 싶다. 그대의 품에 안길 수 있는 어린아이고 싶다. 그대 안에 마음껏 들고나는 거룩이고 싶다. 바람이고 싶다. 그대 안의 복마전이 아닌 그대 안의 생명의 처소에 입성하고 싶다.

말씀 5 앞에 있는 것을 알라

예수가 말했다. "네 눈 앞에 있는(앞선) 것을 알라.
그리하면 네게 감춰 있던 것이 너에게 드러나리라.
왜냐하면 감추인 것은
네게 드러나지 않을 것이 없기 때문이다."

요한이 그에 대하여 증거하여 외쳐 가로되 내가 전에 말하기를 내 뒤에 오시는 이가 나보다 앞선 것(ἔμπροσθεν)은 나보다 먼저 계심이니라 한 것이 이 사람을 가리킴이라 하니라(요 1:15)

내가 전에 말하기를 내 뒤에 오는 사람이 있는데 나보다 앞선 것(ἔμπροσθεν)은 그가 나보다 먼저 계심이라 한 것이 이 사람을 가리킴이라(요 1:30)

나의 말한 바 나는 그리스도가 아니요 그의 앞에(ἔμπροσθεν) 보내심을 받은 자라고 한 것을 증거할 자는 너희니라(요 3:28)

자기 양을 다 내어 놓은 후에 앞서가면(ἔμπροσθεν) 양들이

그의 음성을 아는 고로 따라 오되(요 10:4)

이렇게 많은 표적을 저희 앞에서(ἔμπροσθεν) 행하셨으나 저
를 믿지 아니하니(요 12:37)

말씀 5는 옥시링쿠스 본문을 깊이 참고할만하다.14)
그노티 톤 엠프로스덴 테스 오프세오스 수

(γνῶθι τὸν ἔμπροσ]θεν τῆς ὄψεώς σου)

이 문장은 그노티 세아우톤(γνῶθι σεαυτόν, 너 자신을 알라)에서
'세아우톤(너 자신)'의 자리에 '톤 엠프로스덴 테스 오프세오스
수(네 눈앞에 있는 것)'로 치환한 문장처럼 보인다. 요한복음은 '엠
프로스텐'을 매우 독특하게 사용한다.

내 뒤에 오시는 이가 나보다 앞선(ἔμπροσθεν) 자라고 표현한
다. 내 뒤에 오는, 그러나 앞에 있는 자란, 말씀 4에서 이미 언
급한 대로 뒤에 오는 이는 어린아이이지만, 생명으로는 시작이
요 앞선 자를 일컫는다. 따라서 눈앞에 있는 자는 옛사람(노인)
에게는 뒤에 오는 자요, 그러나 앞선 자를 일컫는다.

생명의 처소에 대해 물어야 할 존재에 대해 알아라. 그러면
너로부터 감추인 것이 드러나게 될 것이다. 아브라함은 아브람
뒤에 오지만 생명으로는 아브람을 앞선(ἔμπροσθεν) 자다. 크로노
스로는 뒤에 오는 자다. 카이로스의 시간으로는 새로 난 자요,

---

14) P.Oxy. 654. 5.1λέγει ιης· γ[νῶθι τὸν ἔμπροσ]θεν τῆς ὄψεώς σου, κ
αὶ [τὸ κεκαλυμμένον] ἀπὸ σου ἀποκαλυφ⟨θ⟩ήσετ[αί σοι· 5.2 οὐ γάρ
ἐσ]τιν κρυπτὸν ὃ οὐ φανε[ρὸν γενήσεται] καὶ θεθαμμένον ὃ ο[ὐκ ἐγε
ρθησέται.]

생명으로는 앞선 자이며, 동시에 앞에 있는 자다.

'네 얼굴 앞에 있는 것을 알라'는 뜻은 네 앞의 무수한 현상을 언급하는 것이 아니다. 얼굴 앞에 있는 것을 알라는 뜻은 단지 육신의 눈앞에 펼쳐져 있는 수많은 현상에 대해 알라는 의미가 아니다. 물론 내 눈앞에도 무수히 많은 사건이 펼쳐져 있고, 사물들이 널브러져 있다. 시인은 내 앞의 사물을 더 깊이 관찰하고 또 관찰함으로써 생명의 현상을 발견하려 한다. 그러나 도마복음 말씀 5는 눈앞의 사물을 더 깊이 관찰하라는 뜻이 아니다. 그 이상이다.

말씀 52에서 말씀 5를 주석하듯 반복하는 말씀이 있다.

> "너희는 너희 눈앞에 살아 있는 한 사람을 잊었다.
> 너희는 죽은 자들에 관하여 말하는구나."(말씀 50)

말씀 91에도 유사한 언급이 있다.

> 그는 그들에게 말했다. "너희는 하늘과 땅의 얼굴은 분간하나,
> 너희는 너희의 얼굴 앞에 있는 것을 알지 못한다.
> 그리고 너희는 이때를 분간할 줄을 모르는구나."(말씀 91)

말씀 91에서는 매우 중요한 언급을 한다. 너희는 이때(카이로스)를 분간할 줄 모른다고 지적한다. 카이로스의 시간은 모름지기 절기를 일컫는다. 히브리인들에게는 일곱 절기가 있다. 물론 절기를 셋으로 혹은 다섯으로 구분할 수도 있다. 말씀 5에서 중시하는 것은 네 얼굴 앞에 있는 살아있는 한 사람, 뒤에 오

지만 앞선 존재, 곧 생명의 처소에 대해 말해 줄 어린아이(작은 자)를 알라는 뜻이다. 네게 감춘 것이 네게 드러나게 된다. 곧 드러나게 되는 때에 분명하게 알라(그노티, γνῶθι)는 뜻이다.

콥트어 본문 일부를 직역해본다. 헬라어 본문과 표현이 조금 다르지만 그 의미는 같다. '네 얼굴 속에 있는 자를 알도록 하라'15) 해설하면, "겉에 드러난 얼굴, 그 현전 속에(within) 있는 이를 알아라"로 직역해볼 수 있다. 우리에게는 두 얼굴이 있다. 두 사람이 있다. 노인(옛사람)과 어린아이요, 아브람과 아브라함이다. 두 존재의 양태에서 이제는 두 번째 존재의 사람에 대해 아는 것, 거기서 감춰진 얼굴 곧 아브라함의 존재가 드러나게 된다. 타자 자아가 아닌 비로소 숨어 있던 '자유자'가 드러난다. 아브라함이 드러나면서 약속의 자녀 이삭이 태어난다. 카이로스의 때가 되면, 각각 절기가 찾아오면, 숨은 것은 드러나기 마련이다.

헬라어 텍스트 마지막 문장은 콥트어 텍스트에는 나오지 않는다.

καὶ ΘεΘαμμένον ὃ ο[ὐκ ἐγερΘησέται.]16)

---

15) 콥트어 본문의 일부 coyωn(수온 know) πετṃπṃτo(페템펨토, within the presence) ṃπεκ2o(엠페크호, of your face) εβολ̀(out, forth, outward) 겉으로 드러난 그 얼굴 안을 알아라

16) P. Oxy. 654.5 I Biblical Criticism & History Forum - earlywritings.com / https://earlywritings.com/forum/viewtopic.php?t=8093 καὶ ΘεΘαμμένον ὃ ο [ὐκ ἐγερΘησέται. 카이는 문장과 문장을 연결하는 등위 접속사라고 보면, 테사우메논 앞에는 앞문장 οὐ γάρ ἐσ]τιν 이 있는 것으로 보아도 무방하다.

　"일어나지 않을 묻힌 것은 없기 때문이다."로 번역해 줄 수 있다. 즉 감추인 것은 드러나기 위함이라는 뜻과 같다. 땅에 묻힌 것은 반드시 땅을 비집고 일어나게 되어 있다. 씨앗이 땅에 묻혔다면, 발아하여 싹을 내고 기둥을 세우고 잎을 키우고 꽃을 피우고 열매를 맺게 마련이라는 것. 처음의 사람이 땅에 묻히면, 두 번째 사람이 다시 태어나게(raise) 마련이다. 마지막 문장은 숨은 것이 드러나게 마련이라는 것을 표현을 달리하여 재차 강조하고 있는 셈이다. 더 많은 토론이 필요한 부분이기도 하지만, 맥락을 보면 그렇게 해석해주는 것이 적절하다는 견해다.

　꽃봉오리는 만개하고 꽃이 지면 열매가 찾아오는 이치와 같은 것이다. 꽃 속에는 열매가 숨어 있고, 감춰 있다. 비밀이고 미스테리지만, 때가 되면 더는 비밀이 아니고 열매로 드러나는 이치와 같다. 꽃이 자취를 감추지만, 열매는 비로소 드러나고 계시 된다. 생명의 변증법적 정신 현상이다.

말씀 6 금식과 거짓

> "예수의 제자들이 그에게 묻기를,
> 당신은 우리가 금식하기를 원하십니까?
> 어떻게 기도해야 합니까? 우리가 자비를 베풀어야 합니까?
> 음식을 어떻게 가려 먹어야 합니까?
> 예수께서 이르시되, 거짓말을 하지 마라,
> 너희가 싫어하는 것을 하지 마라.
> 모든 것이 하늘 앞에서는 드러날 것이기 때문이다.
> 드러나지 않을 비밀도 없고, 나타나지 않을 숨김도 없다."

헬라어 텍스트17)에서는 '어떻게 금식할까요?'라고 묻는다.
콥트어 텍스트에서는 '당신은 우리가 금식하기를 원하십니까?'

---

17) P.Oxy. 654.6.1[ἐξ]ετάζουσιν αὐτὸν ο[ἱ μαθηταὶ αὐτοῦ καὶ λέ]γουσιν·
πῶς νηστεύ[σομεν, καὶ πῶς προσευξόμ]εθα, καὶ πῶς [ἐλεημοσύνην
ποιήσομεν κ]αὶ τί παρατηρήσ̣ [ομεν περὶ τῶν βρωμάτω]ν; 6.2 λέγει
ιης· [μὴ ψεύδεσθε 6.3 καὶ ὅ τι μισ-] εἶτ⟨ε⟩, μὴ ποιεῖτ̣[ε· 6.4 ὅτι
πάντα ἔμπροσθεν τ]ῆς ἀληθ[ε]ίας ἀν[ακαλύπτεται. 6.5 οὐ γάρ ἐστ
ι]ν ἀ[π]οκεκρ[υμμένον ὃ οὐ φανερὸν ἔσται.]

라고 묻는다. 헬라어 텍스트에서 질문이라고 번역된 ἐξετάζω(엑세타조)는 '조사하다, 질문하다, 문의하다, 찾아내다.'의 의미다.

> 베들레헴으로 보내며 이르되 가서 아기에 대하여 자세히
> 알아 보고(ἐξετάσατε, search) 찾거든 내게 고하여 나도 가서
> 그에게 경배하게 하라(마 2:8)
> 아무 성이나 촌에 들어가든지 그 중에 합당한 자를 찾아내
> 어(ἐξετάσατε, inquire) 너희 떠나기까지 거기서 머물라(마 10:11)
> 예수께서 가라사대 와서 조반을 먹으라 하시니 제자들이
> 주신 줄 아는 고로 당신이 누구냐 감히 묻는(ἐξετάσαι, to
> question) 자가 없더라(요 21:12)

모름지기 '알아보고 찾고 묻는 것'이 '엑세타조'요 곧 질문이다. 옥시링쿠스 헬라어 텍스트를 번역하면 다음과 같다.

> 그의 제자들이 그에게 물으며 말하였다.
> 어떻게(πῶς) 금식하고 어떻게(πῶς) 기도하고
> 어떻게(πῶς) 자선을 베풀어야 하나요? 무엇을 먹어야 하는지요?
> 예수께서 말했다. '거짓말하지 말아라.'
> 네가 싫어하는 것은 하지 마라.
> 왜냐하면 진리(τῆς ἀληθείας, 테스 알레데이아스)
> 앞에서는(ἔμπροσθεν, 엠프로스덴)
> 모든 것이 발견되기 때문이다.
> (ὅτι πάντα ἔμπροσθεν τῆς ἀληθείας ἀνακαλύπτεται.)
> 왜냐하면 드러나지 않을 감추인 것은 없기 때문이다.

이 두 텍스트에서 두드러진 차이는 금식과 관련해서 어떻게 금식하는 것인지를 묻지만, 콥트어 텍스트는 금식하기를 원하는지에 관해 묻고 있다.

옥시링쿠스 헬라어 텍스트의 주요 개념을 살펴보면 '발견된다.'라고 할 때 아포칼룹시스(ἀποκάλυψις unveiling, uncovering, revealing, revelation. 드러나다, 나타나다, 계시하다)나 파네로를 사용하지 않고 '아나칼룹테타이(ἀνακαλύπτεται, discovered)'를 사용한다는 점이다.

그리고 콥트어 텍스트에서는 '하늘(пе, 페) 앞에서'라고 표기하는 데 반해 헬라어 텍스트에서는 '진리 앞에서(ἔμπροσθεν τῆς ἀληθείας, 엠프로스덴 테스 알레데이아스)'라고 서술한다. 그러고 보면 이때의 사람들이 '진리'를 '하늘'로 새기고 있음을 알 수 있다.

본문의 의미를 살피면 '진리 앞에서 거짓이 들통나게(발견되게) 마련'이라는 의미로 새기는 것이 합당하다. 금식과 기도, 자선과 음식을 가려먹는 문제는 모두 종교 행위에 불과하고 이는 진리 앞에서는 모두 거짓으로 발견됨을 강조한다.

진리 앞에서라고 번역했지만, 도마복음 말씀 5를 염두에 두고 이해한다면, 금식과 기도, 자선과 음식의 문제는 처음 사람들(노인, 낡은 세대, 묵은 누룩, 묵은 술)이 행하는 종교 행위요, 선악의 몸짓임을 알 수 있다. 뒤에 오는 이는 어린아이이지만, 그러나 앞선 자(엠프로스덴)다. 생명의 처소에 대해 알려주는 어린아이(알레데이아) 앞에서는 노인(옛사람)의 공의가 모두 거짓임이 들통나게 되어 있다는 거다. 그러므로 아나칼룹테타이는 파네로스(φανερός, 드러나다, 알려지다)의 부분집합이기도 하다. 감춘 것이 드러나는 과정에서 거짓도 들통(발견, 발각)나게 마련이기 때문이다.

이 두 판본을 비교할 때 의미심장한 것이 있다. 어떻게 금식하느냐와 금식을 원하는가의 문제다. 도마복음 다른 곳을 살펴보면 이 두 관계를 엿볼 수 있다. 육체의 금식은 단호하게 거짓이라고 말한다. ‘어떻게’ 뿐 아니라, ‘금식’ 자체가 거짓이라고 한다. 그러나 어떤 금식은 거짓도 아니고 금식하지 않으면 안 되는 금식이 있다. 그러므로 금식으로 대표되지만, 여러 가지 종교적 행위는 그것이 무엇이 되었든, 즉 기도, 자선, 어떤 음식은 먹고 어떤 음식은 금하는 종교적 원인에 의한 음식 가리기는 모두 거짓이라는 것이다.

다만, 다음과 같은 금식도 있다. 말씀 6과 비교되는 말씀이 도마복음 말씀 27이다.

> [예수가 말했다] “너희가 세상을 금식하지 않으면
> [하나님의] 나라에 들어갈(빠질) 수 없다(ΤΕΤΝΑϨΕ ΑΝˋ ΕΤΜΝ̃ΤΕΡΟ).
> 안식일을 지키지 않으면 아버지를 보지 못할 것이다.”

도마복음에서 말하는 왕국은 세상과 확실히 대비되는 개념이다. 세상이란, 물리적 세계를 일컫는 것이 아니라 처음 사람의 세계관에 의해 형성된 에고 중심의 세계를 일컫는다. 에고를 중심으로 약육강식의 질서에 의해 체계 지워진 시스템이 곧 세상이다. 세상의 정신세계를 움직이고 이끌어가는 기본 축은 선과 악이라는 가치관에 의해서다. 옳고 그름의 가치 질서에 의해 관습이 형성되고 법과 제도가 만들어지고, 행복과 불행이 결정

된다. 무엇하나 선과 악이라는 레일을 통하지 않고 달리는 기차는 없다.

종교가 타락하면 선악의 꼭대기에 서게 된다. 자신들은 택함 받은 선민이고 그 외의 사람들은 이방인이라는 선민의식에 사로잡힌다. 선민의식의 자긍심으로 행복이 충만해진다. 스스로의 선의식에 만족한다. 선의식은 그 반대의 경우를 반드시 악으로 규정한다. 선과 악은 같은 두 개의 레일이다. 하여 선민의식은 천민의식이 되어버린다. 선민의식에 사로잡혀 만족해하는 행복은 불행과 같은 이름이 되고 만다. 선민의식에 사로잡혀 전파하는 왕국은 하여 하나님 나라가 아니다. 하나님 나라라는 미명과 양의 옷을 입혀 선전하는 천박한 나라와 다르지 않다.

예수는 금욕하고자 하는 물리적, 생물학적인 금식에 대해서는 단호히 배격한다. 라마단 금식과 같은 육체의 음식을 금하는 것에 대해서 그것은 거짓말이고 자신을 해하는 것이라고 도리어 꾸짖는다. 라마단 금식의 기원을 살펴보면 식량이 부족하던 시절 금식이나 절식을 통해 가난한 이들과 음식을 나누는 소중한 전통이 있었다. 그들이 처한 사회적 상황에서 나름의 사회적 혹은 종교적 명분이 있었다는 말이다. 지금은 전혀 사정이 다르다. 만일 기아에 허덕이는 아프리카의 식량부족을 나누고자 하는 금식이라면 일정 존중받을 사회적인 명분이라도 있으리라.

오늘날 기독교에서 행해지고 있는 금식기도의 행태야말로 얼마나 뿌리 깊은 욕심이 발동하는 것이며 자기 위선인가? 문제해결을 위해 금식 기도한다고 한다. 무엇이 문제고 무엇이 해결인가? 사업이 위기이고, 여러 가지 문제가 있어서 하는 금식이라면, 자녀의 입시를 위해 하는 금식이라면 그것은 거짓이고 위선이며 기만일 뿐이다. 자신의 욕망과 사회적, 정치적 이익을 성취하기 위한 거짓일 뿐이다.

예수는 말한다. 도리어 그 같은 금식은 거짓이며, 자신을 해하는 것이라고 도리어 금식이란 세상에 대해서 금식하란다. 세상과 관련해서 금식하지 않으면 왕국을 발견하지 못할 것이라고.

세상은 선악을 알게 하는 지식의 나무에서 맺히는 열매를 먹거리로 삼는다. 선악의 나무 열매는 오래전 아담이 먹은 열매가 아니다. 지금 우리가 먹고 배부른 나무의 열매다. 오늘 아담(사람)이 먹고 있는 세상의 식량(食糧)이다.

> [예수가 말했다] "너희가 세상을 금식하지 아니하면 [하나님의] 나라에 들어갈(빠질) 수 없다(ΤΕΤΝΔ2Ε ΔΝˋ ΕΤΜÑΤΕΡΟ). 안식일을 지키지 않으면 아버지를 보지 못할 것이다."
>
> <말씀 27>

하나님이 기뻐하는 금식이란 육체의 음식을 금하는 것이 아니라 선악이라는 흉악의 결박을 풀어주는 선악의 양식을 금하는 것이라고 도마복음은 풀어 준다.

도마복음은 참된 안식을 누리지 못하고 날이나 절기를 정해 안식일을 지키고 절기를 지키는 것에 대해 그러한 육체의 행위로는 아버지를 보지 못할 것이란다.

바리새인들이 질문한다. 당신의 제자들은 왜 금식하지 않는가? 예수의 대답이다. 신랑과 함께 있는 동안은 금식하지 않지만, 신랑이 떠나가게 되면 금식하게 된단다. 동문서답이다. 질문은 종교 전통에 따른 육체의 금식에 관하여 묻지만, 답변은 질문 범주를 넘어선다.

대단한 비유다. 비유는 감춘 것을 드러내는 방식이다. 금식은 하는 것이 아니라 되는 것이다. 하는(doing) 금식을 멈추고 찾아오는(to come) 금식, 곧 되게 되는(becoming) 금식을 예수는 예언한다.

도마복음과 성서는 표면으로 읽지 않고 이면을 들여다보면 조금도 충돌하지 않는다.

말씀 7 사자가 사람이 되려면

7.1 예수가 말했다. "사람이 먹게 될 사자는 복이 있다. 그리고 그 사자는 사람(ⲢⲢⲱⲘⲈ, become-man, 남자가 된)이 된다. 7.2 그리고 사자가 먹게 될 자, 그 사람은 저주가 되었다. 그리고 그 사자는 사람(ⲢⲱⲘⲈ, human)이 될 것이기 때문이다."

도마복음 말씀 7에 대한 헬라어 텍스트는 온전히 보존된 것이 아니어서, 특별한 내용을 제공하지는 못한다. 다만, 마카리오스([μα]κ ἀρι[ος])로 짐작되는 헬라어가 사용되고 있다는 점을 주목할 수 있다. 콥트어도 마카리오스(ⲘⲁⲔⲁⲢⲒⲟⲥ)로 같은 단어다. 이 단어는 산상수훈의 소위 팔복(?)에 등장해서 더욱 유명한 개념이다.

도마복음 말씀 7은 텍스트를 고증하고 주석하거나 해석하는 이들에게 매우 혼란을 주는 텍스트다. 특히 두 번째 단락 때문이다. 첫 번째 7.1 "사람이 먹는 사자는 복되다. 그래서 사자가 사람이 되기 때문이다."에 대해서는 주석가들이나 해설가들에게 큰 이견이 없다. 그러나 7.2에 관해서 콥트어의 단어 배열 어순을 바꿔놓고 주석하는 이들이 있다. 영어 번역서들도 두 가지 첨예한 대립을 보인다. 원래 콥트어 본문은 다음과 같다.

7.2 ⲁⲩⲱ ϥⲃⲏⲧ` ⲛ̄ϭⲓ ⲡⲣⲱⲙⲉ ⲡⲁⲉⲓ ⲉⲧⲉ ⲡⲙⲟⲩⲉⲓ ⲛⲁⲟⲩⲟ
ⲙϥ ⲁⲩⲱ ⲡⲙⲟⲩⲉⲓ ⲛⲁϣⲱⲡⲉ ⲣ̄ⲣⲱⲙⲉ(아우오 파베티 엔치 프로메 파에이 에테 프무에이 나우옴프 아우오 프무에이 나쇼페 엘로메)

그리고 사자에게 잡아 먹힐 사람은 불행하다.
그리고 그 사자는 사람이 될 것이기 때문이다.

원래의 문장을 고수하는 주석가가 있지만, 대부분은 다음과 같이 어순을 바꿔서 이해하려 한다. 사람을 잡아먹은 사자가 사람이 된다는 원문은 이해가 안 될 뿐만 아니라 논리적으로 모순이 있다고 보기 때문이다. 그리고 7.1과 대조가 자연스러우려면, 사람을 잡아먹은 사자가 사람이 될 수 없고, 잡아 먹힌 사람이 사자가 되는 것으로 보아야 한다는 것이다. 그래서 콥트어 문장의 어순을 다음과 같이 바꾼다. 나그함마디에서 발굴된 그대로의 콥트어 원문은 ⲁⲩⲱ ⲡⲙⲟⲩⲉⲓ ⲛⲁϣⲱⲡⲉ ⲣ̄ⲣⲱⲙⲉ(그리고 사자는 사람이 될 것이기 때문이다) ↔ 주석가들이 수정한 원문은 ⲁⲩⲱ 〈ⲡⲣⲱⲙⲉ〉ⲛⲁϣⲱⲡⲉ 〈ⲙ̄ⲙⲟⲩⲉⲓ〉(그리고 사람은 사자가 될 것이기 때문이다)다. 어순을 바꿔놓고 원문과 다름을 알리기 위해 중괄호< >로 표기하고 있다.[18] 과연 그렇게 하는 것이 타당한가.

---

18) Bibliography for GTh 7: S.J. Gathercole, The Gospel of Thomas Introduction and Commentary, (Brill, Leiden)2014, 228에서 재인용

사람에게 먹히는 사자와 사람을 먹는 사자

예수가 말했다.

"사람이 먹게 될 사자는 복이 있다.

그리고 그 사자로부터 사람이 된다. 그리고 사자가 먹게 될 자,

그 사람은 저주가 되었다.

그리고 그 사자는 사람이 될 것이기 때문이다." (말씀 7)

도마복음 7번 말씀은 수수께끼다. 수수께끼로 있는 동안 난
해할 뿐 수수께끼가 풀리면 난해하지 않다. 사자가 사람을 먹으
면 사자가 과연 사람이 될까. 사자의 먹이가 된 사람은 사자가
되는 게 아닐까? 도리어 사자가 사람이 된다니 이게 무슨 뜻이

H.M. Jackson, The Lion Becomes Man: The Gnostic Leontomorphic Creator
and the Platonic Tradition (SBL Dissertation Series 81; Atlanta: Scholars
Press, 1985);

D. Lührmann, 'Die Geschichte von einer Sünderin und andere apokryphe
Jesusüberlieferungen bei Didymos von Alexandrien', NovT 32 (1990), 289
‑316 (312‑316: 'Anhang: Logion 7 des Thomasevangeliums bei
Didymos von Alexandrien');

S.J. Gathercole, 'A Proposed Rereading of P.Oxy. 654 line 41 (Gos. Thom.
7)', HTR 99 (2006), 355‑359;

------------------- The Gospel of Thomas Introduction and Commentary,(Brill ,
Leiden)2014 228~230.

A. Crislip, 'Lion and Human in Gospel of Thomas Logion 7', JBL 126
(2007), 595‑613;

C. Losekam, 'Der Löwe im Menschen (Löwe-Mensch-Löwe)‑EvThom 7', in
R. Zimmermann, ed. Kompendium der Gleichnisse Jesu (Gütersloh:
Gütersloher Verlagshaus, 2007), 863‑867.

지?

사람에게 먹히는 사자와 사람을 먹는 사자 두 양태가 도마복음 말씀 7에 나란히 나온다.

여기서 사람이 사자를 먹으면 사자가 사람 된다는 것은 이해(?)할 수 있겠는데, 사자가 사람을 먹게 되면 그 먹힌 사람은 저주를 받은 것이고 동시에 사자는 사람이 된다고 얘기한다. 문장을 잘못 기술했거나 혹은 잘못 번역한 게 아닐까? 이런 문제 제기가 주석가들에게 있는 셈이다.

흔히 말하기를 사람이 사자를 사냥해서 고기를 먹으면 사람에게 잡아 먹힌 사자는 사람의 살과 피로 변해서 사람이 되니 복이 있다는 방식으로 이해하려 한다. 그게 제대로 이해(?) 한 것일까? 그러니까 첫 번째는 그런 방식으로 이해한다고 하는데 그같은 설명은 이해가 아니라 지극한 오해다.

사람과 사자, 사자와 사람

도마복음은 노인(옛사람)과 어린아이를 대비시키듯, 사자와 사람을 대비시킨다. 노인은 칠 일 된 어린아이에게 생명의 처소를 물으라고 한다. 노인이 사자(?)라면, 칠 일 된 어린아이는 사람인 셈이다. 처음 사람은 본성과 이성을 동시에 지니고 있고, 이성이 본능을 제압하며 다스릴 수 있는 합리적인 사람이라 하더라도 '사자'의 형상을 하고 있다. 가인과 아브람과 이스마엘과에서는 사자의 형상, 사자의 계보에 속해 있다. 그러니까 다수

주석하는 이들이 사람과 사자를 이성과 동물적 본성으로 대비
해서 해석하려고 한다. 그러나 거기에는 너무 많은 약점이 있다
는 말이다.

사자와 사람의 비유에서 사람은 무엇일까. 사람을 낚는 어부
가 되게 하고자 예수는 베드로를 불렀다. 사람을 낚는 어부가
되려면, 먼저 베드로는 예수에게 낚여야 한다. 낚인다는 말은
사자로부터 사람으로 다시 태어나야 한다는 의미다.

요한복음은 사자로부터 사람이 되어가는 베드로의 일생을
묘사한다. 21장은 비로소 사람이 된, 어린아이가 된 베드로의
모습이다. 노인 혹은 사자란, 충성스럽게 예수를 따르던 이전의
베드로다. 베드로가 목숨을 바치며 예수를 사랑하는 모습은 인
생이 추구하는 사자의 형상을 잘 드러낸다.

"당신을 위해 목숨을 바치겠습니다."는 베드로의 고백은 사
자의 울부짖음과 다름없다. 그러나 예수는 포효하는 사자의 고
백을 단칼로 베어 버렸다.

"네가 닭 울기 전에 세 번 부인하게 되리라."라고

따지고 보면 베드로에게 예수는 또 다른 '사자'나 마찬가지
다. 예수는 베드로에게 누구도 따를 수 없는 밀림의 왕자 사자
로 보였고, 하여 당신에게 목숨을 바치겠다는 충성 서약을 하는
것이다. 베드로가 예수를 따를 수 있었던 것은, 사람을 낚는 그
게 무엇인지 모르겠지만, 베드로의 내면에 있는 사자의 욕망을
구현시켜줄 수 있는 사자 예수를 그는 따랐다. 예수는 베드로에
게 사자였던 적이 없이 그저 사람이었을 뿐인데, 베드로는 예수
를 그가 따르고 존경하고, 숭배할 사자로 여겼다는 사실이다.

여기 사람(예수)이 사자(베드로)를 먹고 그 사자로부터 사람을 낳는 것(comes to be)과 사자인 베드로가 사람(예수)을 먹고 사람이 되는 생명의 이중주를 볼 수 있다. 사자(베드로)가 사람(예수)을 먹고 사자가 사람이 되는 도마복음 말씀 7의 1절과 2절의 이중주를 엿볼 수 있는, 대서사(narrative)가 있다는 말이다.

사람이란 가이사의 형상과 모양이 아닌 하나님의 형상과 모양을 지닌 하나님의 것, 혹은 하나님의 화폐를 일컬어 성서는 '비로소 사람'이라고 한다.

예수는 사람이었다. 그러나 처음 베드로에게 등장한 예수는 사람이 아니라, 베드로에게는 사자로 대두된다는 말이다. 사자는 강한 자의 형상이다. 사람 예수는 베드로가 꿈꾸고 있는 사자 예수, 베드로의 마음에 진을 치고 있는 사자 예수, 오해된 예수, 오해된 하나님(사자)을 거세시켜야 했다.

거기 젊은 사자에게 먹혀야 할 사람(큰 사자)의 고난이 있는 것이다. 사자(베드로)에게 먹혀야 하는 저주 아래에 놓여 있는 사자이나, 사실은 사람이다. 사자에게 잡아먹히는 사람의 서사가 거기에 있다. 거기 사자인 베드로가 사자에서 사람(남자)되는 이야기로 읽어낸다면, 도마복음 말씀 7-2의 콥트어 원문은 주어와 술어가 빠뀐 게 아니다. 따라서 원문의 오류 가능성을 가정하고 주어와 술어의 위치를 수정해야 한다는 견해는 당연히 거부 되어야 한다. 영적 순례의 길을 더 깊이 이해한다면, 콥트어 원래의 원문은 그대로 지켜져야 하고, 있는 그대로 텍스트를 읽어야 한다.

한글 번역이나 영어 번역본들도 이 점에서 의견이 둘로 첨

예하게 나뉘고 있음을 확인할 수 있다. 다음 번역문을 비교해보라.

Jesus said, 'Blessed is the lion which the man eats, and the lion becomes man. And cursed is the man whom the lion eats and the ⟨ **man** ⟩ **becomes** ⟨ **lion** ⟩.' - by S.J. Gathercole

Jesus said, "Lucky is the lion that the human will eat, so that the lion becomes human. And foul is the human that the lion will eat, and **the lion still will become human.**" - by Stephen Patterson and Marvin Meyer

Jesus said, "Blessed is the lion which becomes man when consumed by man; and cursed is the man whom the lion consumes, and **the lion becomes man.**" -Thomas O. Lambdin (Coptic version)

Blessed is the lion Eaten by a man, so that it becomes a man. Profane is the man eaten by **a lion so that he becomes a lion.** - by Nancy Johnson

Jesus said, 'Blessed is the lion that the person will eat, and the lion becomes man. And cursed is the person whom the lion eats, [[and **the man becomes a lion**]].' - by D. DeConick, 2006.[19]

---

19) D. DeConick, The original gospel of thomas in translation-With a Commentary and new english translation of the Complete gospel-T&T

예수가 말했다. 사람이 먹게 될 사자는 복이 있다.
그리고 그 사자는 사람(ⲢⲠⲰⲘⲈ, become-man, 남자가 된)이 된다.
그리고 사자가 먹게 될 자, 그 사람은 저주가 되었다.
그리고 *그 사자는 사람(ⲢⲰⲘⲈ, human)이 될 것이기 때문이다.*

예수가 말했다. "사람이 먹는 사자는 복되다. 그래서 사자가 사람이 되기 때문이다. 그러나 사자가 먹는 사람에게 화가 있다. **그래서 사람이 사자가 되니까.**" - 김용옥(金龍玉) 譯 도마복음 서연구 (대한기독교출판사) 1983

예수는 말씀하셨다. "사람에게 잡아먹히게 될 사자는 행복하도다. 이는 사자가 사람으로 되기 때문이다. 그러나 사자에게 잡아먹히는 그 사람은 화(禍)가 있다. 왜냐하면, **그 사람이 사자가 되기 때문이다.**"- 염낙준(廉洛駿) 譯 도마복음 서 (홍익재) 1988

예수가 "사람에게 먹혀서 사람이 되는 사자는 축복을 받았다. 그러나 사자가 사람을 잡아먹고 *그 사자가 사람이 되는 경우, 그 사람은 저주를 받았다.*"라고 말했다. - 이동진 譯 숨겨진 성서 (윌리스 반스 토운, 문학수첩) 2006

예수는 말씀하셨다. "사람에게 잡아먹히게 될 사자는 행복하도다. 이는 사자가 사람으로 되기 때문이다. 그러나 사자에게 잡아먹히는 그 사람은 화(禍)가 있다. 왜냐하면, **그 사람이 사자가 되기 때문이다.**" - 구자만, 하나(One)의 진리, 예수의 가르침, 동연출판사, 2021

인생은 사자로 산다. 먹이 사슬의 상층부에 위치한다. 모든

Clark International A Continuum imprint. 2006. p.66.

것을 먹어치운다. 사자로 살지 않는 인생이 있는가? 힘센 사자가 되기 위해 더 힘센 사자를 숭상한다.

모든 종교가 내세우는 교주, 혹은 모든 신은 사자를 숭배하는 인생들이 낳은 산물이다. 사랑을 전면에 내세우고 평화를 외치며 진리를 표방하더라도, 종교지도자 연하며 게걸스럽게 사람을 먹어치우는 사자의 형상이 현대 종교 지도자(?)들 대부분 모습이다. 그가 신과 예수와 사랑과 평화를 표방하는 것은 더 큰 사자를 숭배하므로 사자의 형상을 구현하려는 것일 따름이다.

사자는 잡아먹는 존재다. 사자를 숭배하는 일을 멈추고 사자를 잡아먹자. 사자를 만나거든 사자를 잡아먹어라.

사자 하나님을 잡아먹자. 사자 예수를 잡아먹자. 사자 붓다를 잡아먹자. 더는 사자에게 먹히지 말고 사자를 잡아먹어라. 사자 목사를 잡아먹어라. 힘센 사자에게 사로잡혔거든 그대가 사자이기 때문에 사자를 숭배하고 있음을 알아차리라. 사자를 잡아먹어야 사자인 내가 사자의 사슬에서 벗어나 비로소 사람이 된다.

그들은 나의 욕망이 만들어 낸 허상이며 인생들의 덫이다. 사자를 먹거리로 삼는 순간, 사자의 노예 생활을 청산케 되리라. 자유자가 시작되는 순간이다. 이제, 사람이 되었다면, 사람이 된 당신은 사자 베드로를 위해 사자(베드로)의 먹거리가 되어라. 사자로 있는 동안은 사자와 다툼을 계속할 수밖에 없다. 당신 앞에 있는 베드로와 사자의 다툼을 하지 말라는 말이다. 우리 앞에 있는 사자와 힘겨루기를 멈추자는 말이다.

비로소 사람이 되었다면, 사자에게 먹거리가 되어버리라. 비록 그것이 고난이고 저주 아래 놓인 것 같을지라도, 사자가 사람 되게 하는 생명의 원리가 그곳에 있으니…… 사자가 사람이 되고, 사자가 남자가 되게(ᴘᴘωᴍε, become-man, 남자가 됨) 하는 원리가 거기 있다.

예수는 그의 살과 피를 사자의 먹거리로 내놓는다. 사자가 사람(남자) 되는 일을 위해 비록 나무에 달려 저주 아래 놓일지라도, 해산의 고통을 마다하지 않는다. 해산하게 되면 아들을 낳는다. 여자는 비로소 씨를 찾아 나서지 않게 되고(멘토가 필요 없는) 자신 안에 씨를 가진 남자가 된다. 사람이 된다.

하여 인생들이 추구하는 사자의 사슬에서 해방케 하고자 예수는 스스로 '한시적인 사자'가 되었다가 그 '사자'를 십자가에 매달아 '사자 이데올로기'의 노예에 놓여 있는 인생들을 해방하려 한다. 큰 자 이데올로기의 감옥에 갇혀 있는 인생을 위해 옥문을 개방하고 활짝 열어놓는다. 옥에 갇혀 있던 사자가 옥문을 나서는 때가 사자가 사람이 되는 순간이지만, 큰 자의 이데올로기 옥(獄) 안에서 벗어날 줄 모른다. 그곳에서 벗어나면, 작은 자의 삶에 들어서면, 자유의 날개가 찾아와 하늘을 날게 되리라. 그러나 두려움에 서 있는 사자는 나서지 못하고 큰 자 이데올로기의 우리에서 여전히 포효하려 한다. 사자의 우리에 있는 다니엘이 사자에게 먹힐 수 없는 까닭이다.

예수는 베드로에게 세상 임금으로, 이스라엘을 구원하실 자로 등극한다. 즉 베드로에게 예수는 사자의 형상으로 나타난다는 말이다. 이는 베드로의 인식 속에서는 적어도 사람 예수는 보이지 않고 사자 예수만 판을 친다. 사자가 사자를 숭배하게 되는 인생의 원리를 잘 보여준다. 거기서 사자에게 사람은 먹혀 버린 꼴이 되고 사람은 마치 저주 아래에 있는 것이나 마찬가지 아닌가?

그런 관계 속에서만 베드로라는 사자를 사람 되게 한다. 베드로는 사람을 먹었고 사자를 숭배하고 있다. 이는 베드로의 형상이 사자 형상이기 때문에 더 큰 사자를 숭배하는 것이다.

예수의 십자가 사건은 베드로 안에 정착한 사자의 형상 예수를 거세시키는 것, 하여 사자를 잡아먹는 사건인 셈이다. 그 자신이 십자가의 저주 아래 놓일지라도 결국 예수가 사자 형상의 베드로를 잡아먹은 것이나 다를 바 없다. 그런 점에서 사람 예수가 사자 베드로를 잡아먹으니 도마복음 말씀 7의 앞부분과 뒷부분은 예수와 베드로, 베드로와 예수, 어느 관점에서 바라보느냐일 뿐 같은 얘기다. 사람과 사자, 사자와 사람은 같은 얘기, 손 등과 손바닥이다.

이것은 사람 예수가 사자 베드로에게 잡아 먹혔지만, 결국 사자 베드로를 사람 예수가 잡아먹은 것과도 같다는 말이다. 물론 나의 주석이요, 해석일 뿐이다. 도마복음 말씀 서론에서 이 말씀의 해석을 발견하는 자가 죽음을 맛보지 않는다고 했듯, 죽음을 맛보는 것에서 생명을 맛보는 이야기가 도마복음 말씀 7에 면면히 흐르고 있지 않은가.

여기에 사자가 사람 되는 비밀이 숨어 있다. 인생이 한번은 누구나 사자가 되지만, 사자는 사람에게 먹히기 위해서요, 사람이 되면 그 또한 사자를 사람으로 낳기 위해 사자의 양식으로 내어줘야 한다.

다니엘서에 등장하는 우상은 네 짐승으로도 비유된다. 사자와 곰과 표범과 무섭고 두려운 짐승이다. 요한계시록 5장 하나님 보좌에 등장하는 네 생물은 사자와 송아지와 인자같은 이와 독수리다.

다니엘 우상의 사자와 요한계시록의 보좌에 등장하는 사자는 따라서 서로 다른 사자다. 먹는 사자와 먹히는 사자의 수수께끼가 거기서 풀린다. 이 비밀이 크다. 도마복음은 수수께끼의 책이요, 숨어 있는, 그러나 나타나고 드러날 말씀이다.

말씀 8 가슴을 갖고 있는 현명한 어부

그리고 그가 말했다.
"그 사람(ⲡⲢⲱⲘⲈ)은 그물을 바다에 던지는
가슴으로 사람이 된
(ⲡⲢⲘⲚ̄ϨⲎⲦ, become-man of mind, 가슴으로 남자가 된) 한 어부와 같다.
그는 바다에서 물고기가 가득 찬 그물을 끌어 올렸다.
작은 물고기가 가득했고, 크고 좋은 물고기는 안쪽에 있다(작은
물고기가 가득했고, 크고 좋은 물고기는 마음의 높은 곳 안쪽에, Ñ2Pái).
사람이 된(ⲡⲢⲘⲚ̄ϨⲎⲦ, 가슴으로 남자가 된) 어부는
작은 물고기를 모두 바다로 던졌다.
그는 망설이지 않고 큰 물고기를 선택하였다.
듣고자 하는 귀를 가진 자는 그에게 듣게 하라."

도마복음 말씀 8은 옥시링쿠스 헬라어 텍스트가 발굴된 게
없다. 헬라어 본문이 없는 셈이다. 그러나 복음서에 병행구절이
있다.

또 천국은 마치 바다에 치고 각종 물고기를 모는 그물과
같으니, 그물에 가득하매 물가로 끌어내고 앉아서 좋은 것

은 그릇에 담고 못된 것은 내어 버리느니라, 세상 끝에도 이러하리라 천사들이 와서 의인 중에서 악인을 갈라내어, 풀무 불에 던져 넣으리니 거기서 울며 이를 갊이 있으리라, 이 모든 것을 깨달았느냐 하시니 대답하되 그러하오이다. 예수께서 가라사대 그러므로 천국의 제자 된 서기관마다 마치 새것과 옛것을 그 곳간에서 내어오는 집주인과 같으니라.(마 13:47~48)

복음서는 왕국은 마치 그물과 같다고 그물을 천국의 비유로 삼는다. 도마복음은 가슴을 갖고 있는(꼬ㅐㅌ, 헤트 heart, mind, 가슴이 있는) 어부가 비유의 중심이다. 이 둘은 절묘한 조화를 이룬다. 우리는 마태복음의 병행구를 통해 도마복음 말씀 8의 헬라어 텍스트를 유추해 볼 수 있다. 콥트어 텍스트와 미묘한 차이를 조화롭게 이해할 수도 있고, 비판적으로 이해할 수도 있겠다. 다만, 해석하는 이의 관점과 방향에 따라 다를 것이다. 해석에는 정답이 없다는 뜻이기도 하다. 마태복음에 의하면 작은 물고기 잔챙이는 옛것에 비유된다. 더구나 세상 끝에서 일어나는 것으로 비유한다. 그렇다면 여기서 '세상 끝'에 대해 매우 중요한 힌트를 얻을 수 있다.

나는 도마복음 말씀 8의 해석을 위해 요한복음 21장 베드로의 대전환을 빌어서 해석하려 한다. 거기서 베드로의 세상 끝과 새로운 시작을 동시에 엿볼 수 있다. 세상 끝은 크로노스의 종말을 일컫는 말이 아니라는 뜻이다. 무엇이 세상 끝일까에 대한 논란에 종지부를 찍을 수 있는 힌트가 여기에도 담겨 있다.

현명한 어부는 그물을 바다에 던져 그물을 끌어 올린다. 잔챙이는 버린다. 버려야 큰 물고기 한 마리를 골라낼 수 있다. 그 역도 성립한다. 큰 물고기를 발견하면 작은 물고기는 아무런 미련을 두지 않고 버리게 된다. 서로 순환적이다. 닭이 먼저일까 달걀이 먼저일까를 논리적으로 논증하려 할 필요가 없듯, 앞서거니 뒷 서거니라 하겠다.

이 비유는 무엇을 일컫는 걸까? 말씀 8의 마지막 구절에 '듣고자 하는 귀를 가지고 있는 자는 그에게 듣게 하라(ⲡⲉⲧⲉⲟⲩⲚ̄ ⲙⲁⲁϫⲉ Ⲙ̄ⲙⲟⳙ ⲉⲥⲱⲦⲘ̄ ⲙⲁⲣⲉⳙˋⲥⲱⲦⲘ̄ 페테우엔 마아제 엠모프 에소템 마레프 소템, He who has ears to hear, let him hear.)'는 경구가 있는 것을 보면, 도마복음에서 말씀 8을 통해 전하고 싶은 것이 그만큼 강조되고 있음을 알 수 있다. 따라서 말씀 8의 해석은 어떤 구절 못지않게 의미가 있다.

예수는 처음부터 베드로와 제자들을 부를 때, 사람을 낚는 어부로 만들겠다고 그들을 불렀다. 그의 부름은 애초부터 사람이다. '사람'은 그물과 물고기로 비유하면 그물에 잡힌 큰 물고기가 '사람'을 비유한다. 그렇다면, 잔챙이 작은 물고기들은 무엇을 비유하는 걸까? 예수는 베드로를 어떻게 사람으로 낚아 올리고 있을까? 그리고 마침내 사람을 낚는 현명한(가슴이 있는) 어부로 만들었을까? 여기서 '현명한(wise)'은 본래, 마음의 사람을 일컫는다. 참으로 지혜로운 사람은 머리가 똑똑한 사람이 아니라 마음의 남자(man of mind)를 일컫는다.

현명한 어부는 큰 물고기, 사람에 관심 있다. 도마복음의 흐름에서 아직은 '사람의 아들' 이야기가 아니다. 사람의 아들 이야기에 앞서 '사람' 이야기가 먼저다. 말씀 7에서는 사람과 사자의 이야기가 있었다. 말씀 8에서는 현명한 어부와 물고기, 현명한 어부와 사람의 이야기가 나온다.

예수는 현명한 어부인가? 현명한 어부 예수는 베드로에게서 과연 어떻게 큰 물고기 '사람'을 낚아 올리고, 마침내 베드로를 현명한 어부가 되게 하여 그도 큰 물고기를 낚게 하고 있을까? 말씀 8은 이것이 주제다.

요한복음의 흐름 속에서 현명한 어부와 사람, 큰 물고기를 살펴보면 많은 힌트를 얻을 수 있다. 예수의 공생애 기간 함께 동고동락하며 보내는 동안 형성된 베드로의 의식 속에 형성된 그 모든 것들은 그물 밖으로 내던져 버릴 잔챙이 물고기였다. 목숨을 바쳐 충성하겠다는 충성 서약과 베드로의 열심, 그의 믿음을 예수는 그릇에 챙겨 담지 않고 아무런 미련을 두지 않고 그물 밖으로 던져 버린다.

요 21:15-17은 작은 물고기를 그물 밖으로 던지고, 큰 물고기 한 마리를 거두는 장면이다.

저희가 조반 먹은 후에 예수께서 시몬 베드로에게 이르시되 요한의 아들 시몬아 네가 이 사람들보다 나를 더 사랑하느냐 하시니 가로되 주여 그러하외다 내가 주를 사랑하는 줄 주께서 아시나이다 가라사대 내 어린 양을 먹이라 하시고 또 두번째 가라사대 요한의 아들 시몬아 네가 나를 사랑하느냐 하시니 가로되 주여 그러하외다 내가 주를 사랑하는 줄 주께서 아시나이다 가라사대 내 양을 치라 하시고 세 번째 가라사대 요한의 아들 시몬아 네가 나를 사랑하느냐 하시니 주께서 세 번째 네가 나를 사랑하느냐 하시므로 베드로가 근심하여 가로되 주여 모든 것을 아시오매 내가 주를 사랑하는 줄을 주께서 아시나이다 예수께서 가라사대 내 양을 먹이라(요 21:15-17)

네가 나를 이 사람들 보다 더 사랑하느냐?(ἀγαπᾷς με πλέον τούτων; 아가파스 메 플레온 투톤), 그가 그에게 말했다. 예, 주님, 당신은 내가 당신을 필로 한다는 것을 아십니다(λέγει αὐτῷ Ναί, Κύριε, σὺ οἶδας(동사 직설법 완료 시제) ὅτι φιλῶ σε 나이 큐리에, 수 오이다스 호티 필로 세).

세 차례의 사랑에 대한 문답, 세 번째 가서는 네가 나를 필레이스 메(φιλεῖς με) 하느냐고 바꿔 질문한다. 베드로의 대답은 여전하다. 조금 더 확실하게 대답한다. 당신은 모든 것을 알고 있다.(판타 오이다스 수) 내가 당신을 필로하고 있음을 당신은 알고 있다(기노스케이스, 동사직설법 현재 능동태). 그러니까 이미 알고 계셨고(오이다스, 완료 시제), 지금도 내가 필로하고 있다는 것을 알고 계신다.[20]

이렇게 답변할 때마다, 예수는 베드로에게 말하기를 내 양을 먹이라 내 양을 치라 내 양을 먹이라고 하신다.

여기서 무엇이 작은 물고기이고 작은 물고기를 밖에 버리는

---

20) φιλεῖς με ἐλυπήθη ὁ Πέτρος ὅτι εἶπεν αὐτῷ τὸ τρίτον Φιλεῖς με καὶ εἶπεν αὐτῷ Κύριε σὺ πάντα οἶδας σὺ γινώσκεις ὅτι φιλῶ σε λ ἔχει αὐτῷ ὁ Ἰησοῦς Βόσκε τὰ πρόβατά μου (요 21:15-17)

걸까? 이전의 베드로는 예수를 향해 맹목적인 눈먼 사랑을 하였다. 서로 사랑하라(아가페테 알렐루스, 요 13:34)는 새 계명의 주문에 베드로는 '내가 당신을 위해 목숨을 바치겠습니다.'로 화답한다. 그때는 그것이 아가페인 줄 알고 있다. 예수는 예수의 그릇에 이 고백을 담지 않는다. 담을 수 없는 물고기였다. 작은 물고기였다. 베드로는 큰 물고기와 작은 물고기를 구분할 수 없었다. 무엇이 좋은 물고기인 줄 몰랐다. 요한복음 21장 15절의 문답에서야 그게 무엇이었는지를 비로소 알게 되고 고백한다. 나는 당신을 사랑할 수 없습니다. '내가 할 수 있는 것은 당신을 필로하는 것, 그것을 당신이 이미 알고 있고, 이제 나도 비로소 알게 되었습니다'고 고백한다. 그것은 그물 밖으로 버려야 할 작은 물고기였다는 것을 비로소 인지하게 된 것이다.

현명한 어부 예수는 베드로에게서 작은 물고기와 큰 물고기를 요한복음 21장 15절에 이르러서야 구분하고 나눈다. 큰 물고기는 작은 물고기 사이에 숨어서 보이지 않는다. 작은 물고기를 버려야 비로소 큰 물고기가 보이는 법이다. 현명한 어부는 그물이 찢어지게 잡히는 것에 관심이 없다. 찢어지도록 넘치는 그물에서 작은 물고기는 버리고 큰 물고기 하나를 건져내는 것, 거기에 관심이 있다. 큰 물고기를 낚기 위해 수많은 서사가 있었고, 부득불 작은 물고기도 함께 잡아 올리게 되지만, 작은 물고기는 미련 없이 버린다.

도마복음은 쌍둥이 복음서다. 큰 물고기와 작은 물고기도 서로 대조되는 쌍둥이 메타포가 담겨 있다. 작은 물고기도 물고기다. 어리석은 어부는 작은 물고기에 관심을 갖는다. 그물이 찢어지도록 잡힌 작은 물고기를 놓고 이를 가르지 못한다. 숫자의 신에 매몰된다. 맘모니즘에 사로잡힌다. 누이도 좋고 매부도 좋아야 한단다. 가르고 나누지 못하면 그물이 찢어지도록 잡힌 물고기는 축복이 아니라 저주다. 베드로의 충성 서약을 좋아하고 덥석 수납하는 그대는 현명한 어부일까? 어리석은 어부는 작은 물고기를 좋아한다. 다다익선, 많으면 많을수록 좋다고 한다. 작은 것에 발목 잡혀 큰 물고기를 잃는다. 작은 물고기 때문에 사람을 낚지 못한다. 그가 가진 소유를 충성 예물로 수납하기를 좋아하니 사람을 낚지 못한다. 그가 가진 지식과, 권력과 명성과 재물을 좋아할 뿐, 그에게서 사람을 보지 못하니 사람을 낚는 현명한 어부가 될 수 없다. 어리석은 어부는 언제나 작은 물고기에 눈이 밝다. 작은 물고기를 낚기 위해 그물을 던지고 미끼를 던진다. 그는 총명한 어부와는 아무런 상관이 없다.

내 양을 먹이라. 내 양을 치라. 내 양을 먹이라. 드디어 베드로를 향해 마음의 사람, 마음의 남자, 어부의 길을 주문하고 있다. 처음 그를 부를 때, 사람 낚는 어부가 되게 하리라는 언약의 성취를 독려하고 있다. 새 계명은 옛 계명과 같지 않다. 필로의 방식으로는 도달할 수가 없다. 필로는 작은 물고기들의 몸짓이다. 필로는 옛 계명 아래에서 움직이는 몸짓이다. 현명한 어부는 비로소 사람을 낚아 올린다.

말씀 8은 말씀 7과 무관하지 않다. 8은 그리고(αrω, 아우오) 등위 접속사로 시작한다. 7번과 구분되기보다 7번 말씀과 밀접한 관련 속에서 나오는 말씀이라는 뜻이다. 사자를 잡아먹고 사자가 사람(남자)이 되게 한다. 사람으로 낚인 베드로는 사람을 낚는 어부의 길로 들어선다. 사자에게 기어이 먹거리가 되려 한다. 사자의 먹이가 되는 사람의 길로 들어선다. 내 피와 내 살은 참된 음료요, 참된 양식이 되는 길로 발걸음을 내딛는다. 내 양을 먹이라는 새로운 먹거리 방식에 동참한다.

'내가 너로 사람을 낚는 어부가 되게 하리라'는 긴 여정의 길, 그 언약의 성취가 눈앞에 다가왔다. 사자 예수가 십자가에 달리고서야 비로소 눈뜨게 되고 큰 물고기와 작은 물고기를 나누는 총명이 찾아온 것이다. 어느덧 새로운 발걸음에 동참하게 된다. 이 같은 총명은 마음의 사람에게서만 흘러나오는 생명의 열매다.

말씀 9 씨 뿌리는 비유

예수가 말했다. "보라, 씨 뿌리는 자가 나갔다.
그는 (씨들을) 그의 손에 가득 채웠고 뿌렸다.
어떤 것들은 길 위에 떨어졌다. 새들이 와서 그것들을 쪼아 먹었다.
어떤 것들은 바위 위에 떨어졌다.
그것들은 땅속에 뿌리를 내릴 수가 없었고,
하늘을 향하여 이삭들을 내지 못하였다.
어떤 것들은 가시덤불 가운데 떨어졌다.
가시덤불이 씨들을 질식시켰고, 벌레가 그것들을 먹어치웠다.
그러나 어떤 것들은 좋은 땅에 떨어졌다.
그것은 하늘을 향해 자라서 좋은 열매를 내었다.
60배, 120배의 열매를 맺었다."

씨 뿌리는 비유에서 길가($\pi\alpha\rho\grave{\alpha}$ $\tau\grave{\eta}\nu$ $\acute{o}\delta\acute{o}\nu$)

'던지다'는 뜻의 누제(ΝΟΥΖΕ, throw, cast)는 도마복음 8, 9, 10에 동시에 등장하는 단어다. 134, 16, 26, 47, 73, 93에도 사용되고 있다. 도마복음 8, 9, 10을 연속으로 이어주는 개념이기도 하다. 작은 물고기를 바다에 던지고, 씨를 뿌리고, 땅에 불을 던지는 것을 표현할 때 사용하였다.

이때 뿌리는 것을 표현하는 헬라어는 두 가지가 있다. 스페이로(σπείρω, sow)로 표현하기도 하고 때로는 발로(βάλλω, to throw, cast, 막 4:26)로 표현한다. 콥트어 ⲚⲞⲨϪⲈ(누제, throw, cast)는 헬라어 발로(βάλλω)의 의미를 갖는다.

씨 뿌리는 비유는 마태(13:3-8), 마가(4:3-8), 누가(8:5-8), 도마복음(9)에 등장한다. 마가복음에 의하면, 또 가라사대 너희가 이 비유를 알지 못할진대 어떻게 모든 비유를 알겠느뇨(막 4:13)라고 예수께서 이 비유의 중요성을 강조하여 언급하므로 이 비유는 모든 비유의 원천이고, 근원이라는 걸 알 수 있다. 이 비유를 알지 못하면 어떻게(πῶς) 모든 비유를 알겠느냐고 반문한다.

그리고 보면 마가에 의하면 이 비유는 모든 비유의 근원이고, 원천이다. 씨 뿌리는 비유를 알지 못하면 다른 많은 비유 역시 제대로 알 수 없을 것이기 때문이다. 마가는 무슨 까닭에 마태, 누가, 도마복음에 없는 이 같은 말을 강조해서 기록할까? 도대체 씨 뿌리는 비유가 모든 비유의 아르케일까? 씨 뿌리는 비유는 비유의 으뜸이다. 으뜸이 제대로 이해되면 그 끝의 비유도 이해되리라.

그럼에도 씨 뿌리는 비유는 설교가들의 단골 메뉴여서일까? 언제나 들어봤던 비유여서 대수롭지 않게 넘어가거나 단지 말씀을 듣는 태도에 대한 비유쯤으로 이해하려 한다.

마태복음 13장에는 여러 가지 비유가 등장한다. 첫 번째 비유가 씨 뿌리는 비유다. 첫 번째 비유를 이해하지 못하면 이어서 나오는 천국의 비유에 대해서 이해하지 못할 것은 당연하다. 씨뿌리는 비유가 비밀이고, 비유는 들을 수 있는 사람과 들을 수 없는 사람을 구분하는 방법이라고 말하기도 한다. 천국에 대해서는 아무에게나 함부로 말할 수 없다는 예수의 단호한 태도가 엿보인다. 들을 수 있는 사람과 들어서는 안 되는 사람을 구분하는 방식이 비유로 말하게 되는 이유라는 것이다. 이 모두는 사람을 차별해서가 아니다. 아직 들어서는 안 되는 사람과 들려줘도 되는 사람의 차이일 뿐이다. 모름지기 때와 관련이 있을 뿐이다.

씨 뿌리는 비유는 다른 한편 네 종류의 땅과 밀접한 관련이 있다. 네 종류의 땅은 따지고 보면, 창세기 1장 1절의 주석이라고 해도 과언이 아니다. 하늘과 땅의 창조에서 땅과 관련이 있기 때문이다. 엘로힘이 창조하는 약속의 땅(하아레츠)은 가나안이다. 씨 뿌리는 자리는 땅이고 밭이다. 출애굽 이야기에서 땅은 네 종류로 말할 수 있다. 애굽, 광야, 가나안, 바빌론의 서사에서 엘로힘이 창조하는 땅은 오로지 가나안에 있다. 나머지는 마침내 가나안 땅에 머물게 하기 위한 여정에 있을 뿐이다. 씨 뿌리는 비유에 등장하는 네 종류의 땅과 상응한다.

창세기 1장의 땅과 하늘은 따라서 물리적인 하늘과 땅을 의미하는 물리적 창조론, 우주 창조 이야기로 확대할 필요가 없다. 창세기 1장에 대한 창조론의 과잉 해석이 히브리인들의 전통적 서사에서 말하려는 창조를 망각하게 한다.

그러니까, 물리적 우주 창조론에 의하면 애굽과 가나안을 구분하는 것은 난센스다. 왜냐하면 애굽도 하나님의 창조물이고,

가나안도 하나님의 창조물이기 때문에 범재신론적 신관에 의하면 가나안과 애굽을 축복의 땅과 저주의 땅으로 구분한다는 것은 실로 어처구니 없는 것이다. 그같이 구분한다면 천지 창조론적 창조주의 신관과 정면으로 배치되는 게 아닌가.

오로지 가나안 땅만이 약속의 땅이며, 축복의 땅이라면 삼천리 반도 금수강산 역시 가나안 땅에서 수만 리 떨어져 있는 곳이니 이방의 땅이라는 말인가. 이방의 땅에 머무는 사람은 저주의 땅에 머무는 것인가. 그러나 그렇게 생각하는 현대인은 없다. 그러므로 창세기의 천지 창조에서 하늘과 땅의 이야기는 히브리인들의 서사 속에 있는 상징적 땅과 하늘로 이해해야지, 물리적 우주 창조로 이해하는 것은 신화적 서술에 대한 과잉반응이고 과잉 해석이다. 엘로힘을 우상으로 세우고 싶은 맹종 신학의 창조론에 나타난 오류다. 단군 신화에 나오는 곰과 호랑이가 쑥과 마늘을 먹고 사람 되는 이야기를 역사적 사실(fact)로 믿어야 한다고 주장하고 그렇게 이해하려는 것과 같다. 서구신학의 오류며, 서구 지성의 어리석음이다. 이야기를 이야기로 듣지 못하고 예능을 다큐멘터리로 받는 것과 마찬가지다. 이야기는 이야기 속 메타포를 따라가야 한다. 창세기 1장 창조 설화도 마찬가지다. 창세기 1장은 구약 성서, 나아가 신구약 성서 전체의 맥락과 서사 구조 속에서 읽어야 한다.

모름지기 길가에 뿌려진 씨의 비유는 애굽 땅과 상응하고, 모름지기 돌짝 밭에 뿌려진 씨의 비유는 광야 40년과 상응하고 모름지기 가시덤불에 뿌려진 씨는 바빌론 땅과 상응한다는 말이다. 모름지기 그 좋은 그 땅(ἐπὶ τὴν γῆν τὴν καλὴν, 에피 텐 겐 텐 칼렌)이란 마침내 가나안, 그러니까 바빌론 땅에 포로로 잡혀 갖다가 고토로 돌아온, 두 번째 부활을 경험하고 나서야 비로소 당도하는 마음의 더없이 그윽하고 지극한 자리에 뿌려지는 씨와 땅을 의미하는 것 아니겠는가. 씨 뿌리는 비유는 구약의 거대 서사, 창조 서사와도 맞닿아 있다는 말이다.

요한복음에는 씨뿌리는 비유가 등장하지 않는다. 다만, 제자들과 예수의 관계에서 씨 뿌리는 비유의 역동적 장면들이 무수히 등장한다. 마태의 기록에 의하면 씨뿌리는 비유 해석에서 씨는 말씀이라고 하지 않는가. 요한복음은 로고스 복음이다. 로고스는 사람들의 빛이고, 생명이다. 말씀은 곧 데오스(신)요, 언제나 이 말씀(씨)은 프로스 톤 데온, 곧 그 하나님(정관사로 표기되는 신)을 지향(指向)하여 있다. 영접이란 곧 하나님이요 말씀이 자기 땅에 뿌려질 때 이를 옥토에서 받아들임이다. 그럴 때 모노게네스 말씀이 곧 육신이 되는 것, 예수는 이 같은 계시의 표징이었고, 사람의 아들 인자는 동시에 씨뿌리는 자이기도 하다. 인자는 베드로의 마음에 씨를 뿌리는 자이기도 하지 않은가.

도마가 이르기를 주여 어디로 가시나이까? 내가 가는 곳에 그 길을 너희가 알리라 도마가 가로되 주여 어디로 가시는지 우리가 알지 못하거늘 그 길을 어찌 알겠삽나이까(요 14:4-5)

도마는, 베드로는, 제자들은 지금까지 예수를 따라서 왔지만, 예수의 가는 길을 지금은 알지 못한다. 물론 후에는 알게 된다.

그들은 예수를 따르기는 하나 지금까지는 자신들의 길 위에서 예수를 따라왔다. 인자 예수의 말씀(씨, 스페로스)을 자신들의 길 위에서 받았다. 그래서 예수의 길을 알지 못한다. 그들은 예수를 따랐지만, 자신들의 욕망을 성취하기 위해서 따랐을 뿐, 그를 메시아로 여기고, 그리스도라고 고백할지라도 예수의 길과는 상관없는 자신들의 길에서 예수를 그리스도로 불렀다. 그 그리스도는 예수의 그리스도와 상관없이 베드로와 제자들이 상상하여 그리고 있는 세상 임금 그리스도일 뿐이었다.

예수의 길과는 상관없이 자신의 길에 서서 그리스도를 영접하고 있다. 길가 밭의 전형인 셈이고, 이때의 그리스도는 애굽 땅의 지배자 바로와 다를 바 없었다. 다만, 이름만 양의 옷, 그리스도라는 이름을 뒤집어쓰고 있을 뿐이다. 물론 예수 그 자신이 그들에게 거짓 그리스도를 전한 것(씨 뿌림)이 아니다. 단지 그들이 다니고 있는 길 위에서 예수가 전하는 말씀(씨, 그리스도)을 받았을 뿐이다. 인생은 누구나 처음에는 약육강식과 생존 욕구의 길에 서서 말씀을 영접한다. 따라서 제대로 영접할 리가 만무하다. 길가 밭에서 씨 뿌림을 받는 것은 누구도 예외가 없다. 처음에는 모두 애굽의 종노릇에서 인생이 시작된다. 타자 지배 아래에서 태어나고 자라기 때문이다. 누구도 예외일 수 없다는 것, 처음의 사람은 모두 그러하다.

길 위에 씨가 떨어지면, 새가 먹어버린다. 이때 새란 비유 풀이에 따르면 악한 자다. 천국 말씀을 듣고 깨닫지 못할 때는 악한 자가 와서 그 마음에 뿌려진 것을 빼앗나니 이는 곧 길가에 뿌리운 자라고 주석한다.(마 13:19) 새는 악한 자요, 마음에 뿌린 것을 빼앗긴다면 어디로 빼앗길까. 그리고 이때 악한 자 새는 우리의 어떤 속성을 일컫는가. 엔 테 카르디아 아우투 (ἐν τῇ καρδίᾳ αὐτοῦ) 곧 그의 마음에 있는 것을 채가는 새는 마음에서 머리로 옮겨가는 것이다. 메모리에 저장하고 정보의 창고로 채가고 나면 마음에는 아무것도 없게 된다. 머리와 메모리 창고로 택배 이송하는 것, 우리 안에 있는 지독한 속성이다.

이를 새(Ⲛ̄2ⲀⲗⲀⲧⲉ 엔하라테, τὰ πετεινὰ the birds)라 칭하고 호 포네로스(ὁ πονηρὸς, 악한 자)라고 주석하고 있다. 마음이 열리는 게 아니라, 머리의 지식이 확장될 뿐이다. 지식으로 힘을 배양하려는 것의 유혹에 빠진다. 길 위에 떨어진 씨의 운명은 둘 중 하나다. 발로 밟고 지나가거나(무시당하고 잊히거나) 새에게 먹혀 버리는 것이 있을 뿐이다.

씨 뿌리는 비유에서 바위

어떤 것들은 바위 위에 떨어졌다.
그것들은 땅속에 뿌리를 내릴 수가 없었고,
하늘을 향하여 이삭들을 내지 못하였다.

ⲈⲆⲚ̄ ⲦⲠⲈⲦⲢⲆ(에젠 티페트라, on the rock)
ἐπὶ τὸ πετρῶδες(에피 토 페트로데스, on the stony ground)

더러는 흙이 얇은 돌밭에 떨어지매 흙이 깊지 아니하므로 곧 싹이 나오나 해가 돋은 후에 타져서 뿌리가 없으므로

말랐고(막 4:5-6)

씨 뿌리는 비유에서 두 번째 언급되는 바위 혹은 돌이란 무엇일까? 이 부분을 풀이하는 것은 조심스럽다. 논란의 소지가 클 수 있기 때문이다. 그러나 어쩌랴.

헬라어 페트로데스는 페트라(πέτρα)와 에이도스(εἶδος)가 결합된 단어다. 페트라는 베드로라는 이름의 유래인 반석이요 바위다. 에이도스는 형상이다. 따라서 '바위와 같은(rocky, stony)'이다. 바위의 형상을 하고 있는 것 위에 뿌려졌다는 뜻이다. 마태복음과 마가복음의 씨 뿌리는 비유에는 각각 2회씩 페트로데스로 표현한다. 신약성서에는 이곳에서 단지 4회 사용되고 있을 뿐이다. 이와는 다르게 누가복음과 콥트어 텍스트 도마복음에는 페트라(петра, 돌, 바위)로 표현하고 있다. 돌 위에 뿌려진 씨는 흙이 없어서 뿌리를 내릴 수 없고 열매를 맺을 수 없었다고 한다. 누가복음은 마태복음이나 마가복음과 같다. 해가 돋은 후에 타서 말라버렸다고 한다. 뿌리가 없기 때문이다. 미처 뿌리를 내리기도 전에 강력한 태양 빛에 의해 말라버리고 만다. 타자의 논리와 그 시대를 지배하고 있는 도그마에 압도당하여 자신의 내면의 소리가 질식하고 만다.

누가복음에는 도마복음처럼 그냥 바위(πέτρα, 페트라)라고 표현한다. 공관복음과 도마복음은 약간 표현의 차이가 있다. 바위 위에 떨어져 뿌리를 내릴 수 없었고 이삭을 내지 못했다고 한다.

페트라는 신약성서에서 바위, 반석, 집을 짓기 위해 주초를

놓는 터라고 한다. 반석은 어떤 건축가에 의하면 쓸데가 없어 버려지나 또 다른 건축가에 의하면 모퉁이에 있는 머릿돌이 된다고 한다. 바울 또한 반석의 두 측면을 말한다. 광야에서 바위는 부딪히는 돌이고 늘 거추장스러운 반석이다. 그러나 누군가에게 반석은 신령한 물을 내는 것이다. 바울은 광야의 반석에 대해 그렇게 풀이하고 있다. 광야의 반석을 신령한 음료를 내는 그리스도의 비유로 마침내 풀고 있다. 바울에 의하면 반석은 그리스도다.

마태 27:51은 예수의 십자가 사건이 이루어질 때 마침내 휘장이 찢겨지고, 땅이 진동하고 반석이 터지는 것(쪼개 지는 것)으로 묘사된다. 그것은 곧 동시에 무덤이 열리는 것이며 무덤 속에 갇혀 있던 몸들이 살아나는 이야기가 예수의 십자가 사건과 함께 기록된다.

그러므로 돌 위에서 씨를 받는다는 것은 무엇을 상징하는 것일까? 돌(리도스, 페트라)은 예루살렘 성전의 건축 재료이기도 하다. 땅에 있는 예루살렘의 건축 재료 돌은, 율법의 상징이고 율법 아래에서는 언제나 돌을 들어 치는 것이 그들 종교의 일상이기도 하다. 간음하다 현장에 잡힌 여인을 예수에게 끌고 와서 송사를 벌이던 유대인과 바리새인들, 이들에게 예수는 죄 없는 자가 돌로 치라고 한다. 그때에도 돌이 등장한다. 물론 이때의 돌은 리도스(λιθος)다.

베드로는

사람에게는 버린 바가 되었으나 하나님께는 택하심을 입은

보배로운 산 돌이신 예수에게 나아와 너희도 산 돌 같이
신령한 집으로 세워지고 예수 그리스도로 말미암아 하나님
이 기쁘게 받으실 신령한 제사를 드릴 거룩한 제사장이 될
지니라(벧전 2:4-5)'
고 할 때 예수를 산 돌이라고 칭한다.

사람에게는 버린 바가 되었으나 하나님께는 택하심을 입은
보배로운 산 돌이신 예수에게 나아와 너희도 산 돌 같이
신령한 집으로 세워지고 예수 그리스도로 말미암아 하나님
이 기쁘게 받으실 신령한 제사를 드릴 거룩한 제사장이 될
지니라 경에 기록하였으되 보라 내가 택한 보배롭고 요긴
한 모퉁이 돌을 시온에 두노니 저를 믿는 자는 부끄러움을
당치 아니하리라 하였으니 그러므로 믿는 너희에게는 보배
이나 믿지 아니하는 자에게는 건축자들의 버린 그 돌이 모
퉁이의 머릿돌이 되고 또한 부딪히는 돌(리도스)과 거치는
반석(페트라)이 되었다 하니라 저희가 말씀을 순종치 아니하
므로 넘어지나니 이는 저희를 이렇게 정하신 것이라 오직
너희는 택하신 족속이요 왕 같은 제사장들이요 거룩한 나
라요 그의 소유된 백성이니 이는 너희를 어두운 데서 불러
내어 그의 기이한 빛에 들어가게 하신 자의 아름다운 덕을
선전하게 하려 하심이라(벧전 2:5-9)

베드로는 예수에 대해 산 돌로 묘사한다. 리도스와 페트라를
나란히 놓고 사용한다.
　그렇다면, 다시 씨 뿌리는 비유 두 번째의 돌짝 밭이란 무
엇을 상징하는 걸까? 씨가 뿌려져 발아한 다음에 해가 뜨면 다

시 말라버리는 것은 무엇일까? 그렇다. 광야의 바위는 아직 갈라지지 않은 바위, 휘장은 그대로인 채 감춰 있고 덮여 있는 그대로의 상태에서 씨가 뿌려지면 잠시 기쁨으로 받으나, 그저 바위 위에 씨가 뿌려진 것과 같다. 율법의 돌짝 밭에서 율법의 집을 짓는 것을 비유(모래 위에 지은 집)하기도 하려니와 신령한 돌 위에 있으나 아직은 거치는 돌이고, 거치는 반석일 뿐 결코 신령한 반석이 찾아오지 않은 상태다. 이들에게 씨(말씀)는 언제나 기쁨이 되지만 뿌리를 내리지 못한다. 바위에 떨어지기 때문이다. 따라서 여기서 바위 혹은 돌이란 무엇일까? 바위뿐만 아니라 마태와 마가에 의하면 바위의 형상을 하는 것 위에서 씨를 받는다고 하지 않는가.

여기서 흙은 에덴의 이야기에 의하면 아담 아파르 곧 고운 흙가루다. 돌과 대비된다. 바위 위에서 씨 뿌림을 받는다면 뿌리를 내리지 못한다. 마음의 영토에 깊이 뿌리내리지 않는다. 언제든 태양의 빛이 강렬하게 내리쬐면 마르곤 한다. 이때 태양은 앞서 온 진리 체계, 교리 체계다. 먼저 찾아왔던 '하나님'이다. 그가 강력하게 힘을 발휘하면 마음의 영토에 싹이 났던 여린 싹은 여지없이 부정당하고, 노란 싹을 내었다가도 말라버리고 만다.

바위는 내가 대상으로 믿는 그 무엇이 바위다. 나의 믿음의 대상이 내게 바위다. 무슨 말일까? 예수를 믿는다면, 예수는 내게 믿음의 대상으로 잠시 기쁨을 주지만, 그는 내게 아직 쪼개지지 않은 바위에 불과하다. 믿음의 대상으로 있는 동안 그는 내게 거치는 반석일 수밖에 없다. 예수를 믿는 게 아니다. 이천 년 전 예수를 믿어서 어쩌자는 것인가. 죽은 예수가 무엇을 어떻게 할 수 있다고 그를 믿어야 한다고 강변하는가. 믿음의 대상인 예수는 한순간 그 휘장이 찢겨야 하고 그 바위는 쪼개져야 한다. 그래야 거기서 생수가 터져 나온다. 나의 든든한 멘토는, 내가 언제든지 위험에 처할 때마다 피할 바위가 되는 믿음직한 누군가는 언제나 내 스스로의 영토에 나의 삶이 뿌리내리지 못하게 하는 거치는 돌이다.

많은 사람이 예수를 믿는다는 것으로 예수를 버린다. 예수를 믿는다는 것으로 예수를 피난처로 삼고 바위로 삼고 위로로 삼고 있지만, 실은 이것이 건축자가 돌을 버리는 것과 같은 것임을 알지 못한다. 예수를 환영하고 예수를 환대하고 예수를 영접하고 예수를 믿는다고 코러스에 맞춰 노래하고 있지만, 이는 예수를 버리는 행위에 불과하다. 예수로 인해 그는 자기 자신을 잃어버린다. 예수가 바위가 되고 돌이 되어 버린 것이다. 예수를 믿는 믿음 위에서 씨를 받게 되면 언제나 기쁨이 있다. 그러나 그것은 잠시의 기쁨일 뿐이다. 멘토에 기댔을 때 얻는 잠시의 든든함일 뿐이다. 그럴 때 결코 뿌리를 내리지 못한다. 광야에 있을 때 모든 멘토는 반드시 쪼개져야 비로소 생수가 터져 나온다. 그 단단한 휘장이 찢기지 않으면 무덤 속에 갇혀 있는 존재는 결코 살아나지 못한다. 그대는 예수를 버린 자일뿐이다. 예수를 믿는 자는 예수를 믿는 것에 분주하여 결코 예수의 믿음을 가져본 적이 없다.21) 예수의 믿음에는 관심이 없다.

---

21) 김창호, 「예수의 믿음」, 열린서원, 2018. 참조

예수가 가졌던 믿음의 토대 위에서 비로소 나는 길이고, 진리고, 생명이고, 부활이고, 알파요, 오메가이며 비로소 나는 나에게 만유인 것이 믿어질 때 무엇에도 흔들리지 않는 뿌리 깊은 나무가 되는 것을…… 예수를 믿는 것으로 예수의 믿음이 찾아오는 길을 가로막는다.

내가 없으면 세상도 없다. 내가 없으면 예수도 없다. 내가 없으면 하나님도 없다. 나는 알파요 오메가며, 나는 알파와 오메가 사이의 수많은 문자로 묘사되는 만물이고 만유다. 내가 없으면 천국도 없다. 내가 없으면 지옥도 없다. 내가 없으면 애굽도 없고 광야도 없고 가나안도 없고 바빌론도 없고 다시 가나안도 없다. 만유란 궁핍에 처하거나 부유에 처하거나 궁핍과 부유 사이의 그 모든 것을 말할 때에도 만유라 칭한다. 만유란 결국 '나'의 존재를 드러내는 그 모든 것을 일컫는다. 예수를 믿으면, 예수가 그리스도요 예수가 반석이요, 예수가 만유이기 때문에 예수가 안내하고자 하는 '나'는 보이지 않는다. 도리어 예수는 부딪히는 돌이요 거치는 반석이 되어 버린다.

그대 예수를 믿는 자여, 예수를 믿지 말자. 예수의 믿음이 무엇인지를 살피고 그것이 참으로 그러한 것이 믿어지면 예수의 믿음으로부터 나의 믿음을 찾자. 예수의 믿음이 선물로 찾아와 그의 믿음이 나의 믿음이 된다면 그대는 비로소 그대 자신으로 사는 것이 그대의 길이라는 걸 비로소 믿는 자가 된다. 예수의 믿음이 그대의 믿음이 된 셈이다.

예수의 반석을 쪼개고 박살 내야 반석에서 생수가 터져 나온다. 그럴 때 모퉁이 돌과 머릿돌을 발견하게 된다. 아니, 머릿돌 위에 자신의 집을 지어간다. 예수의 믿음을 토대로 비로소 자신의 집을 지어간다. 예수의 믿음이 자신의 믿음이 된 것이다. 제자들은 예수를 해체할 수 없었다. 그들의 피할 바위요, 그들을 지켜주는 산성이었기 때문이다. 그래서 예수는 제자들의 우상인 예수 자신을, 그 단단한 바위와 돌을 스스로 해체한다. 제자들의 의식에 자리 잡고 있었던 큰 바위 예수가 동시에 해체된다. '페트라'는 수많은 '페트로데스(바위 형상)'를 낳는다. 페트로데스는 페트라의 자리를 차지하고 있는 수많은 그대들의 멘토이기도 하다. 아무리 믿을만하더라도 그대의 멘토는 그대를 유혹하는 잠시의 피난처일 뿐, 영원한 피난처가 될 수 없다. 멘토를 죽여야 하고, 아버지를 죽여야 한다. 스승을 죽여야 하고 마침내 예수를 향한 믿음을 거세해야 한다. 예수를 믿는 믿음을 내려놓고 예수의 믿음이 찾아와야 한다. 예수가 자신을 해체하면서까지 전하려 했던 예수의 믿음을 보라. 거기서 우리의 믿음을 찾아야 한다.

바울은 물론이지만, 베드로도 역시 반복한다.

내가 택한 보배롭고 요긴한 모퉁이 돌을 시온에 두노니 저를 믿는 자는(ὁ πιστεύων ἐπ' αὐτῷ, 호 피스튜온 에파우토) 부끄러움을 당치 아니하리라(벧전 2:6)

여기서도 예수를 거치는 반석과 부딪히는 돌로 삼는 이들의 번역 신공이 발휘된다. 스스로는 예수를 신령한 반석으로 삼는 듯한 믿음을 자랑하고 있지만, 거꾸로다. '저를 믿는 자'라고 번역하면 안 된다. 그렇게 해놓으니 예수를 믿음의 대상으로 삼아, 예수를 부딪히는 돌로 삼게 된다. 교묘하게 바꿔놓았다. 에피와 아우토는 전치사와 인칭대명사 여격이다. 인칭대명사는 문장 앞에 나오는 예수를 지시한다. 따라서 예수를 믿는 자가 아니라, '예수의 토대 위에서 믿음을 갖는 자'라는 의미다. 즉, 예수의 믿음을 따라서 믿음을 갖는 자라는 의미다. 반석 위에 집을 짓는 자라는 뜻과 다르지 않다. 예수의 믿음은 앞서 언급한 대로다. 그는 스스로를 길로, 진리로, 생명으로, 부활로 여기는 믿음을 가졌다. 그의 믿음이 우리에게 찾아온다면, 우리도 역시 그 같은 믿음이 찾아오게 마련이다. 그럴 때 대상으로 믿는 예수는 해체되고(휘장이 찢어지고) 광야의 반석은 쪼개진다. 비로소 생수를 마시게 되며, 씨앗은 발아하여 뿌리를 내리게 된다.

믿음의 대상인 예수가 떠나야 우리는 진정으로 예수를 영접할 수 있다. 자기 땅에 오매 자기 백성이 그를 영접하지 못하는 까닭은 예수를 믿음의 대상으로 삼기 때문이다. 신약성서, 특히 사복음서는 이 같은 것을 여실히 보여준다. 예수에 대한 열광이 곧 예수를 부정하는 것과 같은 행위였다. 그래서 예수 스스로 민중의 열광 속에 있는 세상 임금 예수를 거세하여 그들의 열광이 얼마나 무익한 것이었나를 알게 한다. 예수의 믿음은 민중들의 열광 속에 있지 않음이 분명하다. 예수를 믿음의 대상으로 삼고, 누군가가 그대의 인생에 나타나 신의 사랑과 예수를 향한 믿음을 명분으로 전권을 휘두르고 있는 참으로 훌륭하기 그지없는 그대의 멘토(종교지도자)가 있다면, 때가 되었으니 이제는 그를 떠나라. 그대가 피할 바위로 삼고 그 위에서 말씀을 받는다면, 잠시는 기쁠 것이다. 잠시는 꿈을 꾸는 것 같을 것이다. 잠시는 가상 세계에 현혹되어 행복할 것이다. 그러나 거기서는 결코 씨앗이 싹을 내더라도 뿌리를 내리지 못한다. 열매를 맺지 못한다. 충성과 헌금과 봉사와 나눔이라는 것으로 열매를 가장할 것이다. 그것은 선악의 열매에 불과하다. 그곳에서는 결코 생명의 열매가 맺히지 않는다. 뿌리를 내리지 못한다. 멘토를 의지하기 때문에 존재 자아는 세워지지 않는다.

비록 홍해를 건너 광야에서 그대의 멘토로 인해 인도를 받았다면, 이제는 고마우신 멘토를 떠나야 할 때가 왔다. 반석을 쳐서 물을 내야 할 때가 왔다. 반석을 쳐서 물을 내게 한 이는 모세였다. 혹자는 모세의 성정을 이야기하고, 거기서 이스라엘의 지도자는 모세였다고 말한다. 물론이다. 모세가 그들의 지도자였다. 그러나 모세 정신의 한 가운데에 있는 것은 반석으로 상징되는 그들의 신이다. 그들의 엘로힘이고 그들의 하나님이다. 모세는 겉에 드러난 지도자라면, 그들의 정신을 묶어주는 것은 모세를 통해 드러나는 그들의 하나님이고 그들의 반석이다.

이게 뭐지 묻고 물을 때마다 달콤한 만나로 배를 채웠더라도, 만나로 인해 매 순간 기쁨으로 광야의 그 고단한 길을 지날 수 있었더라도, 광야는 언제까지나 머물 곳이 아니다. 지나가야 한다. 정착촌이 아니다. 나그네는 한곳에 머물지 않는다. 모세를 위해 초막집을 짓지 않는다. 다시 요단강을 건너야 약속의 땅에 다가간다. 홍해를 통해 바로를 떠나 왔다면, 바로로 인해 무의식에 깃들어 있던 애굽의 잔재를 광야에서 소거하고, 광야의 돌과 바위를 마침내 청산하여 약속의 땅을 향하는 것, 하여 법궤를 중심으로 요단을 건너는 이야기가 구약 성서의 출애굽 서사에 기록된다. 돌짝 밭을 떠나는 이야기다.

씨 뿌리는 비유에서 가시덤불

어떤 것들은 가시덤불 가운데 떨어졌다.
가시덤불이 씨들을 질식시켰고, 벌레가 그것들을 먹어치웠다.

ⲉⲍⲛ̄ ⲛ̄ϣⲟ(ⲛ)ⲧⲉ(에젠 엔숀테, onto(upon) the thorns),
ἐπὶ τὰς ἀκάνθας(에피 타스 아칸다스, קוֹץ 코츠)

땅이 네게 가시덤불과 엉겅퀴(וְדַרְדַּר וְקוֹץ, 베코츠 베다르다르)를
낼 것이라 너의 먹을 것은 밭의 채소인즉(창 3:18)
가시떨기에 뿌리웠다는 것은 말씀을 들으나 세상의 염려와
재리의 유혹에 말씀이 막혀 결실치 못하는 자요(마 13:22)
세상의 염려와 재리의 유혹과 기타 욕심이 들어와 말씀을
막아 결실치 못하게 되는 자요(막 4:19)

세 번째, 어떤 것들은 가시덤불에 떨어졌다고 한다. 가시나무는 콥트어로 숀테(ϣⲟⲛⲧⲉ), 헬라어로 아칸다스(ἀκάνθας), 히브리어로 코츠(קוֹץ)라 불린다. 가시나무는 성서에서 매우 중요한 상징적 장치로 사용된다. 창세기 3장 18절에 처음 등장하는 코츠는 구약성서에 단지 12회 정도만 등장하고, 신약성서의 아칸다

스(ἀκάνθας)도 11회 사용된다. 물론 기타 동의어가 없는 것은 아니다. 도마복음에서는 말씀 45의 가시나무에서 포도를 따지 않는다고 할 때, 이 단어가 한 번 더 사용될 뿐이다.

자연현상과 농사의 일반적인 사례, 씨 뿌리는 비유에서 가시덤불은 의식의 발달과 연관하여 어떤 상태를 상징하는 것일까. 마음의 변화와 관련하여 매우 의미심장하다. 창세기 에덴 이야기에서는 선악의 지식을 알게 하는 나무의 열매를 먹고 난 후 가시덤불과 엉겅퀴를 그 땅에서 내게 되었다.

아담에게 이르시되 네가 네 아내의 말을 듣고 내가 너더러 먹지 말라 한 나무 실과를 먹었은즉 땅은 너로 인하여 저주를 받고 너는 종신토록 수고하여야 그 소산을 먹으리라 땅이 네게 가시덤불과 엉겅퀴를 낼 것이라 너의 먹을 것은 밭의 채소인즉(창 3:17-18)

이때 땅은 하아다마(הָאֲדָמָה)다. 원래 아담은 아다마에서 나왔다. 창세기 2장 7절은 이 점을 명확히 해준다. 에트 하아담 아파르 민하아다마(אֶת־הָאָדָם עָפָר מִן־הָאֲדָמָה man of the dust of the ground). 따라서 선악을 알게 하는 나무의 열매를 먹은 결과 처음 떠나 왔던 자리, 곧 하아다마, 그 땅으로 되돌아간 셈이다. 거기(하아다마)는 사실 에덴 이야기의 표현에 의하면 야웨의 비가 내리지 않는 땅이었고 안개만 올라오는 땅이었다. 이것은 존재 자아의 비가 내리지 않는 땅이고 타자 지배의 땅이라는 말과 다르지 않다.

출애굽의 이야기로 하면 애굽이고 바로의 치하에 노예로 살던 때이니 오로지 종살이의 고달픔으로 그 마음은 강퍅함이 지배하는 시절이다. 이곳에서의 선과 악은 그 준거가 파라오요, 애굽의 계율이다. 놀랍게도 타인이 정한 기준, 그 시대의 관습과 공동체의 선을 양심의 척도로 삼는다. 누구나 처음에는 그 같은 상황에서 그의 의식과 마음이 태어나고 또 지배당한다. 누구나 가는 길인 셈이다. 그러므로 이때의 땅은 길과 같아서 길 위에서 씨를 받는 것과 다를 바 없다. 이곳에서는 생명의 씨가 발아조차 하지 않는다. 언제나 새가 쪼아 먹거나 그 길을 오가는 사람들의 발에 밟힐 뿐이었다. 애굽의 길에서 씨를 받으면 애굽의 길을 오가는 사람들에 의해 밟힐 뿐이다.

그런데, 광야를 지나 요단강을 건너 가나안에 들어가게 된다. 에덴의 물 댄 동산과 같은 땅에 당도하여 토지를 분배받고 땅을 기업으로 받는다. 아브라함과 이삭과 야곱에게 약속한 약속의 땅을 유업으로 받는데, 그럼에도 다시 하아다마, 강퍅한 땅이 되고, 가시덤불이 우거진 땅이 된다는 뜻은 무엇을 의미하는 것일까.

아담 아파르가 되고 에덴의 네 강이 흐르는 곳에서 경작자가 되었던 아담, 아파르 아담은 그의 갈비뼈를 뽑아 여자를 향하여 세우고 아내를 맞이한다. 갈비뼈로 여자를 만들었다는 것은 오역이고 이야기를 잘못 해석한 것이다.22) 그러나 에덴의 서사에서는 벌거벗었으나 부끄러워하지 않았다고 기록한다. 여

---

22) 김창호, 「에덴의 뮈토스와 로고스」 도서출판 예랑, 2021, 191-192

기서 벌거벗음은 부부간의 원초적 순수를 일컫는 게 아니다. 하아다마로부터(황무지) 나왔음을 의미한다. 애굽을 벗어났음을 의미하고, 안개만 자욱하던 강팍한 땅을 벗었음을 의미한다. 바로의 당근과 채찍의 옷을 입고 살았던 낡은 옷을 벗었음을 의미한다. 출애굽의 서사와 비교하면 홍해를 건넜다는 말이다. 이와 관련한 성서의 예는 무수히 많다.

성서의 수많은 서사 구조를 조금만 면밀하게 살피면 금방 알 수 있다. 옛것을 벗어버리고 새 옷을 입었어야 함에도 옛것을 벗은 후, 새 옷 입는 것을 잊은 채 부끄러워하지 않고 있다. 숨은 새사람이 입어야 할 '의의 갑옷(자기다움과 자기 언어 회복)'을 입지 않고서도 부끄러워하지 않았다는 인생의 실존을 일컫는 에덴의 서술이다. 이때 뱀이 개입한다. 뱀은 교리주의자를 상징한다. 유대교인을 향해 "뱀들아, 독사의 자식들아!"라고 질타한 예수에게서 뱀의 후손이 무엇인지 알 수 있다. 선악의 지식나무가 여기서 등장한다. 선악의 지식나무는 궁극적으로는 마침내 부끄러움이 무엇인지를 알려주는 나무이기도 하다.

바로의 기준에 의한 선악은 언제나 상대적이다. 거기서 이루어지는 시시비비는 차라리 소박하다. 동물의 왕국에서는 단지 생존을 위한 먹이 경쟁을 놓고 시시비비하기 때문이다. 에덴의 이야기에 등장하는 선악의 지식나무는 에덴의 지옥 나무다. 귀신이 떠난 자리에 주인이 없이 텅 비었을 때 일곱 귀신이 찾아오는 것을 방불한다. 벌거벗었으나 부끄러워하지 않고, 의의 옷으로 입지 않은 것은 텅 빈 집에 주인이 없는 것과 같다.

요단강을 건너 가나안에 입성하였다. 자유의 환희가 압도한다. 애굽의 탈출과 마침내 광야 생활의 청산, 약속의 땅을 기업으로 얻었을 때의 환희는 무엇으로도 바꿀 수 없다. 천하를 얻은 것이고, 새로운 하늘과 새로운 땅에서 무엇에도 억압받지 않고 자유를 구가한다. 양과 약대를 통해 젖을 얻고 돌 틈 사이에 서식하는 꿀벌 집에서 꿀을 딴다. 종려나무에서 대추야자를 추수하고, 포도나무와 무화과나무에서 열매를 취한다. 에덴동산에 네 강이 흐르며 사방을 적시는 것과 크게 다르지 않다. 실제로 애굽의 고센 평야에 비하면 자연환경은 척박하고, 하늘에서 이슬과 비가 내리지 않으면 땅은 적셔지지 않는다. 그럼에도 그 마음의 환경은 새로운 하늘과 새로운 땅이다.

애굽을 벗고, 광야의 고달픔도 벗었다. 이제 비로소 자유의 환희가 찾아왔다. 아뿔사, 처음 주어진 자유는 자유롭지 않다. 자유가 익숙지 않아 자유를 자유로 사용할 줄 모른다. 자유는 사랑에서 완성되는 법, 그러나 자유의 가치가 너무 커서 자유의 노래만을 부르다가 자유를 박탈당한다. 자유의 집에 주인은 사랑이다. 자유의 주인은 존재 자아다. 존재의 충만이 자유의 집에 찾아와야 하거늘, 집에 주인이 없으니 뱀이 찾아와 속삭인다. 언약의 땅에 가시덤불이 찾아오는 것이다.

씨를 뿌렸다. 싹이 나고 줄기가 세워졌으나(자유의 노래를 부르고 있었으나) 가시덤불이 덮이기 시작한다. 여기서 가시덤불이란 무엇일까. 사사 시대의 곡절을 지나, 왕을 세우기 시작한다. 왕국이 분열한다. 열 왕의 시대가 찾아온다. 북이스라엘과 남유다로 분열한다. 북방의 민족 앗시리아 제국에 의해 북이스라엘이 복속된다. 다시 북방의 지배가 시작된다. 애굽은 남방민족이었다. 바로는 남방의 왕이었다. 성서에서 북방은 앗시리아와 바빌론을 의미한다. 에덴 이야기에서 선악의 지식 나무를 비유한다. 영적 지식의 상징인 영지주의의 시스템을 의미한다.

성서의 가시덤불은 영지주의와 바빌론의 상징이다. 이사야는 BC 734년, 북이스라엘이 앗시리아에 복속되고 남유다 왕국 마저 풍전등화에 있을 때 활동하던 선지자다. 남유다의 예루살렘마저 위태로운 상황에서 외세를 의존하여 이를 타개하려는 유다왕국의 위정자들을 향하여 통렬히 비판하고 신의 심판을 전하는 책이 이사야서라고 할 수 있다. 다시 타자 지배를 용인하려는 것, 외세를 의존해서 위기를 모면하려는 것, 이것이 세상의 염려와 재리의 유혹이다. 에덴 이야기에서 지식의 나무 열매를 먹고서 에덴의 땅이 다시 땀을 흘려 수고하여야 하는 아다마로 전락했던 것과 패턴이 똑같다. 자유는 사랑에서 완성된다. 자유의 옷은 사랑이다. 사랑은 자기다움이 온전히 발현되는 누구나 입어야 할 속옷이다. 자유가 자유로만 존재하고자 할 때, 그것은 가시나무가 된다. 옷을 입지 않고 황급히 서두르게 되는 것이 다시 외세를 의존하는 것, 다시 타자 의존, 타자 존재로 전락하는 것이다. 아니 이제는 도리어 타자 지배다. 그도 그답게 그로서 존재케 해야 하거늘, 이제는 내가 그에게 왕권을 행사하려 한다. 그에게 바로(두로) 왕이 되어 뭇별 위에 서서 자신의 지식과 지혜를 내세우며 위세를 부리려 한다. 그러므로 잠시 싹은 내고 줄기를 세웠더라도 가시덤불에 막혀 죽어버린다. 잠시 자유의 노래를 부르다가 질식해 죽어버린다.

좀 더 직설적으로 해석을 달아보자. 애굽에서는 타자의 왕국에서 타자, 곧 바로의 지배를 받았다. 그곳에서는 타자가 왕이었다. 자유자는 자유자의 특성을 발휘해 지식을 탐하게 된다. 이때 선악의 지식은 타자가 제공한 것이 아니라, 스스로에게서 자라난 지식이다. 가시덤불로 상징되는 지식은 곧 나만의 깨달음이라는 자기 높임이다. 북방 민족의 지혜가 비유하는 것처럼, 머리에서 번개처럼 깨달아진 깨달음이 가슴에 머물지 않고 머리에 머물면서 지배력을 강화하는 것, 가시덤불이다. 즉, 타자가 왕이 아니라, 내가 왕이 되어 타인을 지배하려는 것, 그것이 영지주의 지식의 특성이고 지식의 힘이다. 바로의 준거에 의해 시시비비하는 것과는 전혀 다르다. 여기서의 선악은 각자의 깨달음이 준거가 되기 때문에 자기 자신에게는 절대적이다. 자기 준거와 자기 확신을 중심으로 선악을 나눈다. 모름지기 열 왕의 시대, 춘추전국 시대가 전개된다. 모두 자기 깨달음이 준거가 된다. 자유가 낳는 가시나무다.

> 형극과 질려(קוֹץ שָׁמִיר 코츠 샤미르)가 내 백성의 땅에 나며 희락의 성읍, 기뻐하는 모든 집에 나리니(사 32:13)
> 민족들은 불에 굽는 횟 돌 같겠고 베어서 불에 사르는 가시나무 같으리로다(사 33:12)
> 무리가 밀을 심어도 가시를 거두며 수고하여도 소득이 없은즉 그 소산으로 인하여 스스로 수치를 당하리니 이는 여호와의 분노를 인함이니라(렘 12:13)
> 이스라엘의 죄 된 아웬의 산당은 패괴되어 가시와 찔레가 그 단 위에 날 것이니 그 때에 저희가 산더러 우리를 가리우라 할 것이요 작은 산더러 우리 위에 무너지라 하리라

(호 10:8)

이때 가시나무는 언제나 덤불을 향하여 치닫는다. 나의 깨달음을 중심으로 학파가 형성되고, 교세를 이루게 되면 덤불이 된다. 루터와 깔뱅의 깨달음을 중심으로 개신교 신학이 형성되고 개신교 후대의 사람들은 깔뱅의 깨달음을 중심으로 깔뱅주의 학파를 이루고 깔뱅주의 교파를 이루고 깔뱅주의 교세를 형성한다. 교리 체계를 형성하여 가시덤불을 이룬다. 무엇이든 깔뱅주의 관점에서 해석하고 학문적 체계를 구축하려 한다. 깔뱅의 신학을 중심으로 얼마나 많은 학위 논문들이 쏟아져 나왔을까. 서구신학의 맹점이다. 교리 체계를 중심으로 절대적인 선과 악을 나눈다. 새로운 선민의식을 형성하고 가시덤불 속에서 개인의 생명은 잠시 씨가 발아하여 줄기를 이뤘더라도 금방 교리 체계의 감옥에 갇혀 질식하고 만다. 곧 죽어버린다.

성서의 이야기는, 에덴의 서사에서는 선악의 지식나무로 이를 묘사하고, 거기에 머무는 땅은 다시 하아다마에 머물게 되었다고 한다. 가시와 엉겅퀴를 내는 땅이 되었다고 한탄한다. 출애굽 서사에서는 가나안에 들어갔다가, 열 왕의 시대를 거쳐 북방민족 앗수르와 마침내 남유다, 곧 예루살렘조차 바빌론에 포로로 잡혀가는 서사로 묘사한다. 바빌론은 다시 하아다마에서 땀을 흘려 수고하는 것의 상징이요, 가시나무요 가시덤불의 상징이다.

이사야는 유다왕국의 위정자들에게 이를 예언하는 책이다. 타자 지배를 잘도 용납하려는 그들에 대해 질타하고, 그것은 결국 외세를 불러들이게 될 것이다. 바빌론의 지배를 받게 될 것임을 염려하고 있는 것이다. 끝내는 바빌론에 잡혀간다. 이사야 40장 이후에서 바빌론의 포로귀환을 예언한다. 포로귀환은 오랜 후에 이루어질 것임에도도 불구하고, 이사야 40장 이후는 남은 자는 돌아올 것에 대한 희망을 노래하고 있다. 그런 특징, 문체의 전혀 다른 특성으로 인해 학자들은 제1이사야서와 제2이사야서로 나눈다.

이사야는 그의 아들들의 이름을 통해 많은 것을 암시해 준다. 맏아들, 스알야숩이라는 이름을 통해 '남은 자는 돌아오리라' 한다. 둘째 아들의 이름 마헬살랄하스바스(מהר שלל חש בז)는 곧 '노략이 신속함, 먹이가 빨리 부패할 것'이라는 뜻이다. 이를 통해 세상의 염려와 재리의 유혹을 삼켰더라도, 그것이 속히 부패하게 될 것을 대선지자 이사야는 노래한다. "다메섹의 재물과 사마리아의 노략물이 앗수르 왕 앞에 옮겨질 것임이라 하시니라"(사 8:4) 그의 아들의 이름을 통해 풍전등화 앞에 놓여 있는 북이스라엘에 대해 예언한다.

아브라함 시대 가나안 땅에 그돌라오멜 연합군이 소돔과 고모라 성을 쳐서 그 모든 재물과 양식을 빼앗고 사람들을 붙잡아 갈 때에 아브람의 조카 롯도 함께 사로잡혀 간 기사가 있다. 그돌라오멜 연합군은 아브라함의 군대와 다시 한판 전쟁을 치루고 노략질 한 노략물을 아브라함에게 토해내야 했다. 이사야의 두 아들 이름과 이사야서는 마치 전승되어 오던 아브라함과 멜기세덱의 이야기를 생각하게 한다. 큰아들 스알야숩은 '남은 자는 돌아오리라.'는 뜻이다. 남은 자가 돌아오는 것, 노략질

당한 것을 되찾아 오고 거기서 십일조가 등장한다. 그가 곧 멜기세덱에게 향한 아브라함의 십일조인 셈이다. 남은 자가 하나님의 것이다.

가시덤불은 영지주의, 즉 영적 지식이 인간을 구원한다는 유혹에 빠짐이다. 자유의 노래는 아름답다. 깨달음도 소중하다. 그러나 그들 모두는 거기에 머물게 되면 가시덤불이 된다. 찌르는 가시가 되고, 선악을 분별하는 기준이 되고, 선민의식을 고양하여 자아도취에 빠지게 하는 마약이 된다.

타인을 지배하여 큰 자의 권력을 구가하려는 유혹에 빠진다. 자기의 깨달음을 누군가에게 전하여 자신을 복제하려는 유혹에 빠진다. 애굽에서는 타인의 지배를 받았다면, 가나안에서 가시가 나고 마침내 가시덤불이 무성한 바빌론에 사로잡혀가는 이야기의 상징은 스스로가 왕노릇하며 자신이 왕이 되어 누군가를 지배하려는 유혹에 빠진다는 인간 정신의 타락상을 의미한다. 이때 영적 지식은 누군가를 찌르는 가시가 되어 지배력을 확보하려 한다. 출애굽과 바빌론에 이르는 이스라엘의 긴 이야기는 가시덤불이 바빌론임을 말해준다. 그러므로 가시밭은 가나안의 불안정한 정착과 그로 인해 빚어지는 열 왕의 시대를 거쳐 바빌론에 사로잡혀가는 이야기, 지식의 유혹, 세상의 염려와 재리의 유혹에 빠지는 것을 비유한다. 이사야와 에스겔에 나오는 여러 왕 중에 두로 왕은 이 같은 유혹에 빠진 자의 상징적 대표 선수다.

뭇별 위에 올라서 '누가 나와 비기랴'며 자신의 지식을 자랑하는 마음의 상태가 가시나무다. 그것이 덤불을 이루고 숲을 이루는 것, 현대의 대표적인 선수는 예컨대 깔뱅과 깔뱅의 학파와 깔뱅주의 신학적 이론에 경도된 깔뱅주의자와 교회들이다. 신천지와 신천지 이만희의 깨달음과 그것에 의해서 체계 지워진 신천지의 비유 해석체계와 신천지의 운영시스템이다. 덤불을 이루고 숲을 이루고 온 산을 뒤덮는 위세를 떨치는 것에 개인의 삶은 저당 잡히고 만다. 그 아래에서 수많은 열 왕이 지파별로, 또 계보별로 덤불을 이룬다. 그들에게 다른 생각과 각자에게서 솟아나는 생명의 노래는 안중에 없다. 깔뱅주의에 의해 형성된 교리에 어긋나는 것에 대해서는 가차 없이 이단으로 재단한다. 중세의 마녀사냥이 오늘날에도 언제나 공공연히 자행되는 까닭이다. 신천지의 해석체계와 다른 것은 적어도 그들 앞에서는 거짓 복음에 해당한다. 살인치 말라 하는 그들이 언제나 자신과 다른 체계에 대해 정신적으로 끊임없이 살해한다. 도적질하지 말라고 가르치면서 도적질하는 것을 멈추지 않는다. 도적질인 줄 모른다. 사랑이라는 당의정을 옷 입고 살인하고 도적질한다. 가시덤불이다.

그 아래에서 씨 뿌림을 받는 이들에게는 잠시 싹이 나고 뿌리를 내려 잎을 피우고 줄기를 세우더라도, 깔뱅주의 교리에 억압당하여 죽어버리고 만다. 신천지의 교리와 시스템에 의해 자신 안에 각자의 각자다움으로 꽃피고 열매를 맺어야 할 생명의 싹은 싹둑 잘라버리게 된다. 가시덤불의 위력이다.

그러나 누군가에게는, 소스라치게 놀라며 바빌론에 잡혀가 마음의 세계가 강퍅해지고 그 땅이 다시 하아다마가 되었다는 자각이 찾아온다. 약속의 땅은 가시덤불로 덮여버렸고, 처음 형편보다 나중 형편은 일곱 귀신이 들어와 차지하고 있는 것과 다르지 않다는 것에 놀라고 전율하게 된다. 내 안에 자리잡고 있는 깨달음의 오만과 교만이 떨어지지 않고 나를 지배하고 있어서 자신의 지혜에 자신이 빠져 두로의 자리에 자신이 서 있음을 자각하게 된다. 이를 떨쳐내기 위해 아무리 용을 써도 달라붙어서 떨어져 나가지 않는 것을 자각하게 된다. 꿈속에 좇아오는 강도를 피해 아무리 달려도 제자리걸음을 하는 것과 다를 게 없이, 네부카드네자르를 피해서 아무리 도망하려 해도 도망쳐지지 않는 자신을 보게 된다. 호세아 선지자가 말하듯, 산더러 우리를 가리우라 작은 산들이 우리 위에 무너지라는 외침이 단지 호세아의 외침만이 아니라는 걸 알게 된다. 시지프스의 신화가 자신의 실존임을 경험하게 된다. 지식과 깨달음에 가위눌려 보아야, 그것이 일곱 귀신인 것을 알게 된다. 바빌론에서 고토를 그리워하고 마침내 남은 자가 돌아오는 것은 일곱 귀신을 쫓아냄이다. 가시덤불의 불태움이다. 노략질당한 것을 다시 찾아옴이다. 깨달음의 먹거리가 빠르게 부패함이다.

자신도 모르는 사이에 두로 왕이 되어버렸고, 어느덧 네부카드네자르 아래에, 북방의 지혜와 지식의 놀이에 사로잡혀 있다는 것을 알아차리는 때가 찾아와야 그발 강가에서 고토를 그리워하는 노래를 다시 부르게 된다. 바빌론의 하늘과 바빌론의 땅이 두루마리가 말리듯이 말리게 되어야 다시 고토, 가나안에 귀환한다. 에덴의 이야기에서 '너희는 흙(아파르)이니 흙(아파르)으로 돌아가리라' 는 예언은 잠시 세상의 염려와 재리의 유혹에 빠져 다시 하아다마에 머물게 되지만, 아담 아파르로 돌아가게 되리라는 것을 예언하는 에덴 이야기의 위대한 선포다. 이사야 버전에 의하면 '스알야숩이'다. '남은 자는 돌아오리라'

이사야는 예언한다. '스알야숩', 남은 자는 돌아오리라. 하나님의 것을 하나님이 찾아오는 것, 진정한 십일조의 예언이 성취되는 것이다. 좋은 땅에 뿌려지는 씨를 예언하는 것이고, 스룹바벨 성전의 재건축을 예언한다. 두 번째 부활을 예언한다. 첫째 사망과 두 번째 사망, 첫째 부활과 두 번째 부활이 출애굽과 바빌론 서사에 생생히 기록되어 있다.

씨 뿌리는 비유에서 좋은 땅

그러나 어떤 것들은 좋은 땅에 떨어졌다.
그것은 하늘을 향해 자라서 좋은 열매를 내었다.
60배, 120배의 열매를 맺었다.

또 가라사대 너희가 이 비유를 알지 못할진대 어떻게 모든 비유를 알겠느뇨(막 4:13)

마가가 씨 뿌리는 비유를 모든 비유의 알파요 오메가로 기록한 까닭이 무엇일까. 주변에서 쉽게 관찰하고 경험하는 일상을 통해 성서의 창조 서사를 간결하게 전하고 있다. 그럼에도 씨 뿌리는 비유는, 제자들에게 별도로 이 비유에 대해 해설해주고 그것이 기록으로 남아 있다고 해도, 여전히 누군가에게는 깊이 은장(隱藏)되어 있다. 성서의 모든 비유는 씨 뿌리는 비유에 수렴된다.

창세기 1장과 에덴의 이야기, 출애굽의 서사가 씨 뿌리는 비유에 함의되어 있다. 출애굽 서사는 애굽과 광야와 가나안과 분열 왕국을 지나 바빌론과 다시 고토, 다시 가나안으로 귀환하여 성전을 재건축하는 이야기에서 마무리된다.

말라기의 마지막 문장 "그가 아비의 마음을 자녀에게로 돌이키게 하고 자녀들의 마음을 그들의 아비에게로 돌이키게 하리라 돌이키지 아니하면 두렵건대 내가 와서 저주로 그 땅을 칠까 하노라 하시니라"(말 4:6)에서 출애굽 서사는 완성된다. 바빌론 서사와 출애굽 서사는 별도의 이야기가 아니라, 순례의 연쇄 고리라는 의미다.

따라서 모든 비유는 이 안에 이루어지는 만물의 이야기 중 하나일 수밖에 없다. 씨 뿌리는 비유 중 좋은 땅은 고토, 곧 다시 가나안에 들어와 아비의 마음과 자녀의 마음이 하나가 되어 비로소 가나안 땅에 무화과가 열리고 다시 포도 농사를 짓는 이야기인 셈이다. 30배 60배 100배 혹은 120배로 묘사되는 이야기는 마음의 땅이 비로소 전쟁을 멈추고 평안함이 찾아와 달마다 생명나무의 열매가 맺히는 이야기에서 완성된다.

네 번째 좋은 땅(ἐπὶ τὴν γῆν τὴν καλήν, 에피 텐 겐 텐 칼렌 혹은 εἰς τὴν γῆν τὴν καλήν, 에이스 텐 겐 텐 칼렌)은 모든 비유의 완성이고 종착역인 셈이다. 성서의 창조 이야기가 지시하는 것, 바로 하늘과 땅의 창조다.

왕국은 여기 있거나 저기 있는 게 아니라, 네 안에 있다고 하는 확고부동한 하늘과 땅을 의미한다. 따라서 처음 하늘과 처음 땅이 지나가고 새로 찾아오는 하늘과 새롭게 빚는 땅이 찾아옴이다. 성서의 창조 서사는 그 같은 관점에서 읽어야 한다. 신을 우상으로 세운 채 성서를 읽고 창조와 종말을 읽던 방식에서 예수와 바울이 그토록 전하려던 거룩한 성전이, 거룩한 하늘과 땅이 네 안에 있다고 안내하던 방식으로 다시 읽혀야 씨 뿌리는 비유에서 창조 서사가 은장되어 있음이 밝히 드러난다.

　마가복음에 씨 뿌리는 비유는 마태나 누가 그리고 도마복음에서 볼 수 없는 매우 특이한 점을 발견할 수 있다. 물론 모든 비유의 으뜸이라는 것이 강조되기도 하지만, 막 4:8에는 씨가 좋은 땅에 뿌려진다고 할 때, 에이스(in to, εἰς) 전치사를 사용하고 있다는 것이 눈에 띈다. 물론 예수의 풀이가 있는 막 4:20에서는 다시 에피(ἐπὶ, on) 전치사를 사용한다. 마가는 에이스 전치사와 에피 전치사를 혼용해 사용하고 있음을 알 수 있다. 다른 곳에서는 '에피(위에)' 전치사만 등장한다. 비록 지나칠 수 있는 작은 부분이라고 할 수도 있을 테지만, 마가의 기록의 세심함이라고 할까. 씨 뿌리는 비유에 대한 마가의 민감도와 섬세함을 엿볼 수 있는 대목이다. 씨가 좋은 땅에 떨어졌을 때는, 단지 위에 머무는 것이 아니라 고운 흙 사이 안으로(εἰς, in to) 들어가 살짝 덮여 발아하고 뿌리 내리기 적절한 상태를 묘사하고 싶은 마가의 마음이 전해온다. 마치 시인이 하나의 시어(詩語)를 찾아내어 진주처럼 영롱하게 다듬어 표현하듯, 전치사 에이스는 마가복음 4장 8절에서는 '시어(詩語)'임이 분명하다. 아비의 마음이 자녀에게 자녀의 마음이 아비에게로 서로 스며들어 하나(single one)가 되어 생명의 열매가 풍성히 맺히게 됨을 묘사하고 싶은 마가의 심정이 담긴 것은 아닐까.

마태와 누가 그리고 도마복음은 좋은 땅 위(on)에 떨어졌다고 단순히 전달한다. 성서의 독자들이 병행 구절을 함께 비교할 때 느낄 수 있는 독법이기도 하다.

네 번째 좋은 땅은 어떤 땅일까. 그러니까 앗수르와 바빌론의 땅에 머무는 것이, 두로 왕의 위세로 기세가 등등하던 것이 철저하게 나락으로 떨어지고 난 후에야 드러나는 땅이 씨앗, 곧 로고스가 떨어져 열매 맺기에 적합한(τὴν γῆν τὴν καλὴν) 땅이 된다. 가시덤불이 불타고 나서야 드러나는 땅이 열매 맺기에 적합한 땅이라는 말이다. 가시덤불이 덮인 땅이 불에 태워지기 전에는 드러나지 않는 땅이다. 남은 자가 돌아오리라는 예언이 성취되려면, 바빌론의 영지주의가 풍요가 아니라 곤고요, 사랑이 아니라 끊임없이 누군가를 찔러대는 가시임이 드러나기 전에는 극복되지 않는다. 깨달음을 신형무기로 삼아 누군가를 점령하고 지배하고 다스리므로 마천루를 이루려는 땅이 바벨(בבל)이다. 그곳은 혼잡한 언어가 지배한다. 매우 교묘하고 공교한 말들이 판을 치므로 잠시 기쁨이 있으나 지식의 덤불에 막혀 생명의 나무는 자랄 수가 없다. 숨이 막혀 죽어버린다. 바벨은 가시덤불이다. 세상(αἰῶνος)의 염려가 지배한다. 이때 세상의 염려는 시간을 염두에 둔 세상의 개념이다. 아이오노스(αἰῶνος)의 염려다. 크로노스의 종말론에 대한 염려, 종교적 종말론으로 그들의 지혜와 지식이 경도된다. 하늘을 찌르는듯한 지식과 지혜가 종말론의 염려를 지렛대로 하여 발휘된다. 언어가 혼잡하게 된 까닭이다.

각양 짐승이 그 가운데 떼로 누울 것이며 당아와 고슴도치가 그 기둥 꼭대기에 깃들일 것이며 창에서 울 것이며 문턱이 적막하리니 백향목으로 지은 것이 벗겨졌음이라 이는 기쁜 성이라 염려 없이 거하며 심중에 이르기를 오직 나만 있고 나 외에는 다른 이가 없다 하더니 어찌 이같이 황무하여 들짐승의 엎드릴 곳이 되었는고 지나가는 자마다 치소하여 손을 흔들리로다 패역하고 더러운 곳, 포학한 그 성읍이 화 있을진저(습 2:13-3:1)

그러므로 좋은 땅은 가시덤불의 땅이 불태워지고, 바빌론의 지혜가 판을 치는 것이 각양 짐승이 그 가운데 떼로 누운 것임이 드러나고 당아와 고슴도치가 그 기둥 꼭대기에 깃들인 것이고…… 성전의 기둥인 백향목으로 지은 것이 벗겨져서 황폐한 것임이 처절하게 드러나기 전에는 고토 곧 좋은 땅으로 귀환하기는 언감생심이다. 그러나 어쩌랴. 바빌론의 그발 강가에서 숨 죽이며 살면서도 남아 있는 마음속 깊은 곳에서의 외침이 있는 것을, 나는 그곳에서(古土, 가나안) 살리라. 보니 엠이 불러 유명한 'Rivers of Babylon'은 시편 137편을 노래한 것이다.

우리가 바빌론의 여러 강변 거기 앉아서 시온을 기억하며 울었도다 그 중의 버드나무에 우리가 우리의 수금을 걸었나니 이는 우리를 사로잡은 자가 거기서 우리에게 노래를 청하며 우리를 황폐케 한 자가 기쁨을 청하고 자기들을 위하여 시온 노래 중 하나를 노래하라 함이로다 우리가 이방에 있어서 어찌 여호와의 노래를 부를꼬 예루살렘아 내가 너를 잊을진대 내 오른손이 그 재주를 잊을지로다 내가 예루살렘을 기억지 아니하거나 내가 너를 나의 제일 즐거워하는 것보다 지나치게 아니할진대 내 혀가 내 입 천장에 붙을지로다 여호와여 예루살렘이 해 받던 날을 기억하시고 에돔 자손을 치소서 저희 말이 훼파하라 훼파하라 그 기초까지 훼파하라 하였나이다 여자 같은 멸망할 바빌론아 네가 우리에게 행한 대로 네게 갚는 자가 유복하리로다 네 어린 것들을 반석에 메어치는 자는 유복하리로다(시 137)

고토, 좋은 땅을 향한 열망이 바빌론에 잡혀가 본 후에야 비로소 알게 된다. 살인하지 말라는 말로 살인하고 도적질하지 말라는 말로 도적질하는 삶이 얼마나 황폐케 하는 것인지 알고 나서야 다시 가나안 땅을 그리워하게 된다. 누군가의 지배를 벗어나는 것은 남방 왕으로부터 해방되는 것이었다. 타자 지배에서 벗어나는 것이 인생의 큰 과제 아닌가. 아는 것이 힘이어서일까. 지식이 배양되면 이제는 타자를 지배하려는 유혹과 욕구에 노출된다. 지배와 피지배는 동전의 앞과 뒤인 셈이다. 피지배에서 벗어나 자유가 찾아오면 그 자유를 이용해 지배의 욕구에 사로잡히는 것이 인생이다. 지배의 수단은 물론 재물이고 명예고 권력이다. 지배의 욕구를 실현하는 수단은 지혜요, 지식이며, 지혜와 지식이 재물과 권력과 결합하여 무섭고 두려운 짐승을 낳는다. 네부카드네자르의 신상을 빚는다. 네부카드네자르의 신상이 성전 안, 곧 그 마음에 머물게 된다. 하여 처음 형편보다 나중 형편이 심해서 일곱 귀신이 판을 치는 형국이 된다.

좋은 땅은 일곱 귀신을 쫓아내고 나서야 찾아온다. 구약 성서는 출애굽하고 나서 광야를 거쳐 처음 가나안에 정착한 후, 다시 혼미해지는 이야기를 더 많이 담고 있다. 이사야와 예레미야와 에스겔은 남방의 이야기보다는 북방의 이야기로 가득하다. 가시덤불 이야기로 가득 차 있다. 다니엘서부터는 가시덤불의 현실, 바빌론의 현실에서 겪게 되는 숨은 자, 남은 자들의 고난을 노래한다. 동시에 남은 자가 돌아오게 되리라는 예언을 반복한다. 너는 흙(아파르)이니 흙(아파르)이 되리라는 예언의 반복이다. 너는 고운 흙가루와 같은 좋은 땅이니 비록 잠시 땀을 흘려야 수고하는 아다마(가시덤불의 땅)에 떨어져 두 번째 사망 가운데 머물지라도, 하여 찌르는 가시인 가인이 되어 아벨을 죽이겠지만, 마침내 하나님의 형상과 모양의 사람, 셋을 낳게 되리라는 예언의 책이 소위 구약에 나오는 소선지서다.

그러므로 좋은 땅이란 바빌론을 거쳐서 찾아오는 것이다. 선악을 알게 하는 지식의 나무를 먹어보고 나서야 찾아오는 것이다. 화염검으로 생명나무에 접근할 수 없지만, 가시덤불을 불태우고 나면 고토를 향하게 된다. 거기서 생명나무를 내게 된다.

좋은 땅에서 30배, 60배, 100(혹은 120)배 맺히게 되는 생명나무에 관하여는 카발라의 생명나무가 잘 주석해주고 있다.[23] 그러므로 좋은 땅에 뿌려진 씨에 관한 이야기는 누구에게나 가시덤불이 불태워지고 나서야 소통되는 것이라 하겠다.

---

23) 김창호, 「유대신비주의 카발라와 생명나무」 도서출판 예랑, 2023

말씀 10 불과 태워져야 할 것

예수가 말했다. "나는 세상에 불을 질렀다.
보라 나는 그것이 불타오르기까지
그것(ⲚⲦⲞϤ, HE, it)을 지키고 있다."

손에 키를 들고 자기의 타작마당을 정하게 하사($\delta\iota\alpha\kappa\alpha\theta\alpha\rho\iota\zeta\omega$,
디아카타리조) 알곡은 모아 곡간에 들이고 쭉정이는 꺼지지
않는 불에 태우시리라 또 기타 여러 가지로 권하여 백성에
게 좋은 소식을 전하였으나(눅 3:17)

불은 누가복음 3장 17절에 의하면 정화의 요소임이 분명하
다. 누가복음 12장 49절은 코스모스 대신 '땅위에($\dot{\epsilon}\pi\grave{\iota}$ $\tau\grave{\eta}\nu$ $\gamma\tilde{\eta}\nu$,
에피 텐 젠)'를 사용한다. 주석가들은 ⲰⲀⲚⲦⲈϤϪⲈⲢⲞ(쉰테프제로, until
he burns)에서 인칭대명사 3인칭 남성 단수로 사용된 ⲚⲦⲞϤ(엔토
프, he, 대부분 영어 역본들은 it로 번역)가 앞 문장에 있는 선행 단어
중 무엇을 의인화해서 표현했느냐에 따라 해석의 차이가 있음
을 지적한다. 불과 코스모스 모두 남성명사이므로, He(ⲚⲦⲞϤ)는

불을 의미할 수도 있고, 코스모스를 의미할 수도 있다. 따라서 두 가지 견해가 병존한다. 말씀 10에서 it 은 코스모스에 해당할 수도 있고, 혹은 '불(ⲕⲱⲍⲧ, 코헤티)'에 해당할 수도 있다. 그에 따라 아래와 같이 해석할 수 있다.

(1) 나는 불이 타오를 때까지 불을 지키고 있다.

(2) 세상이 불타버릴 때까지 나는 불을 지키고 있다.

(3) 불이 탈 때까지 나는 세상을 지키고 있다.

(4) 나는 세상이 불타버릴 때까지 세상을 지키고 있다.24)

도마복음 말씀 10의 모호한 표현으로 독자의 해석은 달라질 수 있다. 추수 때는 알곡과 쭉정이를 불에 태운다. 그러므로 불을 던지는 것이 아니라, 풀무 불에 쭉정이를 던지는 것으로 표현되기도 한다. 이 둘은 서로 세상 끝날 추수 때에 나타나는 현상이다. 그러나 누가복음의 도움을 받으면 불이 타오를 때까지 불을 지키는 것으로 해석할 수 있다.

내가 불을 땅에 던지러 왔노니 이 불이 이미 붙었으면 내가 무엇을 원하리요(눅 12:40)

누가복음은 아직 불이 붙지 않아 태워야 할 것이 태워지지 않았음을 주목하고 있다.

---

24) Plisch, The Gospel of Thomas: Original Text with Commentary (Peabody, MA: Hendrickson, 2008) 57-58.

대답하여 가라사대 좋은 씨를 뿌리는 이는 인자요 밭은 세상이요(ἀγρός ἐστιν ὁ κόσμος· 아그로스 에스틴 호 코스모스) 좋은 씨는 천국의 아들들이요 가라지는 악한 자의 아들들이요 가라지를 심은 원수는 마귀요 추수 때는 세상 끝이요 추숫군은 천사들이니 그런즉 가라지를 거두어 불에 사르는 것 같이 세상 끝에도 그러하리라(마 13:37-40)

도마복음 말씀 10에서, 불은 무엇을 의미하고 태워지는 것은 무엇을 의미하는 것일까를 주목해서 읽어야 한다. 누가복음은 세상 대신 '땅 위에'라고 표현한다. 마태복음은 밭(ἀγρός, 아그로스)을 코스모스(κόσμος, 세상)라고 예수께서 직접 주석하고 있다.

그러므로 땅은 세상이다. 말씀 9번에서 언급하는 길가 밭과 돌짝 밭과 가시밭이 세상이라고 할 수 있겠다. 밭이 세상이라고 한다면, 좋은 땅도 세상이라고 해야 할 것이다. 그러나 구분해야 한다. 가나안 땅은 약속의 땅이라 하고, 온유한 자가 받는 기업으로 묘사되며, 주권이 회복된 약속의 땅을 하나님의 나라 혹은 '아버지의 나라(왕국)'로 구분하는 것에서 같은 땅이고 밭이지만 코스모스와 구분된다. 그러고 보면 누가복음의 땅은 마태복음이나 도마복음에서 말하는 코스모스를 일컫고 있는 세상이다. 그렇다면, 땅에 불을 던진다고 할 때의 땅은 세상이다.

말씀 8, 9, 10에서 공통으로 나오는 단어가 ΝΟΥϪΕ(누제, throw, cast, βάλλω, 던지다)다. 그물을 던지고, 씨를 뿌리고, 불을 던지는 것에 나오는 단어다.

불이 의미하는 것이 무엇인지를 해석하기에 앞서 태워져야 할 것은 무엇일까. 성서에 의하면 태워져야 할 것은 분명하다. 쭉정이가 태워진다. 이때는 불을 던지는 게 아니라, 쭉정이가 불에 던져진다. 불을 던져 태우려는 대상은 가시덤불이다. 씨가 발아하여 뿌리를 내리고 줄기를 세우려 할 때 엄습해서 생명나무가 숨을 쉴 수 없게 하고 죽어버리게 하는 것은 가시덤불이었다. 알곡과 가라지가 함께 자랄 때 가라지를 뽑지 않고 놔둔다는 것이 성서의 이야기다. 그러나 가시덤불은 알곡과 함께 자라는 게 아니라, 알곡이 아예 자랄 수 없게 만든다. 찌르는 가시는 마침내 불태워져야 한다. 히브리서 6:7-8은 이점을 분명히 한다.

> 땅이 그 위에 자주 내리는 비를 흡수하여 밭 가는 자들의 쓰기에 합당한 채소를 내면 하나님께 복을 받고 만일 가시와 엉겅퀴를 내면 버림을 당하고 저주함에 가까와 그 마지막은 불사름이 되리라(히 6:7-8)

따라서 불태워져야 할 것은 가시와 엉겅퀴다. 가시밭과 엉겅퀴 밭이 불태워져야 좋은 땅에 당도한다. 밭 가는 자들의 쓰기에 합당한 채소를 내는 땅을 향하게 된다.(가시와 엉겅퀴는 말씀 9 가시덤불 비유 해석을 참고)

그렇다면 불이 무엇을 의미하는 것일까. 예수는 누가복음에서 땅에 불을 던지러 왔다고 하면서 불에 태워져야 할 대상을 언급한다.

내가 불을 땅에 던지러 왔노니 이 불이 이미 붙었으면 내가 무엇을 원하리요, 나는 받을 세례가 있으니 그 이루기까지 나의 답답함이 어떠하겠느냐, 내가 세상에 화평을 주려고 온 줄로 아느냐 내가 너희에게 이르노니 아니라 도리어 분쟁케 하려 함이로라, 이 후부터 한 집에 다섯 사람이 있어 분쟁하되 셋이 둘과, 둘이 셋과 하리니, 아비가 아들과, 아들이 아비와, 어미가 딸과, 딸이 어미와, 시어미가 며느리와, 며느리가 시어미와 분쟁하리라 하시니라.(눅 12:49~53)

내가 불을 땅에 던지러 왔노니 이 불이 이미 붙었으면 내가 무엇을 원하리요, 나는 받을 세례가 있으니 그 이루기까지 나의 답답함이 어떠하겠느냐(눅 12:49-50)

불은 무엇인가. 다시 그렇다면 태워야 할 것, 다시 가시덤불은 무엇인가. 예수는 불에 대해 자신이 받을 세례를 불이라 한다. 세례 요한이 이미 말했다. 나는 물로 세례를 주거니와 내 뒤에 오시는 이는 물과 불로 세례를 주리라고 했었다.

나는 너희로 회개케 하기 위하여 물로 세례를 주거니와 내 뒤에 오시는 이는 나보다 능력이 많으시니 나는 그의 신을 들기도 감당치 못하겠노라 그는 성령과 불로 너희에게 세례를 주실 것이요 손에 키를 들고 자기의 타작마당을 정하게 하사 알곡은 모아 곡간에 들이고 쭉정이는 꺼지지 않는 불에 태우시리라(마 3:11)

그런데 불로 세례를 베푸는 것이 자신이 받을 세례란 말인가. 그렇다면 예수는 가시덤불이란 말인가. 그렇다. 제자들에게 예수는 어느덧 그들의 인도자요 지도자일 뿐만 아니라, 이스라엘을 구원할 메시아요 그리스도였다. 이는 한 아기가 우리에게 났고 한 아들을 우리에게 주신 바 되었는데 그 어깨에는 정사를 메었고 그 이름은 기묘자라, 모사라, 전능하신 하나님이라, 영존하시는 아버지라, 평강의 왕이라 할 것임이라(사 9:6)가 되었다. 이때의 베드로와 제자들에게는 이사야 9:6의 성취가 아니라, 예언의 도상에 있는 가시나무가 된 셈이다. (불태움에 대해서는 이사야 9장이 많은 참고가 된다)

그리스도요, 메시아는 여기 있거나 저기 있는 게 아니라, 각자의 내면에서 발견되어야 한다. 각자의 마음의 깊은 곳에서 발견되어야 한다. 예수는 그 안에 기묘자요 모사요…… 평강의 왕이 머무는 대표 선수가 되었고, 예수를 통해 이 같은 예언이 현실임을 잘 보여준다. 그런데 손가락이 달이 된 것이다. 기묘자요, 모사인 그리스도는 예수를 통해 자신 안에서 발견해야 함에도 불구하고, 예수 자신이 제자들에게 기묘자가 되었고 모사가 되었다. 매우 조심스럽게 읽어야 할 사항이고 매우 조심스럽게 풀이할 부분이다.

요나의 표적밖에는 보일 표적이 없다는 예수 자신이 제자들과 그의 후예들에게 요나의 표적(σημεῖον,세미이온, sign)으로 왔다. 표적이란 징조를 의미한다. 표적은 히브리어로 '오트'(אות, 깃발)다. 현대 기호학에서는 Sign 을 기표와 기의로 세분한다. 깃발을 들어 흔드는 것이 공동체가 약속한 어떤 표시라고 하자. 깃발을 흔드는 것이 기표(記表, signifiant)라면 깃발을 흔들어 전달하려는 의미가 기의(記意, signifie)에 해당한다.

요나의 표적을 기적(miracle, wonder)으로 읽는 사람들은 기표와 기의를 싹 무시하고 그저 그 앞에 경배한다고 하며 놀라워만 하는 이들이다. 서쪽 하늘에 먹구름이 들면 마당에 널어놓은 고추를 거둬들여야 비를 맞지 않는다. 징조를 해석하는 사람들은 징조가 의미하는 바에 따라 움직인다. 그러나 징조를 기적이나 놀라운 일로 해석하는 사람들은 호들갑을 떨며 두려워하거나 아니면 신을 찬양해야 한다고 난리 부르스를 춘다. 그러는 동안 마당에 애써 말린 고추는 먹구름이 지나가면서 뿌린 비에 흠뻑 젖게 되고 급기야 썩어버리고 만다. 이들은 그조차 신의 뜻이라고 여겨 신에게 신탁(信託)한다. 이게 멸망하는 사람들, 종교인들의 어리석은 양태다. 하늘의 구름이 의미하는 징조는 잘 해석하는 이들이 요나의 징조에 대해서는 기적(miracle, wonder)으로 읽고 해석하려 한다.

제자들에게는 예수 자신이 그들을 구원할 메시아요 그리스도가 되었다. 여기서 예수는 받아야 할 화, 받아야 할 세례, 곧 불에 태워져야 할 존재가 된다. 육체 예수가 그리스도로 치환된 것이, 제자들에게는 북방의 바빌론과 가시덤불의 상징이 된 것이다.

따라서 예수에게 가시로 면류관을 씌운 것은 제자들이요, 이스라엘의 민중들인 셈이다. 예수를 세상 임금으로 삼아버린 것이다. 예수를 준거로 그 외의 것은 이방인이고, 선택받지 못한 자요, 불의며 심판받아야 한다고 하고 있다. 그리스도를 금수와 버러지 형상, 자신의 욕망을 구현하고 실현할 수단으로 삼고 집단을 이루며 이를 추구하니 마침내 가시덤불이 되어버렸다.

그러므로 제자들이 그러했듯, 오늘 기독교인들에게 예수는 수많은 사람을 찌르는 가시가 되어버렸다. 예수를 중심으로 선과 악을 나누고 택자와 불택자를 나누며 구원받은 자와 구원받지 못한 자를 나누고 있다. 구원의 개념도 전혀 그 본래 의미와 상관없이 자신들의 입맛에 맞는 가상 세계를 설정해 놓고 예수를 중심으로 그들만의 가상 세계인 천국의 멤버십을 구분한다. 어느덧 예수는 찌르는 가시가 되어버렸다. 그의 머리에는 고난이라는 이름의 가시관으로 표현된 영광의 가시관을 덧씌우고 있다는 말이다.

그때의 예수는 베드로와 제자들이 따를 수 없는 불태워져야 할 가시덤불이 된 것이고, 가시덤불이 태워져야 비로소 베드로는 더는 이전에 따르던 방식으로 따르지 않게 된다. 내가 당신을 위해 목숨을 바치겠다는 베드로의 충성 서약이 예수의 머리에 씌운 가시관이라는 사실을 그때는 미처 알지 못했다. 베드로의 충성심 앞에 있는 예수는 베드로에게 '주는 그리스도시오, 살아계신 하나님의 아들이십니다'라는 고백의 대상이 되는 순간, 베드로 자신을 자신 되게 하는 길의 가장 큰 장애물인 가시나무가 되어 버린 것이다. 베드로는 예수를 북극성 위에 올려놓고, 자신도 거기에 아이덴티파이 하고 있다. 예수를 북극성 위, 뭇별 위에 올려놓는 까닭은 예수를 앞세우고 자신을 그 옆에 놓고자 함이다. 바빌론에 사로잡혀가는 형국과 같은 그림이다.

예수의 받을 세례는 곧 베드로의 메시아를 불태우는 불이라는 말이다. 예수는 이 불을 그 땅에 던지기 위해서 왔고, 아직은 불이 붙지 않아 이 불이 타오르기까지 불을 지키고 있다. 베드로에게 먼저 인식된 예수가 태워져야 할 가시나무요, 예수 자신의 십자가에 못 박힘이 곧 예수를 태우는 불이었고, 아울러 베드로의 메시아를 태우는 불이라는 사실이다. 그러므로 베드로의 메시아는 가라지라는 말이다. 요한복음 21장 처소가 예비된 이후에 베드로에게(안에) 찾아온 그리스도가 곧 베드로의 새로운 그리스도였다. 알곡이다. 불은 쭉정이 그리스도를 태우고 알곡 그리스도를 곡간(穀間)에 들이는 추수 행위다.

가시덤불은 불태워져야 하고 하늘을 치솟는 상수리나무는 베어져야 한다. 그루터기에서 다시 싹이 나야 한다. 먼저 온 그리스도는 쭉정이요, 나중에 다시 베드로 안에 임한 그리스도가 알곡이다. 예수는 이를 위해 불로 세례를 받았다.

도마복음 말씀 10에서 모호하게 표현된 HE 는 불이기도 하고, 아울러 코스모스로 보아도 무방하다. 왜냐하면 코스모스는 때가 이르기까지는 불이 붙지 않는다. '베드로의 주는 그리스도시오, 살아계신 하나님의 아들이십니다'라는 고백이 이뤄지기 전에는 불이 붙지 않는다. 그러므로 He 의 선행명사가 불이기보다는 코스모스라고 해석한다 해도 크게 틀리지 않는다는 말이다.

장차 형제가 형제를, 아비가 자식을 죽는데 내어주며 자식

들이 부모를 대적하여 죽게 하리라.(마 10:21)

말씀 11 천지와 지천

11.1 예수가 말했다. "이 하늘은 사라질 것이고
하늘 위에 있는 것도 사라질 것이다.
11.2 죽은 자 그들은 생명으로 살지 못하고,
살아있는 자 그들은 죽음을 맛보지 않을 것이다.
11.3 그대가 죽은 것을 먹던 날에,
그대는 그것을 산 것(생명)으로 만들었다.
그대가 빛이 되었을 때 그대는 무엇을 할 것인가.
11.4 그대가 하나였던 날에, 그대는 둘이 되었다.
그러나 그대가 둘이 되었을 때, 그대는 무엇을 하겠는가?"

천지(天地)와 지천(地天)

성서는 천지의 창조 이야기다. 천지(天地)의 이야기는 지천(地天)의 이야기로 주석(註釋)된다. 물리적 하늘과 땅은 천지와 지천을 말하기 위해 동원되는 상징체계다. 천지(天地)는 천지(天地)를 말하기 위한 비유며 은유다. 물리적 천지는 심천(心天)과 심지(心地)를 은유하는 상징 언어라는 말이다. 물리적 하늘과 땅은 육체의 세계를 구성하고 있는 장엄한 우주다. 우리 정신이 비로소 각각 자기 존재로 존재하기 위해서는 성서의 언어를 빌어 말하면 여전히 하늘과 땅의 창조를 통해서 그 존재의 세계가 존재로 드러난다.

모든 문학과 철학과 예술은 인간의 자기 세계를 드러낸다. 신학도 예외가 아니다. 시인의 언어에 등장하는 수많은 종류의 꽃이나 식물들은 그를 바라보는 시인의 세계를 드러낸다. 꽃의 이름을 빌려 마음을 이야기한다. 상상속 동물을 빌려 마음의 혼탁과 갈등을 그려낸다. 그러므로 창세기 1장의 창조 이야기는 신의 이야기며 인간의 이야기다. 신의 이야기는 신의 이야기를 빌려 말하는 인간의 이야기라는 말이다. 그리스 신화가 그러하며 성서인들 다를까.

이 같은 단순 명쾌하고 자명한 사실이 꼬일 대로 꼬여 창세기 1장이 우상의 이야기로 읽히고 수많은 도그마를 양산하는 독단의 책이 되어버렸다.

창조 서사 문학이 물리적 창조의 역사적 사실이냐 아니냐로 팩트 여부를 따져 묻는 시대가 되었다. 한 송이 국화꽃은 소쩍새가 울지 않으면 피울 수 없는 것이라고 주장하기에 이르렀고, 누군가는 이를 입증이라도 할 요량으로 정말 소쩍새가 우는지 봄부터 가을까지 국화 옆에서 소쩍새를 찾으며 국화와 소쩍새의 인과관계를 증명하려는 웃지 못할 사태가 벌어진다. 국화와 소쩍새의 인과관계에 대한 가설을 세우고 수많은 논증을 시도하는 논문들이 쏟아지고 그를 바탕으로 소위 신학 박사들이 양산된다. 창조론과 유신진화론의 갑론을박은 그 한 단면일 뿐이다. 기실 그 이면은 권력다툼이 본질 아닌가.

시를 시로 읽지 않고 문학을 문학으로 보지 않고 창조 서사시를 서사시로 읽지 않는 데서 벌어지는 웃픈 현실이다.

예수가 말했다. "이 하늘은 사라질 것이고
하늘 위에 있는 것도 사라질 것이다."

도마복음 말씀 10에서는 땅에 불을 던지러 왔다고 한다. 하늘과 땅을 창조하는 것은 무엇이며, 하늘과 땅이 사라진다는 것은 또 무슨 뜻인가? 하나님은 기껏 창조한 천지를 불태우기 위해 창조했다는 말인가. 수많은 소위 정통(?) 해석가들은 '그렇다'고 주장한다. 신은 도대체 불태우고 사라질 하늘과 땅은 왜 창조하고 또 소멸한다는 말인가? 오늘도 도처에서 들려오는 자연 재난, 지진과 홍수와 태풍 등은 그 전조 현상이라고 혹자는 말하기도 한다. 주로 종교인들 해석이다. 거기서는 도마복음 말씀 10 혹은 11은 그 해석을 발견할 수 없다.

창세기 1장 1절은 어순이 천지다.

에트 하샤마임 베에트 하아레츠(אֵת הַשָּׁמַיִם וְאֵת הָאָרֶץ)

그런데 2절부터는 하늘 이야기가 아니라 땅의 이야기로 가득하다. 땅의 이야기로 시작된다. 에덴의 이야기도 마찬가지다.

천지의 창조 된 계보(낳고 낳고)가 이러하다. 야웨 하느님께서 **땅과** 하늘을 만드시던(יְהוָה אֱלֹהִים אֶרֶץ וְשָׁמַיִם) 때였다.(창 2:4)

하늘과 땅의 이야기로 소개하면서 정작 땅의 이야기를 먼저 드러낸다. 에덴의 이야기는 천지의 이야기며 땅과 하늘(地天) 이야기다. 아담과 하와, 뱀 그리고 가인과 아벨과 셋의 이야기로 구성되어 있으나, 그것은 땅과 하늘 이야기라는 말이다. 사실은 에덴의 이야기는 따지고 보면 땅의 이야기인데, 그것이 하늘의 이야기라는 말인가. 어떤 점에서 그러할까.

창세기 1장의 창조 이야기는 2장 3절에서 이야기가 끝나고 에덴 이야기는 2장 4절에서 시작된다. 어떤 이들은 개역 성경의 "여호와 하나님이 천지를 창조하신 때에 천지의 창조된 대략이 이러하니라"(창 2:4)를 창세기 1:1~2:3절을 마무리하는 결어(結語)로 생각하려 한다. 아니다. 2장 4절은 에덴 이야기를 여는 첫 문장이다.

도마복음 말씀 10과 11의 순차도 이와 마찬가지다. 말씀 10에서 땅에 불을 던지러 온 이야기가 먼저 나오고, 말씀 11에서 하늘이 사라지는 이야기가 나오고 있다. 그렇다면, 여기서 처음 하늘과 처음 땅, 곧 불태워지고 사라져야 하는 땅과 하늘이 있다는 얘기며, 새로운 땅과 새로운 하늘이 도래할 것, 야웨 하나님의 땅과 하늘의 창조 이야기는 거기서 엿보아야 한다는 말이다.

성서의 창조 이야기는 소위 창조과학회가 말하는 창조 이야기가 아니다. 처음 하늘과 처음 땅은 땅에 있는 예루살렘이 상징하는 상징계이며 둘째 하늘과 둘째 땅은 위에 있는 예루살렘 곧 사라와 이삭이 상징하는 세계다. 성서의 이야기는 존재의 세계를 창조해가는 상징 언어를 동원한 히브리인들의 이야기 방식이다.

이 같은 전제 위에서 말씀 11을 읽어가면 "이 하늘은 사라질 것이고 하늘 위에 있는 것도 사라질 것이다."의 해석을 발견하는 일이 수월하다.

야웨 하나님의 천지 창조는 먼저 옛 땅을 불태우고 처음 하늘을 사라지게 하는 데서부터 시작된다. 이게 무슨 뚱딴지같은 얘기냐고 하실 분들이 많을 터이나, 성서의 수많은 이야기에 숨어 있는 바를 살펴보라. 야웨 하나님의 창조가 무엇이며 어떻게 진행되고 있는가를. 온통 저 아주 오래 오래전 물리적 우주를 창조한 창조주를 믿느냐 믿지 않느냐의 블랙홀에 빠져 오늘 여기 그 의식의 하늘에서 이뤄지는 생생한 창조 이야기를 주목하지 못할 뿐만 아니라 주목하려 하지 않는다.

온통 우상의 이야기로만 성서를 읽으려 한다.

죽은 자와 산 자 그리고 떠나가는 하늘

> 11.2 죽은 자 그들은 생명으로 살지 못하고,
> 살아있는 자 그들은 죽음을 맛보지 않을 것이다.

나의 의역이다. 그리고 그렇게 새긴다.

비록 살았다는 이름은 가지고 있으나 죽은 자는 처음 하늘에 정착해 있는 자다. 아브람은 그 육체로는 살아 있으나, 그의 정신은 죽은 자다. 살려고 아무리 발버둥친다 해도 그것으로는 하나님 나라를 유업으로 받을 수 없다. 약속은 받았으나, 아브람으로는, 이스마엘로는 하나님 나라를 유업으로 받을 수 없다. 성서는 이를 죽은 자라 한다. 죽은 자는 살았다는 이름은 가지고 있으나 실상은 살아있는 것이 아니다. 율법 아래에 있는 자는 저주 아래에 있으니 죽은 자요, 사망의 법 아래 있는 자라고 바울은 일컫는다.

무릇 율법 행위에 속한 자들은 저주 아래 있나니 기록된바 누구든지 율법 책에 기록된 대로 온갖 일을 항상 행하지 아니하는 자는 저주 아래 있는 자라 하였음이라(갈 3:10)

선악의 하늘 아래에서는 죽음의 법칙, 사망(MOY 모우)의 규칙을 따라 죽음을 맛보며 산다. 그러므로 처음 하늘 아래 있는 자는 죽은 자다. 죽은 자는 살아있는 게 아니다. 그러므로 죽은 자는 생명으로 살 수 있는 능력이 없다. 늘 선악으로 산다. 옳으냐 그르냐로 그 정신이 세월을 보낸다. 자신도 죽이고 타인도 죽인다. 늘 사망으로 산다. 핏대를 올리며 불만으로 궁시렁과 중얼거림으로 산다.

그러나 살아 있는(ωN2 온흐) 그들은 죽음을 맛보지 않을 것이다.

무슨 말인가? 처음 하늘이 지나가고 나면 죽음의 하늘 아래에서 죽음을 맛보며 사는 죽음의 삶도 지나간다. 살아있는 자의 삶으로, 생명의 성령의 법으로 살게 된다는 말이며, 죽음이 지나고 처음 하늘이 떠나고 나면 생명의 하늘이 도래한다는 걸 말한다. 누우스(νους)에서 나오는 하나님의 법으로 살게 된다. 정죄가 없는 세계에서 살게 된다.

바빌론을 거쳐 다시 가나안의 하늘에 당도한 이들은 생명으로 살게 되고 죽음을 맛보지 않는다는 말이 아닌가. 이때 죽음이란, 육체(몸)의 죽음을 말하는 게 아니다. 더는 선악의 지식에 사로잡혀 사는 게 아니라 비로소 그 정신이 생명을 중심으로, 자기 존재로 살게 된다는 뜻이다. 존재하지 않음에 의해 사는 게 아니라, 자기 존재로 산다. 하여 존재의 나무가 되고, 생명의 나무가 되며 처음 하늘이 지나가고 둘째 하늘 혹은 셋째 하늘이 찾아와 그 하늘 아래에 살게 되는 생명의 이치를 일컫는다.

광야에 들어서면, 둘째 하늘에 당도하면, 다시 애굽으로 돌아가지 못한다. 비록 애굽을 그리워하고 마늘 향과 고기 맛이 그리울지라도 광야에서 죽을지언정 애굽으로 되돌릴 수 없는 게 정신의 발걸음이다. 아브라함이 아브람 시절로 돌아갈 수는 없다. 그렇게 되지 않는다. 비록 이삭을 껴안고 볼을 비비느라, 자유를 구가하는 것이 신기해 자유 놀이에 빠져 한동안 신의 얼굴을 대면하지 못할지라도 이스마엘과 소꿉놀이를 다시 할 수는 없다. 한 손에는 횃불, 다른 한 손에는 검을 들고 장작을 짊어진 두 사환, 그리고 이삭과 함께 삼 일 길 모리아 산을 향하게 되는 고뇌가 찾아온다 해도 이스마엘과 놀던 시절로 돌아갈 수는 없는 법이다. 광야를 지나 요단을 건너 가나안에 당도하면 '만나(이게 뭐지)' 놀이도 멈춘다. 광야에서 뱀에 물려 죽게 될 때마다, 장대에 달린 놋뱀을 바라보면 이스라엘 백성들은 살아났다. 이로 인해 장대에 달린 놋뱀을 향해 분향하는 전통이 생겼다. 가나안에 들어가서도 광야의 습관이 남아 있어 놋뱀을 향해 뜨거운 시선을 보내며 경배하나, 히스기야는 산당에 있는 각종 주상(우상을 상징하는 기둥) 그리고 아세라 목상과 함께 놋뱀을 부숴버린다. 장대의 놋뱀은 어느덧 아세라 목상과 같은 자리에 나란히 있었던 거다. 이제는 놋뱀 놀이도 멈추게 된다는 사실.

여러 산당을 제하며 주상을 깨뜨리며 아세라 목상을 찍으며 모세가 만들었던 놋뱀을 이스라엘 자손이 이때까지 향하여 분향하므로 그것을 부수고 느후스단이라 일컬었더라 히스기야가 이스라엘 하나님 여호와를 의지하였는데 그의 전후 유다 여러 왕 중에 그러한 자가 없었으니(왕하 18:4-5)

그러므로 가나안에 당도하면 놋뱀을 향해 경배하는 일조차 우상에게 절하는 것임이 드러난다. 오늘날로 말하면 십자가 우상 놀이를 과감히 청산한다는 말이다. 십가가를 세워놓고 거기 달린 놋뱀 곧 예수의 상을 향해 오 주여! 하며 경배하는 놀이는 광야 하늘에서 살아가는 삶의 방식이다. 광야의 하늘이 떠나가면 그것도 미련 없이 멈추게 된다.

광야의 하늘은 애굽의 하늘과 가나안의 하늘 그 중간 과정이다. 애굽의 습관과 새로운 약속의 땅을 향해 가는 소망이 중첩되어 있는 과정이다. 사망의 법과 생명의 법이 혼재되어 있으니 갈등이 끊임없이 반복된다. 로마서 7장을 방불한다. 절기로 하면 큰 그림에서 사순절 기간이다. 처음 하늘을 떠나보내고 새로운 하늘이 도래하는 과정이다. 약속으로 받은(네가 너로 살게 되리라) 새로운 하늘은 보이지 않고, 여전히 옛 하늘의 먹구름은 드리워져 있는 과정이다. 그럴 수 있는가. 그럴 수 있다. 아니 그러하다.

그러므로 광야의 하늘은 둘째 하늘이라 칭하고 가나안은 셋째 하늘이라 칭할 수 있다. 광야의 하늘은 첫째 하늘과 셋째 하늘이 혼재되어 있기에, 광야의 하늘은 혼돈의 하늘이다. 의식의 하늘이 빚어가는 과정이 그러하다.

비록 하나라는 것을 약속(언약)으로는 알 수 있지만, 현실은 하나가 아니라 둘이 싸우고 있다. 마음으로는 하나님의 법을 육신으로는 사망의 법을 따르고 있는 것이다. 나 곧 내 안의 그리스도(누우스에서 생동하는 생명의 법)와 먼저 온 자, 타자에 의해 설정된 삶의 규칙 곧 율법이 삶의 방식을 놓고 서로 내 안에서 다툼을 하고 있다. 하나이기는커녕 둘이다. 거기서 우리의 의식이 하나로 통일된 때와 둘로 나뉘어 갈등하는 실존이 선명하게 나뉜다. 둘의 과정을 거쳐 마침내 둘이 아닌 하나가 된다.

도마복음 말씀 11-2는 하늘이 떠나가는 이야기로 죽은 자와 산 자에 대해 간결하게 서술하고 있으나 수많은 눈물과 서사가 담겨 있다. 그에 대해서는 각자 해석하는 이들의 몫이고 동시에 각자의 이야기를 담아내거나 혹은 발견하는 일이 남을 뿐이다.

죽은 것을 산 것으로

11.3 그대가 죽은 것을 먹던 날에,
그대는 그것을 산 것(생명)으로 만들었다.
그대가 빛이 되었을 때 그대는 무엇을 할 것인가.

그대가 죽은 것을 먹던 날에, 그대는 그것을 산 것(생명)으로 만들었다. 그대가 빛이 되었을 때 그대는 무엇을 할 것인가.

모름지기 사람이 사자를 먹으면 그 사자는 남자(사람)가 된다. 아울러 사자가 사람을 먹었을 때 그 역시 사람이 된다. 예수는 죽은 자 베드로, 선악 아래에 있던 베드로를 베드로 되게 하기 위해 사자 베드로를, 자신을 십자가에 내어주는 것을 통해 함께 죽게 했다. 베드로는 예수를 밀림의 왕자 사자로 숭배하므로 그도 사자가 되고자 했다. 사람 예수를 사자의 형상으로 만들어놓고 그를 좇았다. 마치 하나님의 형상을 금수와 버러지 형상으로 바꾸듯, 사람 예수를 사자 예수의 형상으로 좇았다. 사람이 사자를 잡아먹고 마침내 베드로를 사람이 되게 하는 형상과, 사자 베드로가 사람 예수를 잡아먹고 사자가 사람이 되는 이야기가 예수와 베드로의 관계, 베드로와 예수의 관계에서 동시에 엿볼 수 있다. 사람이 죽은 것을 먹고 사람이 되게 하는 이치다.(말씀 7 참조)

처음 하늘은 사자 숭배 세계관이 지배하는 하늘이다. 큰 자 이데올로기가 기본 동력이다. 양육강식과 밀림의 법칙이 지배한다. 동물의 왕국에서 벌어지는 먹이 활동이 그 정신의 세계에도 그대로 미치게 되고 이를 반영한 규칙이 율법이다. 만인의 만인에 대한 투쟁을 조율하기 위한 지혜가 율법이며, 그것은 동물의 왕국에서 펼쳐지는 무정부 상태와 공멸을 막기 위한 질서 법칙이다. 동물의 왕국은 기본적으로 힘센 자를 중심으로 질서가 형성되듯, 처음 하늘 안에서는 큰 자 이데올로기가 의식의 세계에 기본으로 작용한다.

본능적으로 기 싸움을 하게 되고 그것에 의해 서열정리가 이뤄진다. 기 싸움에서 우위를 차지하기 위해 '아는 것이 힘'이라는 지식의 나무를 숭상한다. 그러므로 처음 하늘 아래에서는 큰 자 이데올로기가 질서를 형성하는 기본 동력이다. 큰 자를 중심으로 도덕과 율법, 관습이 형성된다. 힘의 질서는 언제나 재편되고 그에 따라 역사는 늘 요동한다. 혁명이라는 것, 힘의 질서 극복이 아니라 재편에 불과하다. 거기 중도와 공정은 존재하지 않는다. 잠시 힘의 질서에 순응할 때, 임시 평화만 있을 뿐이다. 불안한 평화는 평화가 아니다.

이때의 신은 따라서 사자의 형상을 하고 있다. 전지전능의 신이어야 한다. 그러므로 전지전능의 신은 기 싸움의 최정점에 있는 신이다. 우위를 점하는 신을 섬기려 서구의 모든 지성이 동원되어 그 이름을 치장한다. 서구신학이 지향한 신은 '사자의 형상'을 하고 있다. 지배자의 신이다. 제국주의의 신이고 폭력의 신이다. 처음 하늘을 지배하고 있는 신의 형상은 따라서 예수께서 지적했듯, 살인자요 거짓말쟁이며 미움을 생성하는 전쟁의 신이고 폭력의 신이다. 하여 마귀요 하늘의 용이다.

사자를 잡아먹은 날, 죽은 것을 먹는 날, 사자에게서 꿀을 채취하게 되고 사자가 마침내 작은 자(어린아이)가 되게 한다. 사자의 형상, 처음 하늘의 지배자인 전지전능의 신이 하늘의 용이라는 사실이 들통나고 하늘에서 용이 떨어지는 날, 마침내 처음 하늘이 지나가는 날이다. 처음 하늘이 사라진다는 뜻은 전지전능의 큰 자 이데올로기가 우리 의식에서 종말을 맞이하는 날이다. 전지전능의 신과 결별하는 날이요, 죽은 것을 잡아서 먹어버리고 마침내 사자가 사람이 되는 날이다.

처음 하늘에서 그(HE)는 두려운 자요, 우리의 섬김을 받아야 할 자요, 나는 그를 경배하고 그의 은총을 힘입어 상위 질서를 향해 한 걸음씩 나아갈 뿐이었다. 그것도 신의 은총을 힘입어 상위 포식을 향해 한 걸음씩 나아가는 자여야 하니 나(I)와 그(HE)는 영원히 맞닿을 수 없는 관계다. 아무리 사랑의 신이고 은총의 신이고 구원을 베푸는 신이라고 노래할지라도, 이는 사탕발림이요, 얼마나 그것이 믿을 수 없는 것이면 '믿어야 할지니라'고 믿음을 강요할까.

그는 거기에 있고 나는 여기에 있으니 하나가 아니라 영원한 둘이다. 처음 하늘에서는 하나가 아니다. 둘이고 둘은 격절(隔絶)의 관계다. 신과 나는 하나라는 구호만 있을 뿐, 신은 사랑과 은혜를 베푸는 자요, 나는 은혜를 입어야 하는 다다를 수 없는 구조 속에 놓여 있다.

처음 하늘 아래에 있는 신은 그러므로 그 화려한 이름이 무엇이든 거짓말쟁이다. 살인자다. 미움을 유발하는 자요 인간의 충성을 흡혈하며 연명하는 흡혈의 신이다. 하나가 아닌 영원한 둘을 강요하는 신이다.

예수는 그 같은 유대교의 신과 절연한다. 그 같은 종교 패러다임의 사슬을 끊어버린다. 도마복음은 처음 하늘이 떠나가야 한다고 외친다. 죽음의 신을 잡아먹고 전쟁의 신, 살인의 신의 자리에 생명이 꽃피게 한다. 도마복음은 살신(殺神)복음서다. 살신(殺神)에서 생신(生神)이 이뤄진다.

신을 죽이고 그것을 먹는 날에 신은 비로소 다시 살아난다. 둘은 하나가 된다. 이때의 신은 죽은 신이 아니라 비로소 나와 그는 하나가 된다. I AM HE 가 된다. 신을 죽여야 신이 살아난다. 이때 비로소 나도 살아난다. 죽음을 맛보는 삶에서 벗어나 생명의 삶을 살게 한다. 선악 나무를 베어내고 생명 나무가 된다.

타인의 말이 그 의식에서 독버섯처럼 '양심'이라는 당의정을 입고 나타나 삶의 규칙을 제공하던 것에서 벗어나 비로소 제 말과 제소리를 내며 제 길을 뚜벅뚜벅 걷게 된다. 존재의 나무, 생명의 나무가 된다. 그는 나요, 나는 그가 된다. 그가 그랬던 것처럼, 나도 비로소 내가 길이고 내가 진리고 내가 생명이라고 말하게 된다. 그가 그렇게 말해서가 아니라 처음 하늘이 지나가고, 사라지고 나니 비로소 그러한 사실이 자명하게 드러난다.

둘이 아니라 비로소 하나(Single One)이니 신을 경배하느라 수고하는 게 아니라 비로소 그와 입맞춤 한다. 제소리로 제말하니 곧 그 말씀이 자기 존재를 드러내는 생명(ⲱⲚⲈ 온흐, ζωή)이고 빛(ⲞⲨⲞⲈⲒⲚ, 우오에인, φῶς)이 된다. 누구나 처음 하늘이 떠나간 사람들에게는 제소리가 그대 자신에게 생명이고 빛이다.

이제는 그대가 빛이다. 그대는 그대 자신을 비추는 빛이다.

이제는 말할 수 있다. 아, 그렇구나. 나를 인도하는 빛은 더는 밖에 있는 타자가 아니라 내 안에 있는 내가 나의 길을 비추는 등불이요 빛이로구나. 나는 나의 길을 간다. 무소의 뿔처럼 홀로 그렇게 내 길을 간다. 나는 내가 가는 그 길이 나의 길이요, 그 외에 그 무엇도 진리가 아니다. 나를 나 되게 하는 그것만이 나에게 진리다. 나는 내가 되는 것이 나의 부활이 아닌가.

내가 나인 사람은 그에게 나를 강요하지 않는다. 그도 그에게 그로 살아야 한다는 걸 알기 때문에, 나를 그에게 복제하려 하지 않는다. 나의 규칙을 그에게 강요하지 않는다. 그도 그 자신으로 사는 게 그에게 구원이라는 걸 너무도 절실하게 알게 된다. 그리하여 내가, 나 자신에게 길이라는 것 알아차린 이는 그도 그에게 그 자신이 길이라는 걸 알아차리길 희망한다.

그대는 무엇을 희망하는가. 처음 하늘이 떠나고 나면 어디로 갈 것인가.

하나(oya)와 둘(cNay) 이야기

11.4 그대가 하나였던 날에, 그대는 둘이 되었다.
그러나 그대가 둘이 되었을 때, 그대는 무엇을 하겠는가?

모름지기 한 알의 씨 알갱이는 한 우주다. 모든 개인은 각각 하나의 우주다. 사과 한 알을 놓고 누가 둘이라고 할까. 복숭아 한 알은 그저 하나다. 닭의 알 곧 계란 한 알도 한 알이

다. 그들 서로 각각의 우주다. 거기 하늘이 있고 땅이 있다. 그
자체로 있을 때는 하늘과 땅이 분리되지 않는다. 사과 한 알에
어디 하늘이 있고 땅이 있다는 말인가. 그 자체로 있을 때는
하늘과 땅이 분리되지 않는다. 다만 하나요, 한 우주일 뿐이다.
그냥 하나(ova)일 뿐이다. 무릇 씨알이 하나로 있을 때는 한 알
그대로 있을 뿐이다. 그곳엔 하늘도 땅도 없다. 그냥 하나일 뿐
이다.

한 알의 밀알이 마침내 생명 활동을 하게 되면, 다시 말해
대지에 뿌려지고 적당한 온습도가 허락되면 하나가 둘이 된다.
하나로 있던 것이 둘이 된다. 씨눈은 배젖 속에 감춰 있고 숨
어 있었던 것이 비로소 기지개를 켜고 눈을 뜬다. 잠자던 씨눈
이 눈을 뜨면 하나는 둘이 된다. 이때 씨눈은 하늘이요 배젖은
땅이 된다. 먼저 있던 배젖은 그곳에 담고 있던 모든 양분(떡과
포도주)이 씨눈을 살리기 위해 죽는다. 잠자던 것이, 생명 활동을
멈춘 채(다나토스) 한 알 그대로 있던 것이 하늘과 땅으로 분리
되면서 싹이 움튼다. 싹이 움튼다는 것은 비로소 생명 활동이
시작되고 떡잎을 내며 뿌리는 대지를 향하고 떡잎은 하늘을 향
하며 하늘을 연다. 개천(開天)이 시작되는 것이다. 지금까지의
우주, 하나의 우주를 떠나 둘로 나뉘고 다시 새로운 하늘과 새
로운 땅을 향해 떠나는 것이다.

하나가 둘이 된다는 것은 드디어 생명 활동이 시작된다는
뜻이다. 하나가 둘이 되면 갈등이 시작되고 하늘과 땅이 대립하
나 그것은 대립이 아니라 화합이다. 배젖과 씨눈이 한 몸으로
있을 때는 죽은 것을 방불하고 잠자는 것이더니, 둘이 되면서

배젖은 새롭게 죽어야 하는 운명에 처하고 숨어 있고 감춰 있던 씨눈은 처음의 것을 자양분 삼아 나중 것(씨눈)이 싹을 틔우니 대지는 비로소 초록으로 뒤덮인다. 따지고 보면 처음도 아니고 나중도 아니나, 또 말해보자면 처음(과육과 외피)이 나중(씨알 머리의 꽃 피움)이 되고 나중은 또 처음이 된다. 단지 알파와 오메가일 뿐 알파와 오메가는 둘이 아니다. 더구나 서열이거나 우열은 더더욱 아니다.

하나이던 날에 너희는 둘이 되었다는 뜻은 단지 한 알의 밀알만이 아니다. 인간의 정신 현상도 마찬가지다. 정신도 본디 거기 둘이 아니라 하나다. 하나로 있다. 성전은 성전일 뿐, 그것은 하나의 성전일 뿐이다. 그런데 그게 둘로 나뉠 때가 있다. 마음은 본디 한마음이다. 한마음이 진여심과 생멸심 곧 둘로 나뉠 때가 있는 법이다. 어느 때 둘로 나뉘고 둘로 보이게 될까. 새로운 생명 활동과 창조 활동이 진행될 때 한마음은 두 마음으로 나뉘게 되고 둘로 보인다.

성과 속을 나눠 말하는 게 불경한 일이나, 잠시 불경해 보자. 속인(俗人)은 진여심과 생멸심이 분별되지 않는 이들이다. 자신 안에 진여심과 생멸심이 나뉘어져 있지 않은 이들이 속인이다. 타인을 향한 분별심은 경계를 짓고 판단하고 구별케 하여 번뇌를 가져다주게 마련이나, 분별심과 망심의 과정을 거치지 않으면 진여심의 실체 또한 드러나지 않는다.

마음에 생명작용이 시작되면 한마음이지만 그게 둘로 작용하고 있음을 보게 된다. 원효는 대승기신론에서 일심(一心)과 이문(二門)을 말하고 있으니 생멸문(生滅門)과 진여문(眞如門)이다. 본디 진여심(眞如心)은 숨어 있고 감춰 있다. 씨알로 치면 보이지 않는 씨 눈이다. 단지 바람에 춤추는 파도처럼, 바람에 흔들리는 나무처럼 세파에 춤추는 생멸심이 자신의 마음으로 보인다. 겉껍질과 과육만을 씨알로 보는 것과 같은 이치다. 누구나 처음은 생멸심만 보이게 마련이고, 그것이 전부다. 바람에 펄럭이는 깃발처럼 선악에 춤추고, 희노애락에 춤춘다. 생멸심에 사로잡힌다.

성서는 진여의 세계를 일컬어 지성소(至聖所, 지극히 거룩한 곳)라 한다. 생멸심의 세계를 일컬어 성소(聖所)라 칭한다. 물론 반드시 동일성을 갖는 것은 아니나 얼추 그러하다. 순례의 길을 가는 이들은 생멸심의 하늘 아래 정박하지 않고 그곳을 정착촌으로 삼지 않는다. 탐진치의 고단함이 넘실대는 바다이기에 또 다른 세계를 향한다. 또 다른 무엇이 있을까? 이때 한마음이 진여계와 생멸계, 곧 둘이 된다는 사실이 드러난다. 둘은 순례자에게 드러나는 둘이다.

따라서 하나와 둘은 잠자는 자가 잠을 깨어 길을 떠날 때 비로소 드러나는 둘이다. 정신이 독립하고 자기 존재와 자기 정신을 향하게 될 때 드러나는 둘이다. 둘은 주돈이의 말처럼 무극(無極, One)이 곧 태극(太極, Two)이다. 무극이 무극으로 있으면 그곳엔 생멸도 존재도 존재하지 않는다. 비로소 생명작용을 할 때 음극과 양극이 둘로 작동한다.

선과 악의 둘을 일컫는 게 아니다. 선과 악은 선악 나무의 쌍둥이 운영시스템의 둘이다. 여기서 둘이란 생명 나무와 선악 나무의 둘을 일컫는다. 생명 나무는 잠자던 진여심이 생멸심의 과육을 양식으로 하여 제 스스로 꽃피는 새로운 하늘이요, 성서의 논법을 따르면 선악 나무가 베어진 자리에 생명 나무가 꽃핀다. 생명 나무란 오늘날의 언어로 하면 존재의 나무다. 생멸심을 일으키는 아르케는 타자의 바람이기 때문에 비존재(나의 존재와 무관한 그들, 내 의식 안에 들어와 있는 이물질)의 무대요 춤 터다. 이 무대는 물론 나의 욕망을 토대로 한 표층심이 제공하고 그들과 더불어 함께 춤추는 나이니, 나 아닌 나다.

도마복음 11.4에서 '하나였던 날에 둘이 되었다'는 뜻은 출애굽하여 애굽과 가나안으로 나뉘었으나 몸은 아직 광야에 있다는 의미로도 해석할 수 있다. 11.3의 풀이 글에서 언급한 대로 이때의 둘은 나와 신의 격절이 지배하는 둘이기도 하고, 그 의식 속에 애굽과 언약의 땅(지성소의 상징) 가나안에 대한 두 개의 의식이 상존하는 것으로 이해할 수도 있다.

둘이 되었을 때 무엇을 할 것인가. 마땅히 애굽의 파라오 신념체계와 파라오의 이데올로기를 불살라야 한다. 마땅히 거기 그렇게 타자로 있는 엄위하고 전지하고 전능한 신이 하늘에서 떨어져야 하고 내 안에 있는 지성소의 씨알머리가 일깨워져야 한다. 씨알머리는 성소의 진설병을 먹으면서 일깨워진다. 씨알의 배젖을 와해시키고 이를 죽여야 씨알머리가 깨어난다. 씨눈(씨알머리)과 배젖은 본디 한 몸이고 일체였다. 그리고 하나다. 둘이 아니라는 말이다. 그러나 하나가 둘이 되지 않으면 씨알머리는 기지개를 켤 수 없다. 배젖의 제사를 통해서만 씨알의 세계가 깨어난다.

둘이 되었다면 무엇을 할 것인가. 마땅히 휘장을 찢고 씨알

머리와 입맞춤해야 한다. 휘장을 찢음은 하늘의 용이 떨어짐이
고, 우상을 걷어차는 일이며 처음 하늘이 떠나가는 일이다. 번
개가 치고 천둥이 울며 하늘이 갈라지는 현상이다. 의식의 하늘
에 후천개벽을 알리는 일이라는 뜻이다. 이 또한 수많은 이치와
원리 도그마로 설명되는 것이 안타깝다. 타자에 의해 체계지워
진 수 없는 이론들은 내 의식의 변화에 무슨 영향을 끼칠까.
지식에 지식만을 더한다면 거기 순례의 길은 없고, 생멸심의 파
도만 더 크게 일으킬 뿐이다. 물론 이 또한 필요할 테니 바람
아 불어라. 더 크게 불어 우리의 마음이 한없이 요동케 하라.
생멸심 또한 진여를 향하게 하는 문(門)이 아닌가.

생멸과 진여의 숲을 지나면 생멸과 진여는 하나였다가 둘이
고 그 둘은 쌍둥이요, 서로 원수인 것을 알게 된다. 하나가 다
른 하나에게 제물이 되는 것을 통해 원수의 갚음이 찾아오고,
생명의 세계가 열리게 된다. 뿐만이랴. 한때 원수였던 죽음의
법에서, 죽은 몸에서 산 것이 솟아난다. 과육은 죽어 씨눈을 키
우고 뿌리와 줄기로 다시 태어나게 된다는 뜻이다. 죽은 것(다나
토스)이 죽어서(네크로스가 되어, 죽은 자) 부활하는 도가 거기에 있
으니 둘은 다시 진정한 하나가 되고 30배, 60배, 120배의 열
매를 맺는다.

생명의 활동은 하나가 둘이 되는 것이고 둘이 되어서 다시
하나를 향해 나아가는 것이다. 거기에 진정한 하나의 도, 하나
(Single One, ora 우아)의 진리가 찾아온다. 생명 활동을 하는 정
신 현상을 일컫는다.

내가 이해하고 또 해석되는 도마복음에서 말하는 하나(ora)와

둘(cnaY) 이야기다.

말씀 12 야곱에게 가리라

12.1 제자들이 예수에게 말했다.
"당신이 우리를 떠나게 되리라는 것을 알고 있습니다.
누가 우리 위에 큰 자가 되겠습니까?"
12.2 예수가 그들에게 말했다.
"그대들이 서 있는 그곳에서 그대들은
의로운 야고보스를 향해 가게 될 것이다.
그가 가지고 있는 그 하늘과 땅은 바로
그에게 오는 자들을 위해 존재하기 때문이다."

12-1 제자들이 예수에게 말했다.
"우리는 당신이 우리를 떠나려 하는 것을 압니다.
그러면 누가 우리들의 우두머리가 될까요?"
12-2 예수가 그들에게 말했다.
"너희가 가는 곳에 의인 야고보에게 가라,
그를 위하여 하늘과 땅이 똑같이 만들어졌다."
- 김용옥(金龍玉) 譯 도마복음서 연구 (대한기독교출판사) 1983

누가 우리 위에 큰 자가 되겠습니까

말씀 12의 번역본들은 한결같이 '누가 우리들의 새로운 우두머리가 될 것인가?'로 번역한다. 한글 역본은 물론이요, 영역본들도 마찬가지다. 모두 예수가 떠나고 나면 새로운 Leader가 누구인가 묻는 것으로 번역하고 있다. 나는 이것이 콥트어 본문을 해석하는 다수설이라고 본다.

나는 여기에 의문을 제기한다. 우리 위에서 더 큰 자가 누가 있겠느냐는 물음은 당신이 떠난 후에 우리보다 더 큰 자가 있을 수 있겠느냐를 함의한다. 도리어 새로운 지도자는 필요 없다는 것을 암시하고 있다. 그러므로 '당신이 떠난 후 새로운 지도자가 더는 필요 없다'는 것으로 이해해야 하지 않을까. '누가 우리 위에서(ⲉ2Ⲛ) 위에 있는(ⲉ2ⲢⲀⲒ, to above, upward) 큰(Ⲛ06, great, large) 자가 될 것인가?'라고 예수에게 반문한다.

도마복음 말씀 12는 예수와 제자들의 선문답(禪問答)이다. 제자들이 묻고 예수가 답하고 있지만, 예수의 답이 선답(禪答)이다. 질문은 선문(禪問)이 아니지만, 대답이 선답(禪答)이다. 새로 맞이할 지도자로 야곱을 지시하는 게 아니다. 여기서 야곱은 처음 하늘이 떠나가고 새로 도래할 하늘과 땅을 징조하는 은유다.

그러므로 말씀 10과 11은 떠나가는 땅과 사라지는 하늘 이야기였고, 하늘과 땅은 말씀 12에서 예수가 제자들을 떠나는 것과 상응하고 있음을 여실히 보여준다. 제자들에게 예수는 처음 하늘이고 또 처음 땅이라는 말이다. 예수는 적어도 제자들에게는 그들의 유일한 우주였다. 예수는 제자들의 의식의 세계를 지배하는 하늘이고 땅이었으며, 그들에게 다가온 처음 천지였다. 예수가 떠나간다는 것은 멘토의 상실이고 그들의 의식계에 형성된 처음의 하늘과 땅이 사라지고 있음을 보여준다. 그렇다면 예수의 선답에 숨어 있는 야곱은 두 번째 찾아오는 하늘과 땅의 상징이다. 복음서와 계시록에 등장하는 새 하늘과 새 땅의 상징이라는 말이다.

복음서에는 예수께서 제자들에게 자신이 떠나야 할 것을 수시로 암시한다. '주는 그리스도시오, 살아계신 하나님의 아들'이라는 고백을 듣고 나서 예수는 제자들에게 이제는 떠날 때가 되었음을 비로소 말하게 된다. 이때 베드로는 예수에게 화를 내며(에피티마오, 꾸짖으며) '그리마옵소서' 한다. 그가 이해하는 메시아, 하나님의 아들, 그리스도는 우리를 떠나서는 안 되는 그리스도였다. 세상 임금의 형상 그리스도였다. 이스라엘의 왕으로 오는 그리스도였다는 말이다. 큰 자 이데올로기의 정점에 있는 메시아라는 말이다. 그래서 떠나는 것은 상상할 수 없고 또 그래서도 안 된다. 예수는 베드로의 처음 하늘과 땅이고 처음 그 의식의 세계에 형성된 천지라는 말이다. 땅에 불을 던지는 것은 예수의 받을 세례 곧 십자가의 죽음이었다. 베드로의 의식에 형성된 처음의 땅 예수를 불태우는 것이다. 땅이 불타면 하늘도 사라진다. 땅에서 매면 하늘에서도 매고 땅에서 풀면 하늘에서도 풀린다.

애굽 땅에 있으면 하늘도 애굽 하늘이고, 애굽 땅을 떠나 광야에 머물게 되면 하늘도 광야의 하늘이 찾아오는 법이다. 광야의 땅에서 가나안의 하늘을 맞이하는 법은 없다. 단지 약속과 소망으로 가질 뿐이다. 광야를 지나 요단강을 건너 가나안 땅에 도착해야 가나안의 하늘 아래 머물게 되는 이치라는 말이다.

이로 보건대 도마복음 말씀 12에 나타나는 '예수의 떠남'이 곧 도마복음 말씀 10과 11을 수렴하고 있다는 걸 알 수 있다. 서로가 서로를 주석한다. 성서나 도마복음의 하늘과 땅의 이야기는 결코 물리적 하늘과 물리적 땅의 창조 혹은 사라짐의 이야기가 아니라는 말이다.

처음 하늘과 땅이 떠나고 나면 이후에 가게 될 하늘과 땅은 야곱에게 찾아온 하늘과 땅이다. 예수가 떠나게 되면 제자들은 야곱에게 찾아온 하늘과 땅을 향하게 된다. 도마복음 말씀 12 와 사복음서에 나타나는 차이점과 특이성을 살펴본다.

우리는 당신이 우리에게서 떠나리라는 것을 알고 있습니다.

도마복음 콥트어 표현에 의하면 비록 제자들은 예수를 그들의 우두머리(Leader)로 따르고 있지만, 사실은 예수에게 그들의 욕망을 투사시켜 자신들의 욕망을 구현하고 또 관철할 존재로 따르고 있었으니 자신들의 손아귀(?)에 넣고 있었다. 스승이고 선생이라고 따르면서 동시에 자신들의 손아귀(ⲚⲦⲞⲞⲦⲚ 엔토오텐, by the hands of us)에 넣고 있다는 사실을 도마복음은 직설적으로 표현하고 있다. 번역서들은 이를 반영하지 않고 있다. 하나님을 신앙한다고 하면서 하나님을 자신들의 욕망을 구현시키는 종으로 삼는 종교인들의 심리가 이 표현에 함축되어 있다. 예수와 제자들, 제자들과 예수의 이중적 관계다.

사복음서는 예수께서 끊임없이 떠나야 할 것을 암시하는 것으로 나타난다. 반면에 도마복음은 제자들이 예수가 떠날 것을 안다고 표현하나 사복음서에는 이같은 것이 구체적으로 나타나지 않는다. 도리어 그 반대다. '그리마옵소서'가 대표적이고, '주여 어디로 가십니까. 당신의 가는 길을 우리가 알지 못합니다'라고 하는가 하면 예수는 '내가 떠나는 것이 너희에게 유익'이라고 말한다. 그러면서 떠나가고 처소(장소)가 예비 되면 다시 오리라는 것, 곧 야곱에게 가게 되리라는 것을 방불하는 요한복음의 표현이 등장한다. 야곱에게 찾아온 하늘과 땅을 요한복음이 잘 주석해주고 있고 도마복음의 독자들은 그곳에서 '야곱에게 가게 되리라'는 도마복음 12의 알쏭달쏭한 예수의 선답(禪答)에 대한 힌트를 얻을 수 있다.

땅이 불타고 하늘이 떠나가고 나면 새로 찾아오는 새 하늘과 새 땅은 어디인가. 그저 기독교 우주 종말론자들이 수없이 반복해서 선전 선동하는 이다음의 하늘과 땅이라는 말인가. 물리적 우주 창조론과 종말론은 서로 짝을 이루며 성서의 독자들을 혼미케 하고 있고 여전히 주류를 이루고 있다.

의인 야고보에게 가리라

12.2 예수께서 그들에게 말했다. "그대들이 서 있는 그곳에서
     그대들은 의로운 야고보스를 향해 가게 될 것이다.
     그가 가지고 있는 그 하늘과 땅은 바로

그에게 오는 자들을 위해 존재하기 때문이다.”

말씀 12의 두드러진 특성을 살펴보면

도마복음은 사복음서와 달리 예수가 제자들 곁을 떠날 것을 제자들이 알고 있다고 서술한다는 점이다. 제자들이 ‘예수가 떠날 것을 안다.’는 사실은 여러 가지를 시사한다. 멘토의 떠남은 멘토로부터 자유롭게 된다는 것을 함의하기도 하고, 예수의 떠남을 자연스럽게 받아들이고 마음의 준비를 하는 것이기도 하다. 이는 절기(카이로스)에 대한 인식이 찾아왔다는 뜻이기도 하다. 만날 때와 떠날 때에 대한 분별이다. 처음 하늘이 떠나는 것에 대한 천기의 분별력이 있다는 걸 의미하기도 한다. 소위 정경복음과는 사뭇 다른 진술 방식이다.

도마복음 말씀 12에서 주목해야 할 부분은 ‘제자들은 예수가 떠나고 나면 새로운 지도자가 필요치 않다’고 한다. ‘누가 우리 위에 큰 자가 될 것인가’ 묻는 것은 ‘더는 새로운 지도자가 필요 없다’는 것을 의미한다. 그러나 대개의 번역본들은 새로운 지도자를 희망하는 것으로 번역하고 있으나, 나는 그것에 동의하지 않는다. 대개 ‘예수가 떠나고 나면 누가 새로운 지도자가 되겠느냐’고 묻는 것으로 번역한다. 콥트어 본문에 대한 번역은 여러 가지 견해가 있을 수 있으나 텍스트에 대한 오해가 번역자들에게 있었다고 본다.

더는 새로운 지도자가 필요 없다는 제자들. 예수가 떠난다는 것은 정경복음서의 맥락에서 본다면, 제자들에겐 예수가 이스라엘 왕으로 오시는 그리스도였고, 메시아였기 때문에, 그들 메시아를 통해 이루려던 그 모든 것의 좌절이고 절망이었다. 그들의 메시아 놀이가 좌절되고 임금 놀이(큰 자 놀이)도 끝나는 것을 의미한다. 도마복음 말씀 12에 의하면 더는 새로운 지도자를 세우려는 것도 부질없다. 동시에 자신들보다 더 큰 이가 있을 수도 없다. 그만큼 예수는 그들에게 큰 자였고, 세상 임금이었고 메시아였다. 한 세상이 떠나가는 것이고, 땅은 불타고 하늘은 사라지는 것이다. 도마는 영적인 패러다임 대전환이 임박했음을 직감하고 있다.

이는 다른 관점에서 보면, 세상 임금 예수가 떠나고 나면 예수를 통해 소망했던 그 모든 것이 물거품이 되고 그저 '고기나 잡으러 가자'던 베드로의 반응에서 알 수 있듯, 희망의 상실이기도 하나, 다른 한편 세상 임금의 덫에서 비로소 자유로워진다는 뜻이기도 하다. 예수의 떠남은 한 세상의 좌절이며 새로운 하늘과 땅에서의 자유가 시작된다는 걸 뜻한다. 예수의 상징은 적어도 제자들에게는 단지 하나의 지도자가 떠나는 게 아니다. 지도자와 제자가 맺게 되는 관계방식의 세계가 떠나는 것이다. 지배와 피지배의 구조에서 벗어나는 게 된다. 타자가 내 안에 들어와 그의 영향력에 의해 나의 삶이 좌우되는 방식에서 벗어나게 된다는 걸 의미한다. 예수의 떠남은 비로소 자유가 찾아온다는 걸 의미한다. 신랑이 떠나게 되면 금식하게 되고 잠시 금단 현상에 시달리게 될 것은 분명하나, 그럼에도 '자유'가 찾아온다는 것이다. 예수(세상 임금)로부터 자유로운 것이다. 비로소 베드로는 베드로답게 도마는 또 도마답게 각각의 존재가 살아나는 자유가 도래하는 것이다. 그런데 무슨 새삼 새로운 지도자가 필요하다는 말인가. 새로운 스승은 더는 필요 없는 자유가 찾아온다.

이때 예수는 제자들에게 '의로운 야고보에게(ʾιΔκωΒος πΔικΔιος) 가게 될 거야'를 언급한다. 'you will be going to James the Just' 콥트어 본문을 직역하면, 야곱에게 가라는 뜻이 아니다.

> 그대들은 의로운 야고보에게 가게 될걸세.
> 그가 가지고 있는 그 하늘과 땅은 바로
> 그에게 오는 이들을 위해 존재하기 때문일세.

그러므로 '가라'와 '가리라'는 뉘앙스가 다르다.

여기서 야고보는 새로운 하늘과 새 땅에 머무는 상징 인물로 묘사되고 있다. 그러므로 야고보에게 가게 된다는 뜻은, 새로운 지도자의 의미를 지닌 야고보를 말하는 게 아니다. 의인 야고보에게 가게 된다는 뜻은 그에게 예비된 하늘과 땅이 있기 때문이다.

이는 수수께끼다. 독자들은 해석을 발견해야 한다. 선답(禪答)에 담겨 있는 뜻을 깨달아 알아채야 한다. 역사적 인물 야고보일까. 도마복음이 기록되고 말씀 12가 언급될 때 야고보는 살아있었을까. 학자들의 견해는 분분하다. 실제 야고보서가 AD50년경 쓰였고 야고보는 AD 62년에 순교했다고 하니, 도마복음의 기록연대와 비슷하다고 가정할 수도 있다. 도마복음 말씀 12를 이해하기 위해 야고보서를 탐색해 보라. 예수 이후에 다 다라야 할 곳이 야고보요, 야고보가 소개하는 하늘과 땅 때문이라면, 야고보서에 담겨 있는 야고보의 새로운 세계관이 무엇보다 중요하리라. 야고보서는 적어도 흩어져 있는 유대인들(디아스포라)을 향해 쓰고 있는 서신서다. 흩어진다는 뜻은 하나의 지도자를 중심으로 모여 있는 것이 아니다. 적어도 지도자가 떠나가고 나면 각각 흩어져 홀로 그리고 더불어 살아가게 된다. 어디서든 각각 자기 존재로 살아가게 된다. 예수를 중심으로 모여 있었다가 그가 떠나가고 나면 흩어지게 되고, 각기 자기 존재로 살아가게 된다. 야고보는 그렇게 흩어져 있는 유대인이면서 그리스도의 믿음의 도에 있는 이들에게 보내는 편지다.

자유자가 되면 자유자의 삶을 살게 된다. 비로소 자기 존재의 세계가 펼쳐진다. 요한복음에 예수는 자신이 떠나가는 것이 제자들에게 유익임을 말한다. 그러면서 처소가 예비되면 다시 오리라는 예언을 남긴다. 제자들의 마음의 좌소에 일곱 귀신이 떠나가고 비로소 자리가 마련되면, 세상 임금 예수가 떠나가고 홀로 하나인 존재가 되면, 그의 신성과 예수의 정신이 지성소의 신성의 빛으로 다시 오리라는 예언이다. 이는 예수가 떠나가고 나면 흩어져 홀로 그리고 더불어 존재의 삶을 향해 가게 될 것이라는 예언이 아닌가. 도마복음 말씀 12 '의로운 야고보'에게 가게 될 것이라는 표현의 상징성과 만날 수 있는 지점이 바로 거기다. 탈종교 시대에 흩어져 홀로의 자리에서 자신의 자신 됨을 향해 서 있는 이들에게 보내는 메시지가 아닌가.

의인 야고보(James)는 구약의 야곱(Jacob)에서 유래한 이름이다. 히브리어 야곱이 헬라어 야고보가 된 것이다. 야고보의 상징성은 야곱에게 함축되어 있는 것을 통해 더 깊이 탐색할 수 있다.

야곱은 이삭의 둘째 아들이다. 이삭이 '자유'를 상징한다면, 자유자가 낳는 처음은 자유주의자, 자유만을 극단으로 추구하는 '에서'이고, 자유자는 쌍둥이 두 번째 아들 '야곱'을 낳는다. 야곱은 자유자 이삭의 두 갈래 길에서 두 번째 '사랑'의 상징이다.

자유자가 낳은 오직 자유의 추구자, 에서는 미워하고 야곱은 사랑한다는 문학적 표현에서 알 수 있듯, 야곱은 자유자가 가게 될 또 다른 하늘과 땅이다. 자유자 이삭은 그가 낳은 에서로 그의 자유가 완성되지 않는다. 자유는 그가 낳은 두 번째 아들, 야곱을 통해 비로소 자유의 속 알이 채워진다. 자유에게 자유는 외피라면 그 속을 채우는 것은 야곱이니 곧 그 속 알은 사랑으로 채워질 때 비로소 자유는 완성된다. 자유가 자유로 있을 때, 언제나 시끄럽고 갈등과 다툼을 유발한다. 자유가 사랑과 긍휼에 의해 그 속이 채워질 때 비로소 속 알, 자유는 비로소 자유로 존재하고 사랑으로 자유가 완성된다는 뜻이다. 자유가 자유로만 있고자 할 때 자유는 자유가 아니다. 자유는 그의 자유를 통해 사랑을 낳을 때 비로소 자유는 자유로 완성된다. 자유가 낳은 사랑이 아니면 사랑은 언제나 무거운 짐이요, 율법 중 율법이다. 자유가 낳은 사랑이어야 비로소 사랑은 사랑이 된다. 사랑은 계명이 아니라, 그대의 자유가 낳은 것일 때 사랑은 짐이 아니고 무거움도 아니며 후회도 없다. 그대의 자유가 선택한 것일 때만 사랑은 비로소 사랑이다.

각각 홀로 흩어져 살게 되는 디아스포라의 운명은 언제나 그의 존재다움으로 생명의 세계가 피어나고 그의 존재다움은 생명 나무의 아름다운 열매인 케세드(인애)와 함께 사랑을 통해 온전해진다. 예수가 떠나가고 나면 디아스포라가 된다. 흩어져 각각 홀로 그리고 더불어 가야 할 곳은 의로운(ΔIKAIOC 디카이오스) 야고보에게 가게 될 것이다. 그곳은 자유자 이삭이 비로소 야곱으로 자유의 속 알이 채워지는 새로운 하늘과 새로운 방식의 땅이 존재하는 곳이다. 성서에서 말하는 의로움이란? 하나님의 의(ΔIKAIOC 디카이오스, 디카이오쉬네)는 오로지 만물이 만물다움에서 피어나는 생명의 꽃에만 붙일 수 있는 표현이다.

인간에게 진정한 의란, 각자의 각자다움이 꽃피는 것만을 '의로움' 곧 옳다고 할 수 있다. 개나리는 개나리다워야 옳고, 장미는 장미다워야 옳다. 그대는 오로지 그 누구의 영향력 아래, 타자 지배 아래에 식민백성으로 있는 게 아니라, 오로지 그대 안의 신성, 곧 그대 안의 숨어 있던 하나님이 일깨워져 그대의 모습으로 꽃피는 것, 그것만이 그대에게 옳음이요, 의로움이다. 의로운(ΔIKAIOC) 야고보의 상징성은 모든 각 개인이 타자 지배를 벗어나, 신의 지배를 벗어나, 자신의 존재로 꽃피는 것, 그대 안에 있는 신성이 죽어 있지 않고 존재로 꽃피는 것, 그것이 '하나님의 의'요, 그대의 옳음이고 그대의 의로움이다.

의로운 야고보에게 가게 되리라는 것의 상징이 아닐까.

말씀 13 말할 수 없는 세 마디

예수가 그의 제자들에게 말했다.
"내가 누구와 같은지 비교하고 내게 말하라."
시몬 베드로가 그에게 말했다. "당신은 거룩한 천사와 같습니다."
마태가 그에게 말했다. "당신은 마음의 사람 철학자와 같습니다."
도마가 그에게 말했다. "선생님(ca2),
내 입으로는 전혀 그것을 말할 수 없다는 것을 받아들여요."
예수가 말했다. "나는 너의 선생이 아니다.
너는 마시고 있기 때문이다. 너는 내게 속하고
내가 전한 넘치는 샘에 취해 있다."
그다음 그를 데리고 물러가서 그에게 세 마디를 말하였다.
도마가 그의 동료들에게 돌아왔을 때, 그들이 그에게 물었다.
"예수께서 네게 무어라고 말했는가?" 도마가 대답하였다.
"만일 내가 너희에게 그가 내게 한 말 중 한 마디를 말한다면,
너희는 돌을 들어 나를 칠 것이다.
그러면 돌들로부터 불이 나와 너희를 태워 버릴 것이다!"

도마복음 말씀 13의 앞부분과 유사한 이야기 구조가 공관복음에 나타난다. 가이사랴 빌립보에서 제자들과 주고받는 대화에서 예수는 "사람들이 인자를 누구라 하느냐?"고 묻는다(막 8:27 -33/ 마 16:13 -23/ 눅 9:18 -22).

예수께서 가이사랴 빌립보 지방에 이르러 제자들에게 물어 가라사대 사람들이 인자를 누구라 하느냐 가로되 더러는 세례 요한, 더러는 엘리야, 어떤 이는 예레미야나 선지자 중의 하나라 하나이다 가라사대 너희는 나를 누구라 하느냐 시몬 베드로가 대답하여 가로되 주는 그리스도시요 살아 계신 하나님의 아들이시니이다(마 16:13 - 23)

도마복음 말씀 13은 전혀 다른 답변이 기록된다. 베드로는 말씀 12 의로운(ⲆⲒⲔⲀⲒⲞⲤ, 디카이오스) 야고보에 나오는 디카이오스를 이어받아 의로운 천사(ⲚⲞⲨⲀⲅⲅⲉⲗⲞⲤ ⲚⲆⲒⲔⲀⲒⲞⲤ 엔유앙겔로스 엔디카이오스)라고 답한다. 마태는 현명한 철학자(ⲚⲞⲨⲢⲱⲘⲉ ⲘⲪⲒⲖⲞⲤⲞⲪⲞⲤ ⲚⲢⲘⲚ ⲌⲎⲦ, 엔유로메 엠필로소포스 엔에르에멘헤티)라 하고 도마는 '선생님(ⲠⲤⲀϨ 프사흐, Master), 나는 내 입으로 당신이 누구를 닮았는지 온전히 말할 수 없습니다.'고 답한다.

베드로의 의로운 천사는 공관복음에 주는 "그리스도시요, 살아계신 하나님의 아들입니다"에 상응한다. 물론 같은 말의 다른 표현이라고 하기에는 관점에 따라 해석이 다를 수 있다. 이로 보건대, 예수는 제자들 저마다의 관점과 입장에 따라 각기 그 정체성이 다르다는 걸 알 수 있다. 공관복음서에 "주는 그리스도시요, 살아계신 하나님의 아들이십니다" 역시 마찬가지다. 이는 베드로와 제자들의 관점에서의 그리스도요 살아계신 하나님의 아들이다. 즉, 이스라엘을 회복할 왕으로서의 메시아이고, 또 하나님의 아들이다. 이는 세상 임금 예수로 예수를 바라보고 있다. 누구나 예수를 자기 욕망의 투사체, 그것으로 예수의 정체성을 삼고 있다는 말이다. 예수의 자기 정체성과 제자들이 바라보는 예수의 정체성은 다르다. 또한 제자들마다 조금씩 다르다.

도마복음은 도마의 관점에서 기록하고 있음을 말씀 13에서 알 수 있다. "선생님, 당신은 누구와 같은지 나는 전혀 말할 수 없습니다."라고 도마가 말하고 있다. 선생님의 정체에 대해서는 아직 알 수 없고, 파악되지 않는다는 말이기도 하다. 혹은 몇 마디 말로 규정할 수 있는 게 아니라는 것으로 볼 수도 있다. 그동안 그가 가졌던 여러 형태의 예수상이 사라지고 지금은 무엇이라 말할 수 없는 것, 그러나 여전히 예전의 습성에 따라 선생님의 호칭은 계속되고 있다. 도마의 말 속에는 이미 예수에 대한 도마의 규정이 담겨 있다. 선생님!(ⲡⲥⲁϩ 프사흐, Master)이라는 호칭이 바로 그러하다.

이때 예수는 도마에게 공관복음에서의 반응과 다른 모습을 드러낸다. 공관복음에서는 제자들의 대답을 듣고 인자가 받을 고난과 죽음을 예고한다. 도마복음에서는 도마의 대답에 다음과 같이 반응한다.

예수가 말했다. "나는 너의 선생이 아니다.
너는 이미 마시고 있기 때문이다.
너는 내게 속하고 내가 벌써 경험한(ⲱⲓ, 정확히 측정된)
솟아나는 샘물을 마시고 있다."

그러므로 더는 내가 너의 선생이 아니라는 선언이다. 말씀

12와 연관하면, 바로 이곳이 의인 야고보의 길이 아닌가. 각자의 배에서 솟아나는 샘물로 자기 갈증을 해소하는 것, 더는 예수의 가르침을 통해 목마름을 해소하는 것이 아니라, 각자의 샘에서 생수를 마시게 하는 것을 향해 있다. 이제는 더는 선생이 아니라, 네 안에 기름 부음이 그대를 가르치게 될 것이고 그곳이 그대에게 펼쳐진 길이라는 것이다. 처음 하늘과 땅이 지나는 이야기가 사실은 말씀 13에서도 계속되고 있다.

베드로와 마태는 아직 예수에 대한 이해가 처음 하늘 아래의 방식에 속해 있다. 사람들이 여전히 예수에 대해 의로운 천사(그리스도시요, 살아계신 하나님의 아들)요, 다윗의 자손 예수라는 호칭에는 그 같은 메시아관이 담겨 있다. 사람들은 예수를 여전히 다윗의 자손 예수로 호칭하나 예수는 스스로를 그 같은 정체성으로 인식한 적이 없다. 다윗의 자손 예수라는 호칭 속에는 제자들과 민중들의 열망, 이스라엘을 회복할 왕으로 오시는 메시아관이 담겨 있다. 예수는 스스로 단지, '사람의 아들(인자)'이라고 칭하므로 그 같은 민중의 메시아관에 부응하지 않는다. 도리어 단호하게 스스로를 '사람의 아들'이라 칭하고 있다.

때가 되면 선생의 호칭조차 거둔다. 제자들이 예수를 떠나 스스로의 샘에서 생수를 마시는 것으로 안내하고 있다.

그다음 그를 데리고 물러가서 그에게 세 마디를 말하였다.
도마가 그의 동료들에게 돌아왔을 때, 그들이 그에게 물었다.
"예수께서 네게 무어라고 말했는가?" 도마가 대답하였다.
"만일 내가 너희에게 그가 내게 한 말 중 한 마디를 말한다면,

너희는 돌을 들어 나를 칠 것이다.
그러면 돌들로부터 불이 나와 너희를 태워 버릴 것이다!"

예수가 도마에게 은밀히 말한 세 마디는 무엇일까? 도마는 베드로와 마태에게 세 마디를 전할 수 없다고 한다. 그 말을 전하면 돌을 들어 내게 던질 것이기 때문이란다. 그러면 돌에서 불이 나와 도리어 너희를 태워버릴 것이라는 알아들을 수 없는 말을 하고 말씀 13은 다른 기록을 남기지 않는다.

도마에게 했다는 세 마디가 무엇일까. 우리 또한 궁금하다. 여전히 예수를 의로운 천사로 여기는 이들이 감당하기 어려운 세 마디일 것이다. 예수를 현명한 철학자로 여기는 마태는 감당할 수 없는 말일 것이 틀림없다. 예수는 독생자요 성육신하셔서 인류의 죄를 대속하기 위해 오셨고, 하나님 보좌 우편에 앉아계시다가 다시 오실 것이라는 데에 예수의 정체성을 두고 있는 이들은 도마에게 말한 세 마디를 결코 감당할 수 없을 것이다.

예수는 마스터이거나 의로운 천사이거나 현명한 철학자여야 하는 이들에게 마스터도 아니요 의로운 천사도 아니요 현명한 철학자가 아니라면 어쩌란 말이냐. 예수는 구세주여야 하고, 예수는 우리에게 복을 주시는 이여야 하는 것을 어쩌랴.

도마복음은 이제 처음 하늘은 사라져야 한단다. 마태나 베드로가 말한 예수의 정체성은 한시적이고 이제 더는 그러한 정체성에 머물 수 없다. 모세도 엘리야도 예수도 한시적이고 잠시 머물게 되는 초막집이라는 게 성서의 증언이다. 이 점에서 도마복음도 다르지 않다. 세 마디를 들으면 제자들이 인식하고 있는 예수에 대한 정체성이 무너지게 될 위험이 있다. 도마의 말은 그걸 경계하려는 것이다. 인자가 장로들과 대제사장들에게 고난을 받고 죽음에 이르게 될 것을 비로소 말할 때, 베드로는 예수를 붙잡고 "간하여 말하되 그리마옵소서"라고 공관복음서에 기록하지 않는가. 여기 '간하여 말하되'는 '에피티마오'다. 꾸짖어 말하는 것이다. 베드로의 그리스도는 그런 그리스도가 아니라는 항변이고 베드로가 갖고 있던 메시아의 정체성이 완전히 무너지게 되는 예수의 말에 화를 내는 것이다. 베드로가 예수에게 꾸짖어(간하여) 말하듯, 만일 도마의 세 마디는 베드로의 불같은 화를 돋게 할 것이고, 돌을 들어 도마를 치려 할 것이다. 하여 아직은 말할 수 없단다.

세 마디가 무엇일까? 예수만이 길이고 진리고 생명이라는 게 온통 그를 따르는 이들의 이구동성(異口同聲)이 아닌가.

그런데 도마에게 은밀하게 말하기를 이제 그대는 그대의 배에서 터져 나오는 생수의 강에서 물을 마시니 더는 선생이 필요 없게 되었구나.

1. 그대가 그대 자신에게 길일세 2. 그대가 그대 자신에게 진리일세. 3. 그대가 그대 자신의 생명이니 또 다른 누군가가 더 필요할까. 이제 그대는 선생이 필요 없으니 참으로 축하하고 축하하네.

이것은 기록에 없는 세 마디를 내가 추론해 본 것이다. 도마에게 속삭이는 세 마디 속삼임이 내게는 그렇게 들려와 해석을 달아볼 뿐이다.

그러나 베드로와 마태를 옆에 두고 도마만을 살짝 이끌어

귓속말로 속삭이는 예수의 퍼포먼스 상징성은 때가 된 도마에게 무엇보다 스스로 깨달은 세 마디가 타인이 전해주는 열 마디와는 비교할 수 없다는 것을 알려주려 함이 아닐까. 만일 세 마디 중 하나라도 도마가 다른 제자에게 전해준다면, 그것은 이미 베드로와 마태와 상관없는 단지 도마의 깨달은 말씀이기에 베드로와 마태에게는 그것이 아무리 귀한 깨달음이라 해도 타자의 말에 불과하다. 이를 알려주기 위한 퍼포먼스라고 보는 게 타당하다.

이제부터는 누구나 타인이 전해주는 열 마디 혹은 수백 마디의 깨달은 말보다 자신 안에서 들려지는 세 마디의 깨달은 말씀이 자기 존재와 자기 생명을 이루게 한다. 존재의 나무로 자라가게 한다. 타인에게서 전해 들은 깨달은 말씀을 금지옥엽으로 삼게 되면 그것은 언제나 선악의 지식이 되어 타인을 찌르고 마침내는 자신을 불사르게 하는 법으로 작용하더라.

이 퍼포먼스에서 소외(?)된 베드로와 마태는 그들이 규정하고 있는 예수의 정체성으로 인해 아직은 의로운 천사의 말을 들어야 하고, 아직은 현명한 철학자의 말을 들어야 하는 때이기에 속삭임의 말을 듣기에는 때가 이른 것을 이 퍼포먼스에서 보여준다. 그러므로 소외된 것은 소외된 것이 아니다. 단지 때가 이르지 않았을 뿐, 예수가 떠나게 된다는 것은 예언으로 남아 있을 뿐 여전히 베드로와 마태는 선생의 말을 들어야 하는 때에 충실할 뿐이다.

말씀 14 금식과 위선

예수께서 그들에게 말했다.
"너희가 금식하면, 너희는 너희 자신에게 죄를 지을 것이다.
너희가 기도하면 정죄를 받을 것이다.
너희가 자선을 베풀 때, 너희의 정신을 해칠 것이다.
너희가 어떤 지방에 들어가서 그 시골을 통과할 때,
너희가 받아들여진다면 너희 앞에 놓여 있는 것을 먹어라.
그들 가운데 마음의 병든 자를 치료하라.
입으로 들어가는 것은 아무것도 너희를 더럽히지 아니할 것이요,
네 입에서 나오는 것이 너희를 더럽히기 때문이다."

금식은 자신에게 짓는 죄

도마복음은 금식하는 것은 자신에게 죄를 짓는 것이라고 단호하게 말한다. 금식하지 말라. 왜일까. 성서에서 최초의 금식은 에덴 이야기에 등장한다. 금식은 본래 선악을 알게 하는 나

무의 열매를 먹지 말라는 것에 있다. 도마복음 말씀 27은 세상에 대하여 금식하라고 한다. 에덴의 이야기에 나오는 금식은 말씀 27에 등장하는 셈이다.

종교인은 대개 선악을 알게 하는 나무의 열매를 먹지 말라는 것을 육체의 음식을 금하는 것으로 대체한다. 육체의 금식은 도리어 선악을 알게 하는 나무의 열매를 먹는 행위다. 금식은 자신의 몸을 해친다. 자기 자신에게 죄를 짓는다.

금욕은 종교의 덕목 중 하나다. 종교는 금욕을 통해 절제의 미덕을 가르치려 한다. 넘치는 욕망의 절제야말로 얼마나 아름다운 덕목인가. 그러나 여기에는 깊은 함정이 숨어 있다. 육체의 금식으로 마땅히 금식해야 할 것을 대신하고 있기 때문이다. 육체는 금식하고 정신은 선악의 열매를 취하고 있다. 이게 종교인의 금식이다.

비만 사회에서 살과의 전쟁. 금식 요법은 그저 식이조절을 통해 건강을 관리하는 것이다. 거기선 선악의 열매를 취하지 않는다. 식이요법의 방편으로 하는 금식은 그의 정신을 해치지 않는다. 그러나 종교인의 금식은 자신의 몸에 죄를 짓는 것과 함께 도리어 먹지 말라고 한 선악의 열매를 먹고 있다는 역설이 발생한다. 금식이 곧 의(義)가 되고 금식하며 신에게 자신의 다른 욕망을 구하고 있다. 도마복음은 이런 점에서 단호하다. 예수의 광야에서 40일 금식의 이야기는 비록 음식을 먹지 않는 것으로 표현되지만, 어찌 육체의 금식 이야기일까.

제자들은 예수와 함께 있는 동안 금식하지 않는다.

이를 의아하게 여긴 요한의 제자들이 묻는다.

그 때에 요한의 제자들이 예수께 나아와 가로되 우리와 바리새인들은 금식하는데 어찌하여 당신의 제자들은 금식하지 아니하나이까 예수께서 저희에게 이르시되 혼인집 손님들이 신랑과 함께 있을 동안에 슬퍼할 수 있느뇨 그러나 신랑을 빼앗길 날이 이르리니 그 때에는 금식할 것이니라 (마 9:14-15)

금식은 죄다. 금식은 하는 게 아니다. 육체의 음식을 금하는 것을 성서는 금식이라 하지 않는다. 선악의 열매를 금식할 수 없으니 육체의 음식을 금하는 것으로 먹지 말아야 할 것을 대체하고 있는 게 종교인의 금식이다. 먹지 말아야 할 것은 먹고 먹어야 할 것은 먹지 않는다. 금식이 무엇인지 모르기에 육체의 음식을 금하는 종교 행위를 하는 거다. 금식은 신랑을 빼앗겼을 때 찾아오는 것이다. 선악을 알게 하는 것을 먹을 수밖에 없는 것이 인생이다. 선악으로 사는 게 인생이다. 선악의 정점에 세운 존재가 떠나갈 때 비로소 선악의 양식을 멈추게 되고, 그때 비로소 세상에 관하여 금식하게 된다.(말씀 27)

기도는 자신을 정죄하는 것

도마복음은 기도하지 말라고 한다. 기도는 자신을 정죄하는 것이다. 기도는 대접에 자신의 욕망을 가득 담아 하늘에 올리려는 행위다. 기도하는 만큼 죄를 쌓는 것이다.

성서는 쉬지 말고 기도하라고 하지 않던가. 구하고 찾고 두드리라는 게 성서의 말씀 아닌가. 그러므로 성서와는 상반된 이야기를 하고 있으니 누군가에게 도마복음은 영지주의 문서고 믿을 수 없는 이단 사설이다. 도마복음을 단순하게 읽게 되면 성서와 충돌하는 것으로 읽게 된다.

산상수훈을 읽어 보라.

예수는 제자들에게 이방인의 기도와 너희가 해야 할 기도를 나눠서 가르친다. 해서는 안 되는 기도와 해야 할 기도를 나눈다. 이방인들은 중언부언하고 있다고 한다. 말더듬이요 무의미한 말을 반복해서 하는 기도다. 인생은 이미 기도하고 있다. 갓 태어난 어린아이는 누가 가르쳐주지 않아도 엄마의 젖을 문다. 기도하고 있다. 농부는 밭에 나가 쉼 없이 일한다. 이미 기도하고 있다. 누구나 기도한다. 누구나 육체는 그가 필요한 것을 이미 기도하고 있다. 누구나 기도한다. 그런데 무슨 기도를 또 한다는 말인가. 기도에 덧붙여 이미 온몸으로 구하고 있는 바를 의미 없는 말로 다시 되풀이한다. 이게 종교가 요구하는 기도 행위다. 의미 없는 말로 되풀이 하는 것을 한없이 반복한다. 물론 그 자신에게는 의미가 있을 테지만 주문 외우듯 하는 기도는 어느덧 기도의 양(量)으로 자기 의를 삼고 선으로 삼는다. 그것이 죄다. 먹지 말아야 할 음식을 먹는 셈이다. 화를 쌓는 행위다. 자신의 무의식에 업보를 차곡차곡 쌓고 있으니 죄일 뿐이다. 대접 재앙의 때에 모두 쏟아 놓게 된다.

예수는 거리 어귀에서 소리 높여서 하는 기도 행위는 이방인의 기도이니 너희는 그렇게 기도하지 말라고 한다. 골방에 들어가 문을 닫고 기도하란다. 기도란 본디 무역(exchange)이다. 내어놓고 새로운 것을 얻는 행위다. 골방에서 비우고 새로 채우는 것이다. 멈추고 새로 바라보는 것(止觀), 진공에서 묘를 보는 것, 진공묘유(眞空妙有)가 기도다. 예수께서 가르쳐주는 새로운 기도의 형태다. 프로슈코마이(προσεύχομαι to exchange wishes)의 본래 의미이기도 하다. 육신의 생각을 내어놓고 영의 생각으로 숨을 쉬는 것이 프로슈코마이다. 골방에 들어 문을 닫는다는 것은 삼매(三昧)에 듦이다. 그곳에서 자연스레 인자의 기도문이 성취된다. 적멸(寂滅) 곧 적정(寂靜)의 상태에서 멈추고 다시 보는 것, 이것을 떠나 하는 모든 행위의 기도는 자신의 죄를 수미산처럼 높이 쌓아 올리는 것에 불과하다. 그러므로 기도 역시 하는 게 아니라 찾아옴이다. 골방에 어느덧 들어감이다. 기도를 멈출 때 기도가 찾아온다. 믿음을 내려놓을 때 믿음이 찾아오듯 기도를 내려놓을 때 자신도 모르게 어느 순간 삼매에 든다.

기도하지 말라. 너희가 기도할 때 너희는 정죄를 받을 것이다. 도마복음의 놀라운 가르침이다. 더구나 너희가 자선을 베풀 때, 너희는 너희의 정신을 해칠 것이라고 한다. 무슨 말인가. 자비와 긍휼로 구제와 자선을 베푸는 것은 종교인이 지향해야 할 최고의 덕목이 아닌가. 노블레스 오블리주(Noblesse oblige)는 귀족의 사회에 대한 도덕적 책무가 아니던가. 갈수록 심화하는 양극화의 해소에 적극 권장해야 할 덕목인 자선과 구제가 정신을 해치는 행위라고 가르치는 도마복음은 현대 사회의 도덕률과도 충돌하는 게 아닌가.

그렇다. 도마복음은 한 걸음 더 들어가야 한다. 노블레스 오블리주 곧 귀족의 도덕적 책무라는 미명으로 자신의 온갖 부도덕을 덮는다. 자신의 오염된 정신을 감추는 위선과 가면이 거기에 있다. 구제와 자선이라는 행위가 자신을 정면으로 마주할 기회조차 박탈하고 만다. 그러므로 자선과 구제는 자신의 정신을 심각하게 해친다. 다른 말로 하면 자선은 없다. 구제도 없다. 자선이라는 말은 위선이다. 구제도 위선이다. 자선과 구제는 선으로 위장하는 위장술이다. 누가 누구에게 자선을 베푼다는 말인가. 혹여 누군가가 가진 것을 나눈다면, 그것은 자선이거나 구제가 아니라 함께 나눔이다. 함께 나누는 것에, 자선이라거나 구제라는 이름을 붙여 자신의 선(善)으로 만들어야 직성이 풀리는 것은 그만큼 강퍅하다는 것이고 감출 게 많다는 것을 드러낼 뿐이다. 선이라는 옷을 지어 입어야 수치를 감출 수 있다는 말이다.

누가 베푸는 자고 누가 베풂을 받는 자인가. 시혜를 베푼다는 의식이 있다면 그대는 시혜를 받는 자에게 시혜로 폭력을 가하고 있다. 그대 자신의 정신을 해치는 행위다. 그러므로 자선이라는 건 도대체 없다. 구제할 때에 오른손이 하는 것을 왼손이 모르게 하라는 뜻은, 그것이 자선이고 구제여서는 안 된다는 의미다. 자선이 되는 순간 그것은 그대에게 화가 미치기 때문이다.

"너희가 어떤 지방에 들어가서 그 시골을 통과할 때, 너희가 영접을 받을 때, 너희 앞에 놓여 있는 것을 먹고 그곳에 있는 병자들을 치료하라. 너희의 입으로 들어가는 것은 아무것도 너희를 더럽히지 않을 것이고, 너희의 입에서 나오는 것이 너희를 더럽힐 것이기 때문이다."

　무슨 뜻인가. 금식하지 말고 너희 앞에 있는 것을 먹으라고 한다. 나와 다른 문화와 생활 양식, 그리고 다른 음식을 차린다 해도 만일 영접을 받는다면, 그들이 차린 음식에 대해 금식하지 말고 먹으라 한다. 그리고 그곳에 있는 병자들을 치료하란다.

　내가 먹는 음식이 아니어서 그들이 차린 음식을 금식하게 되면 그들을 치료할 수 없단다. 입으로 들어가는 것이 사람을 더럽게 하는 것이 아니라 입에서 나오는 것이 사람을 더럽게 한다. 차려준 음식을 거절하는 것은 그들의 영접을 거절하는 것이다. 차려주는 음식을 먹어라. 금식하지 말라. 그것이 그대를 결코 더럽게 하지 않을 테니. 그가 그대를 영접하면, 그대도 그를 영접하라.

　그가 차린 음식을 먹는 것으로 그를 영접하라. 부정하려고만 하지 말고, 너는 틀렸다고 지적질하려고만 하지 말고, 선과 악으로 분별하려 하지 말고(입에서 나오는 것으로 더럽히지 말고) 우선 먼저 그의 말을 충분히 들어주고 공감하라는 뜻이다. 그것을 들어주고, 그가 차린 음식이 내 입맛에 맞지 않는 것을 먹는다고 해서 그대가 더러워지는 것이 결코 아니니. 그러고 나서 그곳에 있는 병자들을 치료하자. 소통과 유통의 지혜가 거기에 있다.

　그곳에서 그대는 그대 자신이 선악 나무 중 하나인지, 생명 나무 중 하나인지를 보게 되리라.

말씀 15 여인에게서 태어나지 않은 자

예수가 말했다.
"너희가 여인에게서 태어나지 않은 자를 볼 때,
너희의 얼굴을 숙이고 그를 찬양하라,
그는 너희의 아버지이기 때문이다."

천사들이 가로되 여자여 어찌하여 우느냐 가로되 사람이
내 주를 가져다가 어디 두었는지 내가 알지 못함이니이다
(요 20:13)

예수는 동정녀 마리아에게 태어났고, 세상 임금 예수는 베드
로와 제자들, 그리고 마르다와 마리아가 낳는다. 이스라엘의 왕
으로 오시는 예수는 베드로와 그의 제자들과 이스라엘 민중이
낳는다. 마리아와 그를 따르던 여자들이 세상 임금을 낳고 또
기른다. 모름지기 여자가 세상 임금을 낳고 일곱 머리와 열 뿔
을 가진 짐승을 타고 그 위에 앉아 있다. 땅의 임금들을 다스
리고 있고 큰 성을 이루고 있는 게 아닌가.

아뿔사, 내게 은총을 베푸시고 천국을 가져다주는 전지전능하신 하나님은 누구인가. 내가 낳고 키운 내가 만든 신이다. 나의 욕망이 그려놓고 그 앞에서 절을 하며 더 위대한 신으로 조각하고 또 조각하여 하늘 어귀에 모셔 놓고 그를 예배하고 있다. 농경의 신이 도시인의 신으로 바뀌고 증권 지수와 같이 등락을 거듭하는 변신의 귀재가 아닌가. 만인의 형편에 따라 변모하는 저 하늘 어귀의 신은 참으로 신묘한 재조(才調)를 갖고 있다. 각인의 형편에 따라 천변만화가 가능한 신이다.

여전히 찬란한 오방색으로 서구의 지성이 전해준, 소개받은 서양 엘로힘은 서구의 여자(천재적 지성으로 불리는 어거스틴, 토마스 아퀴나스, 깔뱅의 후예들)가 예쁘게 깎아 금으로 도금하여 눈부시게 만들었다. 차마 눈을 뜰 수 없도록 찬란한 신이다. 가상 세계의 꿈은 무엇이든 꿀 수 있고 원하는 모든 것을 성취케 해주신다는 서양의 서낭당 귀신이 서구의 엘로힘 아닌가. 그렇다. 여자가 낳고 키운 신이다. 짐승의 다른 이름이 엘로힘이요, 그가 다시 내게 다가와 선악을 알게 하는 지식의 나무 열매를 먹으라고 속삭였다. 뱀이고 하늘의 용이다. 뱀은 여인을 낳고 여인은 또 짐승과 용을 낳고 키우고 그 앞에 충성을 맹세한다. 종교의 형편이 이와 같다. 마약에 취해 행복을 노래하나 죽음의 행렬이더라. 전쟁의 신이더라. 그는 폭력의 아르케가 아닌가.

따라서 여인이 낳지 않은 신은 없다. 창조주 엘로힘도 여자가 낳은 신이다. 전지하고 전능한 신도 그의 창조자는 여인이다. 여인은 신을 낳고 또 신은 여인을 낳는다. 여자는 언제나 큰 자를 낳고 또 낳으며 큰 성을 다스린다. 천하의 임금을 다스리는 존재는 바로 여인으로 비유된 우리 자신이라는 말이다.

그런데 여인이 낳은 세상 임금이 죽었다. 베드로와 제자들이 낳은 세상 임금 예수가 죽었다. 마리아와 마르다가 낳은 예수가 죽어 무덤에 있다. 세상 임금의 시체가 사라졌다고 무덤가에서 여인들이 울고 있다. 자신들이 낳은 세상 임금이 죽었고, 죽은 시신마저 사라졌다고 여인들이 울고 있다. 그들의 신이 죽은 것이다.

신의 부고(訃告), 신의 부음(訃音)을 알리는 소식이 골고다의 언덕에서 들려온 지 이천년이 지났다. 신은 죽었으나 여전히 신은 죽지 않았다. 한 세기 전쯤 신의 부음을 다시 알리는 전령이 있었으니 니체 아닌가. 그러나 여전히 그 신은 또 살아났다. 가히 변신의 귀재다운 면모를 유감없이 발휘하고 있다. 후대의 여인들이 다시 낳고 키우고 있다. 죽은 신은 죽지 않고 사망으로 그의 권세를 계속 이어간다.

도마복음은 고(告)한다. 여인이 낳지 않은 자, 그가 곧 그대의 아버지라고. 그대가 낳고 키운 신이 아닌 이를 만나거든 그에게 입맞춤하란다. 그가 곧 그대를 새롭게 낳는 그대의 아비라는 것을.

신은 모시는 게 아니다. 시천주(侍天主)는 시천주(侍天主)가 아니다. 시천주(侍天主)는 생천주(生天主)요 기천주(起天主)여야 한다. 모시는 신은 이제 신이 아니다. 신의 죽음을 알리는 부음(訃音)의 자리에서 여인이 낳지 않은 자를 다시 만난다. 갈릴리 해변에서 새벽에 다시 만난 예수는 베드로가 낳고 베드로가 상상하는 가상 세계의 판타지를 충족시켜줄 세상 임금 예수가 아니다. 베드로가 낳고 물을 주고 키운 예수는 죽었다. 세상 임금의 흔적인 시체조차 찾을 수 없어 울고 있는 그에게 그가 낳은 적이 없는 다른 예수가 서 있다. 생천쥬(生天主)하니 신기(神起)요, 신기(神起)하니 신기(神氣)한다.

베드로와 예수가 다시 마주하고 있다. 이른 새벽 갈릴리 해변에서 만난 베드로와 예수는 이전의 베드로와 이전의 예수가 아니다. 처음 하늘은 떠나갔다. 다른 베드로와 다른 예수의 만남이다.

신의 죽음에서만 신의 부활이 찾아온다. 부활의 신이 그대를 새로 낳으니 그대의 아버지라. 하늘 어귀에 있는 신이 죽어야 휘장 너머의 그가(HE) 그대 자신을 새로 태어나게 하니 그대의 아버지요, 그는 그(HE)로만 있는 것이 아니라 그대 자신이 되어 신명(神明)을 드러낸다. 그에게 입맞춤하라. 그에게 경배하라.

여인이 낳지 않은 자를 만난다는 것은 경천동지(驚天動地)요, 혁명적 사건의 찾아옴이다. 신의 사망을 알리는 전령이 되고, 또 신의 부활을 급하게 타전하는 천사가 되는 일 아닌가.

그대는 어찌하여 신의 죽음을 알리려 하지 않는가.
신의 사망을 알리고 신의 죽음에 삼가 조의를 표하자.
그리고 더는 그 신에게 미련을 두지 말자.
첫사랑의 추억에 언제까지 미련을 가지려는가.
여자여 어찌하여 우느냐?
여자여 어찌하여 신이 죽었다고 우느냐?
여인이 낳지 않은 자를 만난다는 도마복음의 표현은 신의

죽음과 신의 부활을 동시에 알리는 신부생고(神訃生告)에 대한
도마만의 암구호 코드요, 전문(電文)이고 모스부호다.

말씀 16 가족 전쟁과 모나코스

예수가 말했다.
"진실로 사람들은 내가 세상에 평화를 주러 왔다고 생각한다.
그러나 그들은 내가 세상에 불, 칼,
전쟁을 주러 왔다는 것을 깨닫지 못한다.
진실로 만일 한 집 안에 다섯이 있다면,
그들은 셋이 둘과, 둘이 셋과,
아버지가 아들과, 아들이 아버지와 싸울 것이다.
그리고 그들은 단독으로 서 있을 것이다."

불, 칼, 전쟁

다섯이 있는 한 집안의 다툼에 대한 비유는 성서의 에덴 이야기다. 아담과 하와 가인과 아벨 그리고 셋이다. 모든 신화는 인간 의식의 다양한 면을 반영한다. 한 집안에서 다섯이 다투는 이야기도 마찬가지다. 아담과 그의 가족 이야기는 도마복음 말씀 16을 주석한다. 도마복음 말씀 16은 에덴의 아담 이야기를 두세 문장으로 압축하고 있다.

예수는 집안에 불을 던져 평화를 깨트리고 칼로 형제를 죽이는 전쟁의 과정을 거쳐, 마침내 단독자에 이르는 여정에 초대하고 있다는 것을 숨기지 않는다. 예수가 주려는 평안은 세상이 주는 평안과는 다르다. 잠시 심리적 안정이거나, 그대의 결핍된 욕구 충족을 통해 불안을 잠재우는 평안이 아니다. 인생은 신을 통해 끊임없이 자신의 욕구를 충족하려 한다. 천국을 소망하는 것도 그러한 평안을 구하려는 소산물이다. 천국은 여기 있거나 저기 있거나 이다음에 있는 것인가. 그런 천국은 없다. 하나님 나라는 바로 그대 안에 있다는 것이 성서의 한결같은 주장이다. 예수는 그곳에 불을 던지러 왔단다. 칼을 주고 전쟁을 일으키려 한다.

아담은 의식의 영역에서 남성적 영성이다. 하아다마로부터 아담 아파르가 되었다. 그리고 네샤마(창 2:7)의 숨결로 숨 쉬는 존재가 아담이다. 그 의식이 약육강식의 강퍅한 황무지와 사막에서 벗어나 본질적인 쉼을 얻으려는 정신적 속성이 누구나 있다. 그 같은 영성을 향해 있는 속성이 아담이다.

에덴 이야기에는 단독자 '셋(Seth)', 마침내 하나님의 형상과 모양의 사람인 '셋(Seth)'이 태어나기까지 짧은 이야기에 수많은 서사가 담겨 있다. 에덴의 경작과 하와와의 결혼, 뱀의 등장, 선악과와 생명과, 형제의 갈등과 살인 그리고 가인이 쫓겨나는 이야기, 다시 태어나는 셋. 단독자, 하나님의 형상과 모양의 사람을 낳기까지 대하 드라마가 들어 있다. 의식의 다양한 갈등과 변화를 담고 있다.

에덴 이야기는 역사적 팩트의 관점에서 읽으면 읽을 것이 별로 없다. 원시 복음과 원시 문학, 설화 문학 속에 담겨 있는 인간의 이야기, 신의 이야기로 읽게 되면 에덴의 이야기는 모든 이야기의 원형적 유형이고, 우리 각자 존재로 나아가는 이야기의 밑그림임을 알 수 있다. 도마복음은 단독자의 길로 다시 태어나는 여정을 다섯이 있는 가족사로 비유하지 않는가.

아담 안에는 다양한 형태의 남성성이 있다. 아담에는 두 남자가 잠재되어 있다. 아브람과 아브라함이다. 남성성의 두 존재 유형이다. 의식의 세계, 자신의 존재를 찾아 여행하는 이들에게 먼저 드러나는 남성성은 아브람이다. 아브라함의 유형은 숨어 있을 뿐, 곧장 드러나지 않는다. 물론 아브라함 이야기는 '믿음'이 전개될 때의 이야기다.

에덴의 아담 이야기에서는 아브람과 아브라함 두 유형으로 남성성의 모습을 분화시켜 서술하지 않는다. 원시 복음의 간결성이다. 아담에게는 아브람과 아브라함의 두 속성이 혼재되어 있다. 에덴 이야기는 그렇게 이야기를 써 내려간다. 아담의 허리에 아브람과 아브라함을 품은 채 영성을 지향하는 것이 아담이요, 그것이 우리 의식의 남성성이고 남편이다.

고유명사 하와(חוה 하바)는 히브리어 존재 동사 '하야(היה)'와 그 어원이 같다. 하야와 하바는 모세 때까지 사용되었을 것으로 추정되는 아람어 하바(חיה)에서 유래했다. 언어의 뿌리에 담겨 있는 본래 뜻은, '생명, 살아 있는 것, 생존'이다. 생존은 육체를 존재할 수 있게 한다. 의식의 영역에 하와는 기본적으로 육체의 생존을 바탕으로 욕망하는 속성이 그 의식의 여성이고, 아내인 '하와'다.

하나님은 사람을 창조하되 남자와 여자로 창조했다. 아담과 하와로 창조했다. 생물학적 남성과 여성은 비유다. 의식의 세계에서도 존재의 사람을 창조할 때, 남자와 여자로 창조했다. 그 뜻은 의식의 내면에 하나님의 형상과 모양의 사람을 이루기 위해 남성과 여성을 창조했으니 에덴 이야기 방식으로 아담과 하와다. 욕망이 육체를 생존하게 하는 에너지요 힘이다. 그런 점에서 하와는 모든 생존의 아르케요, 어미다. 하와 즉, 생존본능이 활성화되지 않으면 인간은 본질적으로 존재할 수 없다. 하와는 수용성(受容性)을 바탕으로 생존을 욕구하는 감성이다. 우리 정신은 남성성과 여성성을 함께 지니고 있다. 남성적 성질은 자발성(自發性, spontaneity)이다. 타인의 영향을 받지 않고 자신의 생각과 판단 때문에 말하고 행동하는 성질이다. 하나님의 형상과 모양의 사람으로 창조되는 의식 활동(意識活動)은 좌충우돌하면서 진행된다. 가족 전쟁사(家族戰爭史)를 비유로 이야기를 전개하는 이유다.

아담과 하와는 이렇게 에덴 이야기에서 결혼과 부부로 비유된다. 모든 인생은 아담의 속성과 하와의 속성의 결합 때문에 여러 형태의 자아를 낳는다. 자녀를 낳게 된다는 말이다. 자녀는 새로 태어나는 정체성을 일컫는 비유다. 의식의 두 속성의 활성화에 의해 자아상이 형성된다. 생존하려는 본능적 속성이 하와다.

하와는 의식의 활동이 작동될 때의 다양한 요소 중, 기본적인 생존 욕구에서 비롯되는 마음의 작용이다. 그러므로 하와는 새로운 자아상을 형성하는 마음의 자궁을 의미한다. 씨를 받아 새로운 자아상을 낳는 마음에도 태(胎)가 있다. 기본적으로 생존을 향한 욕망의 태가 먼저 작동한다. 의식이 낳는 처음 자아상은 소유 지향적 자아상으로 가인을 낳는다.25) 소유가 생존이고 아울러 존재인 셈이다.

그러나 어느덧 전쟁이 시작되고 불이 던져지면, 소유에 목매는 자아상에 의문이 찾아온다. 소유로 형성된 자기 자신의 모습에 의문을 던지게 된다. 자신의 정체성이 학벌이나, 재산의 많고 적음에 있는 것인가. 의문이 찾아오고 두 번째 아들 아벨을 낳게 된다. 아벨(헤벨)은 의식이 새로운 자아상을 찾아 나설 때 형성되는 두 번째 자아상이다. 헤벨은 비움이고 헛됨을 의미한다. 소유가 자신의 진정한 정체성일 수 없다는 것과 무슨 소리냐 적자생존의 세계에서 살아남고 나의 존재를 드러내는 것은 소유에 있다고 하는 두 아들이 그 의식의 내면에 혼재되어 갈등하고 다투는 시기가 찾아온다.

외롭거나 조용한 자리에서는 자신의 정체성에 대해 고민하면서 비움과 나눔을 지향하고 인생의 덧없음을 관조하며, 내려놓고자 하는 자아상이 자라고 있다. 그러나 현실의 첨예한 상황이 도래할 때면 소유 지향적 속성이 더 크게 작동하고, 큰 자이고자 하는 속성에 의해 아벨은 언제나 소외된다.

현실은 언제나 동물의 왕국이고 적자생존의 전쟁터다. 전쟁터에 서기만 하면, 아벨에게 자신의 정체성을 향하던 것이 순식

---

25) קַיִן (카인)은 소유적 존재, קָנָה (카나) '얻다, 획득하다'는 의미의 카나와 같고 '창' '찌르다'라는 의미의 카인과도 같다.

간에 사라지고 소유지향형 정체성이 자신을 이끌어간다. 한 집 안에서, 즉 의식의 활동과 마음의 집(בית 베이트)에서 나타나는 끊임없는 전쟁이다. 형제간의 갈등은 마침내 가인(소유에 자기 정체성을 두려는 자아상)이 아벨을 죽이는 것으로 전개된다. 아담 안의 아브람적 속성이 아내의 말을 듣고 뱀의 씨를 하와의 하갈적 속성의 태에 뿌려 낳은 이스마엘이 하와에게는 가인이다. 인간의 의식과 마음의 활동에는 누구나 이와 같은 속성을 갖는다. 에덴 이야기는 이 같은 의식의 정신 현상을 기술하는 옛사람들의 진술 방식이다. 오늘날 심리학과 인지과학은 물론이요, 뇌과학에서 다루는 것이 포괄적으로 신화적인 이야기에 담겨 있다는 말이다.

아벨이 태어났으나 가인에 의해 죽는다. 다시 아비와 자녀가 전쟁한다. 아담과 가인의 한판 전쟁으로 가인이 광야로 쫓겨난다. 비록 아벨을 죽이고 가인이 상속자가 되는가 싶을 때 소용돌이가 일어난다. 아비와 자녀의 일대 전쟁이 일어난다. 큰 자를 지향하려는 속성에 대해 아비가 처음 아들을 용납할 수 없게 된다. 아비와 아들의 전쟁에서 아들이 광야로 쫓겨난다. 성서의 수많은 이야기에 같은 유형이 등장한다. 맏아들은 언제나 장자권을 주장하고 큰 자로 위세를 부리고 있지만, 형제의 다툼에서 두 번째 아들이 상속자가 되는 이야기가 수없이 많다.

아버지와 아들의 전쟁에서 가인이 쫓겨나고, 죽은 둘째 아들을 대신해서 셋이 태어난다. 그는 곧 가족 간의 전쟁을 거쳐 비로소 하나님의 형상과 모양의 사람인 단독자, 싱글원(MONαXOC, 모나코스)으로 우뚝 세워지게 될 이야기다. 창세기 1장 창조 이야기에서는 여섯째 날 등장하는 하나님의 형상과 모양의 사람이 에덴 이야기에서는 가족 간의 전쟁을 거친 후 하나님의 형상과 모양의 사람인 셋이 마침내 태어나는 이야기가 나온다. 창세기 5장에 이르러서 에덴의 서사는 마무리된다. 이는 모두 우리 의식의 세계에서 일어나는 순례자의 모습이다. 이것은 존재의 사람, 생명의 사람을 향해 있는 순례자의 순서도와 같다.

영적 순례의 프로시저(procedure)요 일종의 영적 프로토콜(Spiritual protocol)이다. 순례자가 경유하는 순서도요 천로역정이다. 순례기의 원형적인 지도(Map)다. 이 지도는 미리 정해진 것과 같아서 바울은 하나님의 뜻을 따라 미리 정해진 것(진설병)으로 표현하고 있다. 이를 깔뱅과 그의 후예들이 선택과 예정 교리로 만들어 지독한 배타적 종교로 기독교를 타락시켰다. 기독교는 깔뱅과 서구신학의 망령에서 해방되어야 그나마 작은 희망이라도 가질 수 있다.

말씀 17 마음에 떠오르지 않은 것

예수께서 말씀하셨습니다. "눈으로 보지 못한 것,
귀로 듣지 못한 것, 손으로 만지지 못한 것,
사람의 마음에 떠오르지 않은 것을 너희에게 주리라."

여인에게 낳지 않은 자를 만나게 되면 그로부터 새로 태어
난다. 그가 아버지가 되고 그로부터 보고 듣는 것, 만지고 마음
에 들이는 것은 이전에 절대 겪지 않았던 것들이다.

베드로는 예수를 통해 이스라엘의 회복을 꿈꿨다. 다윗의 자
손 예수여!라고 예수를 호칭하던 이스라엘의 민중은 예수를 통
해 다윗 왕국의 영광을 그리고 있다. 오늘날 하나님의 영광을
노래하고 천국을 외쳐 부르더라도 다윗 왕국의 변형된 형태요,
다윗 왕국이 관념으로 들어와 있을 뿐 그들이 보고자 하고 듣
고자 하는 것은 이스라엘의 회복을 꿈꾸던 예수 당시의 민중들
과 조금도 다르지 않다.

그들은 예수의 말을 들어도 들리지 않는다. 보아도 보지 못

하고 들어도 듣지 못하고 손으로 만져도 만져지지 않는다. 그 마음에 들이려 해도 절대 들이지 않은 것은 무엇일까.

뒤집어 말하면 제자들은 보고 싶은 것만을 보고 듣고 싶은 것만을 듣는다. 만지고 싶은 것만을 만지고 제 마음에 드는 것만을 그 마음에 들인다. 인생은 누구나 그러하다. 거기에는 예외가 없다. 종교인들이 신을 통해 얻고자 하고 구하고자 하는 것, 그것이 천국이고 축복이고 그 나라와 그의 의라고 이름하더라도 제각각 자기가 보고 싶고 듣고 싶고 만지고 싶은 천국, 제가 생각하는 하나님의 의를 향해 갖은 몸짓을 다 하는 게 인생이고 종교다.

거기 그렇게 예수께서 산상수훈을 들려주고 다락방 강화를 하더라도 그들에게 예수는 이스라엘을 회복할 왕으로 오시는 예수이기에 세상 임금의 말로 듣지 거기 그렇게 계시며 말씀하시는 이의 말을 듣지 않는다. 세상 임금 그리스도의 말을 듣고 있지 예수 자신이 이해하고 있는 그리스도의 말을 듣지 않는다.

그러므로 눈먼 자요, 청각장애인이며, 손 마른 자며, 마음에는 세상 임금을 들이고, 그 걸음걸이는 절름발이다. 예수와는 같은 아람어를 쓰고 헬라어를 사용하고 히브리말을 쓴다 해도 그들 서로는 소통되지 않는다. 서로 다른 말을 사용하고 있다. 같은 말인데 다른 말이라는 뜻은, 그 속에 담고 있는 바와 듣고 있는 바가 다르다는 의미다. 분명 A 를 말하는데 B 로 듣는다. 듣고 싶은 것을 듣기 때문이다. 같은 국어를 사용하는데, 민족이 다르고 쓰는 언어가 다르다. 말하는 바와 듣는 바가 서로 다르다.

통역이 이뤄지지 않는다. 서로는 서로에게 다른 나라 방언이 된다. 서로 소통 능력이 떨어져서일까. 그렇다면 예수에게 문제가 있는 것 아닐까. 무슨 말을 해도 큰 자의 언어로 변환시켜 듣는다. 무엇을 보든지 큰 자의 눈으로 본다. 예수의 언어와 제자들의 언어가 서로 소통되지 않는 까닭이다. 다른 나라 말이기 때문이다. 듣기는 듣는데, 아람어와 헬라 말과 히브리 말을 사용하고 육신의 언어로는 같은 언어를 사용하는데, 그 속에 담긴 뜻은 들리지 않는다. 민족이 다르고 언어가 다르기 때문이다.

예루살렘과 유다와 사마리아와 땅끝까지 전해야 하는 복음, 그러므로 땅끝은 곧 방언(γλῶσσα, 그로사, tongue)이다.

보지 못하는 것을 보고 듣지 못하는 것을 들어야 비로소 언어가 바뀐다. 보고 들어야 말이 바뀐다. 듣기만 한다고 해서 바뀌는 게 아니다. 들려야 듣고 들어야 들린다. 귀가 있어야 듣고 마음에 들여야 말이 바뀐다. 들을 귀가 없고 말할 혀가 없다. 귀가 있어도 그 귀가 아니며 혀가 있어도 그 혀가 아니다. 귀와 혀는 여인이 낳지 않은 자 곧 그(HE)에 의해 새로 창조되어야 한다.

말이 바뀌는 것은 방언에 비로소 복음이 전파될 때 이뤄진다. 손으로 만지고 마음에 들여야 말이 바뀐다. 제대로 소리를 낸다. 애굽에서 바로의 언어를 사용하다가 가나안에서 그(HE)와 하나 된 자신의 언어로 바뀐다. 광야는 언어가 바뀌는 과정이다.

가나안에서 바뀐 언어는 전혀 보지도 듣지도 말해 본 적이 없는 비로소 제 눈으로 보고 제소리를 듣고 제 언어로 말하게

됨이다. 이것이 존재의 언어요, 여인이 낳지 않은 자, 지성소의
그로부터 새로 낳음을 입고서야 새로운 혀를 선물 받는다. 그
(HE)는 아버지요, 비로소 '나'이니 그와 나는 하나가 된다. 비
로소 배운 언어, 큰 자의 언어, 식민 지배의 언어로부터 혀가
구원받는다. 민족(ἔθνος)이 바뀌고 족속(φυλὴν)과 백성(λαόν)과 방
언(γλῶσσα)에게 전해지는 복음을 듣게 된다. 땅끝까지 복음이 전
파되려면, 마침내 그 혀에까지 전파되어야 한다.

예수께서 제자들에게 주려는 것은 제자들의 바람과는 전혀
상관이 없는 것. 곧 여인이 낳지 않은 자를 대면할 때 받게 되
는 것이다. 타자에게서 벗어나 한 번도 들어본 적이 없는 골방
에서 들려지는 소리, 비로소 그의 소리, 제소리를 듣고 제소리
로 말하게 된다.

또 보니 다른 천사가 공중에 날아가는데 땅에 거하는 자들
곧 여러 나라와 족속과 방언과 백성에게 전할 영원한 복음
을 가졌더라(계 14:6)
음녀는 또 천사가 내게 말하되 네가 본바 음녀의 앉은 물
은 백성과 무리와 열국과 방언들이니라(계 17:15)

말씀 18 근원과 궁극

제자들이 예수에게 말했다.
"우리의 끝이(ⳍⲁⲉ, 하에) 무엇과 같을지 말해주십시오."
예수가 말했다. "그러면 너희들이 마지막(ⳍⲁⲉ, 하에)을 찾기 위해,
근본(ⲁⲣⲭⲏ, 아르케)이 겉으로(ⲉⲃⲟⲗ) 드러났는가?
근본 안에 있으면 궁극(ⳍⲁⲉ, 하에)에 이르게 될 것이다.
근본에 서 있는 자는 복이 있다.
그는 궁극을 알 것이고 죽음을 맛보지 않을 것이기 때문이다."

나는 알파와 오메가요 처음과 끝이고 근원과 궁극이다.
처음이요 나중이요 죽었다가 살아나신 이가 가라사대[26]

인생의 시작과 끝은 어떻게 되는 걸까. 끝은 우주 종말론과
내세에 이루어지는 천국에 관한 담론인가. 제자들의 물음과 예
수의 대답 아닌 대답이 의미하는 바는 무엇일까.

---

26) ἐγὼ τὸ Ἄλφα καὶ τὸ Ὦ, ὁ πρῶτος καὶ ὁ ἔσχατος, ἡ ἀρχὴ καὶ τὸ τέ
λος(계 22:13) Τάδε λέγει ὁ πρῶτος καὶ ὁ ἔσχατος, ὃς ἐγένετο νεκρ
ὸς καὶ ἔζησεν(계 2:8)

인생은 태어나면서 그 육체의 시작과 더불어 그 정신은 그 시대의 사회가 전승해 온 생존 규칙과 문화를 그의 부모가 반복하여 자극하고 일깨움으로 의식의 세계가 열린다. 의식의 작용과 활성화는 보이지 않는 부모의 삶과 언어에 의해 자극되고 그것에 반응하며 시작되는 것이다. 한글로 자극하면 한글로 인지 작용하고 영어로 자극하면 영어로 인지 활동을 한다. 언어 감각과 기능이 활성화되고 의식과 정신이 점차 자라난다. 그러므로 타자에 의해 자극이 이뤄지고 의식의 영역에 타자의 집이 지어져 간다. 이때의 규칙과 삶의 법칙은 율법적인 방식으로 시작된다. '해라와 하지 마'의 규칙으로 그의 정신 활동의 오퍼레이션 시스템(OS)이 작동한다. 사회 구동의 원리도 율법에 기반을 둔다.

그러므로 처음은 율법이다. 그 정신의 시작은 율법이다. 자율이 아니고 타율로 시작한다. 그러므로 의식의 처음은 노예 규칙, 노예도덕에서 시작한다. 나는 없고 그들만 내 안에 삶의 규범을 갖고 들어온다. 내가 사는 듯하나 그들이 산다. 내 무의식을 지배하는 것도 그들이다. 그러므로 처음은 사망의 법이고 존재 부재의 세계, 비존재의 '내'가 계속된다. 나는 단지 '나'라는 허울을 쓰고 있을 뿐 타자 지배 아래에 있다. 내 의식은 그 시대의 지배 이데올로기에 의해 조절되고 있을 뿐이다. 혹은 종교의 교리에 압도되어 있으니 가스라이팅(gaslighting)에 의해 움직인다. 그러므로 그렇게 시작된 처음은 끝이 찾아와야 한다. 종말을 고해야 한다. 처음의 아르케는 엘로힘이다. 세상 임금이고 큰 자가 되려는 욕망으로 생존 규칙이 규정된다. 그 같은 삶의 규칙으로 사회는 잘 짜인 그물망과 같이 적자생존의 법으로 운영된다. 나의 정신세계는 이 같은 규칙의 식민 지배에서 언제 어떻게 경로를 바꿀 수 있을까. 그러므로 율법의 때는 알파의 때다. 인생의 처음은 누구나 그렇게 시작한다.

율법에 우리의 정신이 예속된 알파의 시대에도 알파와 오메가가 있다. 즉, 율법의 시작과 끝이 있다. 율법의 시작인 알파와 율법의 마침인 오메가가 알파 시대다. 알파 시대의 알파요 알파 시대의 오메가라 할 수 있겠다.

아울러 알파 시대와 대조를 이루는 오메가 시대가 있다. 오메가 시대는 율법의 마침과 함께 그리스도의 시작이 열리는 때다. 율법의 마침은 율법의 오메가다. 율법의 마침과 폐함이 성서에서 자주 언급하는 '에스카토스'요, 율법의 마침은 생명과 성령의 법을 여는 새로운 오메가 시대가 시작되는 오메가의 알파다. 그러므로 알파 시대에도 알파와 오메가가 있고, 오메가 시대에 속한 알파와 오메가가 있다.

다수의 경우 이 같은 것이 혼재되어 독자들은 혼선을 겪는다. 율법의 마침은 율법의 시대가 마감하는 끝(텔로스)이고 에스카토스다. 에스카토스는 우주의 종말이거나, 내세가 있느냐 없느냐의 물음에 답변한 내용이 아니다. 율법의 마침은 생명의 시작이다. 궁극('Ω, 오메가)의 시작을 알리는 기상나팔이다. 율법을 향하여 죽었다는 것은 율법의 폐함과 동시에 완성이다. 율법의 끝에 다다른다는 것은 재난의 시작이고 율법을 통해 이루려던 열심과 충성이 무너지는 때요, 지진과 전쟁과 기근이 찾아오기 시작하는 말일이다.

율법을 통해 세운 예루살렘 성전이 돌 하나도 돌 위에 남김 없이 다 무너지는 재난이 찾아옴이다. 민족과 민족(내 안의 두 민족, 곧 에서와 야곱)이 전쟁을 하는 때요, 율법의 때는 죄와 사망의 법이 지배하고 있다는 사실이 드러나는 때이고, 거룩한 곳에 가증한 것이 서 있음이 확연히 보이기 시작하는 때다. 재난의 시작은 지금까지의 율법을 향해 서 있던 것이 죄와 사망의 법임이 드러나면서 겪는 고난이다. 그 중심에 '엘로힘'이 서 있고, 그 중심에 '세상 임금 예수'가 서 있다. 이들은 모두 여인이 낳은 존재로 그들 정신의 알키메디안 포인트로 작용한다. 큰 자의 이데올로기를 중심으로 여인이 낳은 우상이다.

그러므로 세상 끝에는 다윗의 자손 예수의 왕권을 통해 성취하려던 베드로의 꿈과 희망이 무산되고 무너지는 사건이 찾아온다.

베드로에게 찾아온 알파 시대는 적절한 비유가 된다. 베드로의 처음과 베드로의 나중을 탐색해 보자. 예수의 부르심이 있었고, 그를 따르며 다윗의 자손 예수를 통해 회복된 이스라엘을 꿈꾸는 때가 있다. 큰 자의 꿈이 삶의 강력한 동력으로 작용한다. 그러다가 세상 임금 예수의 끝이 찾아오는 것, 그것이 베드로에게는 알파의 때다. 베드로의 알파에도 시작과 끝이 있다. 그렇게 형성된 처음 하늘과 땅이 떠나간다. 세상 끝에 도달한다.

여기서 나는 알파요 오메가라고 할 때, 알파의 시대 역시 율법으로 사는 '나'가 중심이다. 알파와 오메가의 주어는 '나'다. 알파와 오메가의 주어는 오로지 '예수'라고 예수를 우상화

하면 나의 삶의 주어가 '나'인 사실을 간과하고 '나는 알파요 오메가'라고 선포한 예수만이 알파요 오메가라고 주장한다.

신의 전적 주권이라는 교리가 탄생하고 인간에게 자유의지가 있느냐의 여부를 토론하는 웃픈 사태가 벌어진다. 서구의 천재적 지성들이 벌인 토론이고 바늘 끝에 몇 명의 천사가 올라갈 수 있느냐의 토론이 대명천지에 벌어지고 만다. 칸트가 이 대열에 합류해 자유의지와 형이상학의 요청으로 신의 존재 증명을 하려 하고, 윤리의 규칙을 세우려 한다. 터무니없는 토론은 계속되어 깔뱅주의와 알미니안주의의 논쟁을 거쳐 그 그림자가 종교인들에게 여전히 계속되고 있다. 소위 신의 전적 주권과 자유의지 논쟁의 터무니 없는 프레임에 빠진 것이다. 아직도 그 후과에 인간의 정신은 시달리고 있고 유령이 종교, 특히 기독교의 한복판을 배회하고 있다. 나는 죽고, 그리스도만이라는 갈라디아 2장 20절의 바울 텍스트를 오해하고 있고, 종교 유령의 세계에 함몰되어 그 정신을 타락시킨다.

예수는 그의 삶에서 그 자신이 그의 삶의 알파요 오메가다. 예수의 언표는 모든 사람에게 자신이 자기 삶의 알파요 오메가임을 알려주려는 선언이다.

율법의 세계관이 세운 세상 임금의 체계가 무너지기 위해 예수가 십자가에 못 박히고 이스라엘의 다윗 왕국 회복도 아울러 수포로 돌아가며 베드로의 이상이었던 율법의 결정체인 예수가 죽고 베드로도 죽는 것, 이것이 한 세상(코스모스)의 마침이며 처음 하늘과 처음 땅의 종말이고 율법의 끝이다. 세상 임금의 죽음은 알파 시대의 끝이요 한 세대(αἰών, 아이온)의 끝이다.

처음 하늘과 땅이 지나가는 것, 성서의 여러 곳에 표현된다. 그 것은 알파 시대의 에스카토스요, 텔로스며 오메가다.

이는 새로운 세대(αἰών, 아이온)의 서막이다. 율법의 아이온을 지나 생명의 아이온(αἰών)을 맞이한다. 흔히 '세세토록'으로 번역 된 에이스 투스 아이오나스 톤 아이오논(εἰς τοὺς αἰῶνας τῶν αἰ ώνων)은 율법의 세대로부터 생명의 세대를 아우르는 표현으로 읽어야 한다. 한 세대를 마치고 새로운 세대를 맞이할 때 비로 소 사용할 수 있다. 육체의 세대도 다음 세대에 이어질 때 흔 히 쓰는 표현이나 성서의 어법은 율법의 시대에서 생명의 시대, 존재의 시대로 넘어감을 일컫는다.

성서의 표현법으로는 한 세대(율법의 시대, 알파)를 지나 오메가 의 시대가 찾아옴이다. 율법의 마침과 생명의 시작이다. 한 세 대의 마침과 새로운 세대의 도래다. 율법의 시대가 가고 생명의 시대가 도래한 것이다. 알파 시대니 오메가 시대니 하는 표현을 오해하지 마시라. 이는 세대주의적 연대기를 의미하는 게 아니 다. 각 개인의 의식이 타자의 지배 아래 있던 것에서 비로소 지성소의 밝은 빛, 곧 없이 계시는 묘유(妙有)에 의해서 비롯된 존재의 절기를 일컫는 것이고, 이 모두는 의식의 정신 현상을 일컫는다. 육신의 생각을 넘어서 영의 생각이 찾아오는 것, 사 망의 법 아래에서 생명의 성령의 법으로 향하게 된 두 세대의 삶을 일컫기 위해 사용해보는 표현일 뿐이다.

제자들이 묻는다. 마지막은 어떻게 됩니까. 인생이 묻는 물 음의 마지막은 대개 죽은 다음 사후세계는 어떠하냐에 시선이 가 있다. 기독교 교리의 골격도 그 같은 질문과 답변에서 출발

한다.

마지막은 어떠하겠습니까. 혹 제자들의 물음이 사후에 대한 질문이 아니라 해도 읽는 독자들은 사후 혹은 우주의 종말에 대한 궁금증으로 이 질문을 읽으려 한다.

예수는 도리어 되묻는다. 근원의 베일이 드러났는가. 근본은 드러났는가. 처음도 알지 못하면서 끝을 알 수 있겠느냐는 것이다. 아니 여기서는 처음과 끝이 아니라, 그보다 더 근원적인 개념이다. 근본과 궁극이라고 할 수 있다. 답을 하지 않고 되묻는 것으로 답한다. 알 수 없는 답으로 답한다.

<blockquote>

근본에 서 있는 자는 복이 있다. 그는 궁극을 알 것이고
죽음을 맛보지 않을 것이기 때문이다.

</blockquote>

근원(아르케, 처음)을 알게 되면 끝(궁극)을 알게 되고 궁극을 알면 죽음을 맛보지 않는다고 답한다. 그의 대답은 인생들이 흔하게 묻는 물음에 즉답하지 않는다. 답하기보다는 그를 바탕으로 되물으며 새로운 물음으로 이끌어 간다.

성서를 보면 에스카토스(끝, 나중)는 프로토스(처음)와 짝을 이루고 아르케는 텔로스와 짝을 이룬다. 알파와 오메가는 그 모든 것, 전체를 아우르고 있다.

처음과 나중, 그러니까 프로토스와 에스카토스를 말할 때는 죽었을 때와 살아날 때를 대비시킨다. 처음은 죽었을 때 곧 세상 임금의 때이고 동시에 세상 임금이 죽을 때가 처음이요, 죽은 자로부터 살아난 때가 나중이다. 그러므로 나중은 처음의 죽

음이기도 하다. 죽은 자가 죽는 때가 나중이요 동시에 그 나중은 비로소 죽은 자로부터 살아나는 것의 시작이니 나중의 알파다. 오메가 시대가 시작되는 것이다.

처음은 율법이다. 율법에서 죽는 것 그것이 처음의 마지막(ἔσχατος)이고, 그 마지막은 동시에 그리스도의 시작이다. 그러므로 나중은 처음의 마지막이니 재난의 시작이요, 하늘과 땅이 지나가는 때다. 나중은 하늘과 땅이 지나가면서 율법을 마감하고 새로운 하늘과 새로운 땅을 맞이하게 된다. 그러므로 나중은 새로운 시작이다. 이 모든 것은 근원 안에서 시작되고 궁극(텔로스)를 향한다. 궁극은 율법으로 사는 자아는 죽고, 생명으로 사는 '나'가 살아가는 때다. 죄와 사망의 법으로 사는 것에서 하나님의 법, 생명의 법으로 사는 것이 찾아온다. 곧 누우스(νοῦς)에서 솟아나는 것을 따라 사는 것이고, 그의 궁극은 비로소 온전한 자기 존재, 존재의 드러남, 생명 나무로 사는 것에 있다. 다른

Ἄλφα
ὁ πρῶτος
ἡ ἀρχὴ

Ὠ,
ὁ ἔσχατος
ὁ τέλος

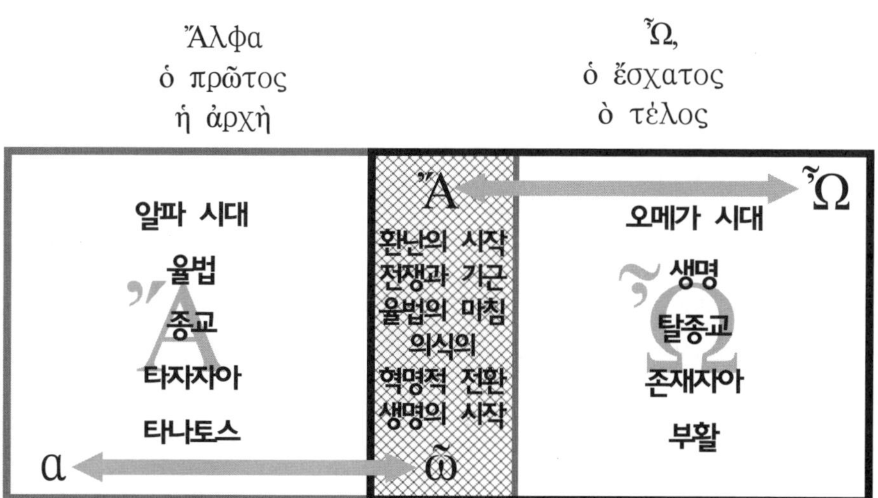

표현을 빌리면, 하나님의 형상과 모양의 사람으로 마침내 창조
되는 것이다. 가족 다섯이 다투면서 마침내 하나님의 형상과 모
양의 사람인 사람의 아들, 셋이 '궁극'이고 오메가의 '오메가'
다.

　나는 알파요 오메가라는 뜻은, 나는 그 시작이 율법 세대를
살 때도, 그 주어가 '나'고 마침내 율법으로 사는 '나'가 죽고
율법이 마치고 생명으로 살게 되는 때가 찾아와도 그때의 주어
는 '나'라고 하는 사실이다. 누구나 인생의 알파와 오메가는 그
자신이다. 제발, 그(HE)만이 알파요 오메가라는 깊은 수렁의 잠
에서 깨어나자.

　나는 내 인생의 알파요 오메가이며, 나는 처음이고 나중이
요. 나는 내 인생의 아르케요 텔로스다.

말씀 19 존재하기 전에 존재하는 자

예수가 말했다 "나기 전에 나신 그이는 복이 있다.
너희가 내 제자가 되어 내 말을 들으면
이 돌들이 너희를 섬기리라.
낙원에는 너희를 위하여 변함없는 나무 다섯 그루가 있다.
여름과 겨울, 그 잎사귀가 떨어지지 않는 것을 아는 사람은
죽음을 맛보지 않을 것이다."

누구나 더 나은 내일을 향해 있다. 그 정신은 결핍을 넘어 '존재의 나'를 향한다. '비로소 나'이고 싶은 것. 그러나 정신은 그 무엇엔가 늘 속박당해 있다. 그래서 자유를 희구하고 제정신으로 태어나기를 희망한다. 존재로 태어나기 전에 먼저 존재하는 자가 복이 있다는 뜻은 무얼 의미하는 걸까.

존재는 본디 시작도 없고 끝도 없다. 멜기세덱은 생명 나무의 상징이다. 그럴 때 누군가의 계보에 속한 것이 아니라, 자기 자신으로 존재하는 것이 된다. 그러나 인생은 그럴 수 없다. 계

보에 속해 있다. 무엇인가에 속해 있고, 누군가에 속해 있다. 소속이 없으면 자기도 없다. 나사렛에서 무슨 선한 것이 나겠느냐는 게 의식을 지배한다. 출신과 성분, 단체가 자신의 아이덴티티가 된다. 소속에 묻어 자신의 존재를 입증하려 한다. 타인의 권위에 기대어 자신의 존재를 증명하려 한다. 소외는 죽음보다 견디기 힘들다. 무엇인가에 속해 있음을 자긍심으로 여기는 행위는 도리어 자기가 자신을 소외시키고 있음이다. 존재 부재에 시달리는 인생의 질병이다. 인생은 이렇게 늘 시작이 타자로부터 비롯되고 그 끝에서는 지독한 소외의 자리에 서게 된다. 끝이 찾아와야 시작도 없고 끝도 없는 멜기세덱의 반차에 오른다.

시작이 있고 끝이 있는 처음을 넘어서고 처음 하늘이 지나가야 시작도 없고 끝도 없는, 도래하지 않았으나 이미 존재하고 있는 그것이 기다린다. 도래하지 않았으나 존재하고 있는 것은 따라서 약속으로 존재한다. 이 존재는 마침내 내가 존재에 이르게 한다.

존재하기(ⲚⲦⲀϩϢⲰⲠⲈ 엔타흐쇼페, has come to being) 전에 존재한다는 것, 태어나기 전에 태어난다는 것은 형용모순(?) 문장이다. 그러나 이 문장은 정신 현상에서는 성립할 수 있는 문장이다. 존재하기 전에 존재한다는 것은 비록 아직 태어나기 전이지만, 약속 곧 언약으로 존재할 때만 가능하다. 예수께서 '아브라함이 있기 전에 있던 내가 곧 그다'고 할 때의 존재의 나다. 그는 예수에게도 아브라함에게도 곧 오늘 나에게도 존재하기 전에 존재하는 '나'다. 존재하기 전에 존재하는 그는 '약속'으로 앞서 존재한다. 세례자 요한도 일찍이 고백한다. "내가 전에 말하기를 내 뒤에 오는 사람이 있는데 나보다 앞선 것은 그가 나보다 먼저 계심이라 한 것이 이 사람을 가리킴이라"(요 1:30) 존재의 나는 율법 아래 속해 있는 나보다 뒤에 온다. 그러나 그는 본래 나보다 먼저 있었고, 있고, 오고 있는 존재다(계 1:8). 율법에 있는 동안, 뒤에 오는 이는 단지 약속으로만 있다.

아직 가나안에 입성하지 않았지만, 가나안에서 더는 타자 곧 바로(파라오)의 노예로 사는 것이 아니라, 비로소 내가 나로 사는 것을 약속받았고, 그 언약을 따라 출애굽 했다. 바로는 가나안을 향하지 않는다. 약속을 받은 자가 가나안을 향해 발걸음을 뗀다. 내가 나로 살 것에 대한 존재를 향한 믿음이 찾아오지 않으면 한 발자국도 움직이지 않는다. 바로는 결코 가나안을 향하지 않는다. 이때 언약의 핵심은 '내가 나다'인 그가 '너도 네가 너다'로 살 것을 약속했고 그것이 모든 언약의 궁극이고 핵심이다. 구약 성서 모든 이야기의 근간이며 마침이다. 그곳은 곧 약속의 땅 가나안에 이르러서야 마침내 '네가 너로 사는 것(존재)'에 이르게 된다. 마침내 그 정신이 홀로 하나인 '존재'로 태어나는 것은 언약의 땅 가나안에 이르러서야 성취된다.

모든 언약은 아비의 마음과 자녀의 마음이 하나에 이르는 것에 있다. 순례자에게 그것은 약속이고 소망이다. 누구나 인생은 '존재의 나'를 향해 있다. 그러나 '존재의 나'를 향해 가지 않는다. 곁길로 간다. 큰 자를 향하고 세상 임금의 자리를 향해 서 있다. 가나안을 떠나 도리어 애굽을 향하고 바빌론을 향한다. 따라서 태어나기 전에 존재한다는 뜻은, 큰 자 이데올로기의 함정에 빠져 사는 것이 결코 존재의 내가 아니라는 것에 대한 자각, 비록 타자의 굴레에 속박되어 그 정신이 결핍에 시달리고 있을지라도, 시작도 없고 끝도 없는 멜기세덱의 반차에 함께 하는 것을 소망으로 갖는다는 것, 태어나기 전에 존재하는 자의 복(MakapIoc Blesse, 마카리오스)이다. 이 언약을 받은 이들은 돌들이 그를 경배한다. 돌이란 율법의 세계관에 속해 지은 돌 성전이다. 돌은 무너지는 것으로 그가 존재를 향하게 한다.

두 존재*(Two Being)*

존재 이전의 존재 혹은 있기 전에 있는 자가 복되단다. 무슨 말일까? 무슨 얘기를 하고 싶은 것인지 참으로 독해하기 난감하다. 시중에 나와 있는 수많은 해설서도 명쾌하지가 않다. 앞선 존재, 즉 존재 이전의 존재가 있고 지금의 존재가 있다는 말이겠는데, 존재 이전의 존재란 무엇을 일컫는 걸까. 또한 지금 존재와 이전의 존재 그 상관관계는 어떤 것일까? 약속으로 앞서 존재한다는 것에 대해 다른 측면에서 살펴보면 이해의 지평을 넓힐 수 있다.

앞선 존재는 아마도 "눈으로 결코 보지 못한 것, 귀로 결코 들어보지 못한 것, 손으로 결코 만져보지 못한 것, 사람의 마음에서 일어난 적이 없는 것"(말씀 17)을 말한다. 결국 도마복음 전체의 맥락에서 살펴야 비로소 의미가 조금 더 드러난다.

말씀 12, 29, 50, 83, 84, 85에서 결정적인 힌트를 엿볼 수 있다. 말씀 29에서는 정신과 육체의 두 존재와 그 상관관계를 역동적으로 기술한다. 말씀 50에서는 빛의 존재와 빛의 형상으로부터 비롯되었다는 자기 인식, 말씀 84에서는 형상과 모양을 언급한다. 창세기 1장 26, 27절과도 연관해서 살펴볼 필요가 있다.

> "너희의 모양(드무테누)를 보았을 때 너희는 기쁘다.
> 그러나 앞으로 죽지도 않고(가라앉지도 않고) 드러나지도 않지만
> 끊임없이 용솟음치는 네 시작과 존재의 형상(첼렘)을 볼 때
> 얼마나 오래 견딜 수 있을까?"
>
> 말씀 84

무슨 말일까?

출애굽기에 의하면 야웨는 존재(Being)로 자신을 규정한다. 존재(Being)는 헬라어로 에이미 동사의 현재 능동 분사형 '온'이다. 정관사 호와 함께 '호 온'으로 종종 사용된다. 요한계시록 1장 8절에 의하면 '이제도 있고 전에도 있었고 장차 오실 자'에서 '이제도 있고(ὁ ὦν 호 온)'이다.

The Being has sent me to you. 모세는 호렙산에서의 모진 씨름(깊은 명상) 후에 **The Being** 에 의해 이스라엘에 보내졌다는 정체성을 얻는다. 서양철학의 오랜 골칫거리(?)인 **BEING**은 출애굽기 3:14 전후에 처음 언급되었다.

여기 두 존재가 있다.

THE BEING 이 있고 THE BEING 에 의해 새로 창조된 being(모세의 새로운 정체성)이 있다. 모세는 앞선 THE BEING 에 의해 지금의 모세가 드러난다. 새로운 being 이다.

창세기의 문법으로 보자. 앞선 존재는 형상이다. 형상 안에서 모양을 만든다. 따라서 형상이 먼저고 모양은 나중이다. 인생은 깨달음과 그것을 드러내는 각종 모양(likeness)을 보고 기뻐하나 형상은 쉽게 드러나지 않는다. 형상은 빛 안에 감추어져 있다.(말씀 83) 우리는 어디서 온 존재인가? 빛으로부터 왔다. 우리 정신의 영적 정체성을 말한다. 비록 모양을 보고 기뻐하지만, 모양에 앞선 존재는 형상이고 이 형상은 아버지의 빛 안에 감추어져 있다는 게 말씀 83에 언급된다. 그러니까 말씀 83에서는 형상이 드러날 것이라고 하지만, 말씀 84에 의하면 형상이 드러날 때 견뎌내야 할 고난을 말한다.

디자이너에게는 모양이 드러나기 전 형상(image)이 먼저 주어진다. 이미지를 얻고 나면 이미지 안에 있는 것을 구체적으로 드러내는 것이 모양이요 디자인이다. 건축물은 건축설계사의 구상에 있는 형상(image)에서부터 시작된다. 모든 창조 활동은 형상이 모양으로 나타나는 것이다. 예술 활동은 두 개의 존재 양식, 곧 예술가가 구상하고 있는 이미지가 모양으로 드러나는 것을 통해 이루어진다.

정신의 낳고 자람은 어떻게 이루어질까? 물질의 창조물도 형상과 모양의 관계성에 의해 진행되듯, 정신의 세계도 유사하지만, 모양은 형상 전체를 반영하지 않고 형상 일부만을 드러낸다. 끊임없이 형상을 다시 반추하면서 모양은 더욱 모양으로 드러나는 특징을 갖는다. 형상은 죽어 없어지지도 않고 그렇다고 확연하게 다가오지도 않는다. 지금 드러나 있고 나타나 있는 존재는 모양이다. 모양에 앞서 존재하는 것은 모양을 낳는 형상이다. 이게 인간의 정신이 거듭나고 성숙하는 생명의 원리다.

> 하나님이 가라사대 우리의 형상을 따라 우리의 모양대로 우리가 사람을 만들고 그로 바다의 고기와 공중의 새와 육축과 온 땅과 땅에 기는 모든 것을 다스리게 하자 하시고 하나님이 자기 형상 곧 하나님의 형상대로 사람을 창조하시되 남자와 여자를 창조하시고(창 1:26-27)

그 형상을 어떻게 규정하든, 우리의 영성이, 혹은 우리의 생명이 지향하고 있는 곳은 형상이다. 형상은 빛에 의해 감추어져 있고, 이는 마침내 계시된다. 드러난다. 모양은 형상으로부터 나온 것이고 동시에 형상을 향해 나아간다. 영과 육체도 두 존재다. 영이 앞선 존재일까? 육체가 앞선 존재일까? 육체가 영을 위해 존재한다는 것은 비밀스러운 일이요, 영이 육체를 위해 존재한다는 것은 경이롭다.

말씀 85에 의하면 빛으로부터 존재하는 게 아니라, 권력과 부로부터 존재한 아담 얘기가 나온다. 권력과 부로부터 존재한다는 건, 그의 정신적 정체성이 권력과 돈이라는 얘기다. 대개의 사람은 그 존재의 기반이 힘과 돈에 있다. 자신의 가치를 돈과 권력에 둔다는 얘기다. 나의 나 됨이 얼마나 많은 부를 갖고 있느냐, 어떤 힘을 갖고 있느냐로 판단하고 인식한다는 말이다. 도마복음은 빛으로부터 태어난 존재와 권력과 돈으로부터 태어난 존재를 대비시킨다.

돌이란, 율법과 예루살렘 성전에 대한 은유다. 너희가 내 제자가 되고 내 말을 들으면 돌들이 너희를 섬길 것이란다. 예루살렘이 돌로 지은 집이듯 율법으로 견고한 성을 쌓는 것은 돌로 집을 짓는 것과 마찬가지다. 율법은 돌이어서 간음하다 현장에 잡힌 여인을 돌로 치려 한 것은 율법을 들이대며 정죄하는 것의 비유다. 돌들이 섬긴다는 것은 돌이 더는 율법으로 기능하는 것이 아니라, 생명의 양식이 된다는 뜻이겠다. 문자가 아니라, 율법의 본래 정신을 양식으로 삼는다는 말이다. 계명을 준수하는 것이 아니라, 암탉이 달걀을 품듯이 말씀을 품고 있노라면 계명은 문자의 옷을 벗고 껍데기를 깬 채 풍성한 양식이 된다. 거기서 돌들이 너희를 섬기게 되리라는 예언이 성취된다. 돌이 떡이 된 것이다.

율법을 양식으로 삼는 것, 돌을 떡으로 삼는 것에서 심비에 기록된 생명의 법으로 전환을 이룬다는 말이다. 그러므로 돌을 떡으로 만드는 것, 처음은 그것이 마귀의 시험이다. 광야에서 '돌이 떡이 되게하라'는 유혹은 선악의 열매를 먹으라는 뜻이기 때문이다. 그러나 처음 것이 폐해지면 돌은 율법이 아니라 그곳에서 생명의 법이 드러난다. 십계명을 율법으로 읽는 게 아니라, 생명의 신비를 전하는 비밀을 거기서 읽어낸다. 영혼을 맑히고 살찌게 하는 양식을 거기서 발견한다.

왜냐하면, 낙원에는 여름과 겨울에도 변함이 없고 잎이 지지 않는 다섯 나무가 있기 때문이다.

낙원(ΠΔΡΔΔΙCOC 파라디소스)의 다섯 나무

말씀 17 예수가 말했다. "눈으로 보지 못한 것,
　　　귀로 듣지 못한 것, 손으로 만지지 못한 것,
　　　사람의 마음에 떠오르지 않은 것을 너희에게 주리라."

　성서는 사람을 각종 나무로 비유한다. 선악을 알게 하는 나무와 생명 나무, 동산의 각종 나무, 포도나무, 무화과나무 등 헤아릴 수 없는 나무들로 인생과 그 정신을 주도하는 세계의 각종 양태를 비유하고 있다.

　먼저 있는 존재인 형상은 눈, 귀, 손, 마음으로 생각하는 것에 결코 들어가 보지 못한 것이지만, 역으로 다섯 나무를 통해 잎을 내고 꽃을 피우며 열매를 맺는다. 곧 모양으로 드러난다는 말이 아니겠는가? 따라서 말씀에 귀를 기울이고 그것을 품는 (keep) 자들은 돌들이 그들을 섬길 것이고 다섯 나무를 통해 형상 안에서 모양으로 창조되는 것이라 하겠다.

　낙원의 다섯 나무는 무엇을 의미하는 걸까. 어떤 이는 인간의 감각기관인 오감(五感)이라고 해석한다. 초기 2~3세기 성서에 포함되지 않은 사도행전의 속편 도마행전 27에는 마음(νοῦς), 생각(ἔννοια), 반성(ὄνισις), 배려(ἐνθύμισις), 이성(λογισμός)의 다섯 구성 요소가 언급되고 있어 이를 다섯 나무라고 해석한다. 어거스틴이 처음에 매료되었다는 이란(페르시아, 바사)의 고대종교 마니교는 중국에서도 포교 활동을 하여 중국 마니교의 단편들이 남아 있다. 마니교 시편에도 생각, 감정, 숙고, 지성, 이성으로 다섯 나무를 언급한다.

　파라디소스의 다섯 나무는 수많은 견해에도 불구하고 선뜻 그것에 동의하지 않는다. 내 견해로는 낙원의 다섯 나무가 도마복음의 영지와 카발라의 영지가 빛나게 만나는 지점이라고 보인다.27) 낙원의 다섯 나무는 생명 나무다. 생명 나무는 세분하면 다섯으로 표현할 수 있다. 낙원의 다섯 나무는 존재의 나무다. 존재하기 전의 존재에 의해 마침내 존재하게 된, 돌들의 섬김을 통해 시작도 없고 끝도 없는 궁극의 독립된 정신에 피어나는 생명 나무다. 생명 나무는 야웨의 나무다. 존재의 나무다.

　존재의 밭에는 다섯 나무로되 하나인 나무가 있다. 아래의 다섯 나무를 보는 자는 단순히 오감이 다섯 나무의 상징이라고 볼 수 없는 것이 자명해질 것이다. 오감은 감각의 다섯은 되지만, 생명 나무의 다섯을 상징한다고 보는 것은 무리다. 불가에서는 오감(五感)의 속임에 대해 이미 오래전 간파하여 무안이비설신의라 하지 않는가. 오감이 중요치 않다는 게 아니다. 낙원의 다섯 나무를 오감으로 해석하려는 것은 생명 나무의 속성에 대한 이해 부재 가운데 나오는 견해라고 여긴다.

1. *아칠루트*(אצילות) *나무*

　비로소 누구에 의해서가 아니라, 스스로 빛나는 발산(發散)의

---

27) 김창호, 「유대신비주의 카발라와 생명나무」 도서출판 예랑, 2023 참조

나무다. 타자 의존의 세계에서는 결코 생각할 수 없는 자기 존재의 빛을 스스로 발산하는 나무다. 이 나무에서는 생명의 열매 셋을 맺는다. 물론 이것은 카발라의 개념을 그대로 빌린 나의 해석이다. 케테르와 코크마와 비나의 열매가 맺힌다. 존재의 나무는 언제나 존재의 빛이 번개와 같이, 왕관을 쓰고 나타난다. 직관에 의한 생각이 폭발하고(코크마, 頓悟 돈오), 그것이 과연 그러한가 반복하여 생각(漸修 점수)하는 동안 참으로 그러함, 자명한 이해에 도달케 하는 나무가 있다. 거기 여름이나 겨울이나 시들지 않고 잎을 피우는 나무가 있다. 존재의 나무 중 원천이 되는 생명 나무의 하나다. 번개가 치고 지혜와 총명의 열매를 맺는 나무다. 아칠루트는 머리(head) 나무다. 인지와 인식 곧 사유 활동이 이뤄지는 나무다. 타자 지배와 오감의 정보에 이끌려 수동적으로 정보처리 하는 것이 아니다. 비로소 존재의 나무에서는 자율 사유가 진행되는 존재의 나무요 생명 나무다.

2. *브리야(בריה)의 나무*

이름하여 야웨의 창조가 이뤄지는 창조의 나무다. 물론 아칠루트의 나무와 독립된 게 아니다. 브리야의 나무에는 케세드의 열매가 맺히고 게부라의 열매가 맺힌다. 티페레트의 열매가 아름답게 맺히는 생명 나무다. 만물의 어머니라 일컫는 아칠루트의 숲에 맺히는 비나(이해)의 열매가 가슴에 뿌려져 케세드를 낳는다. 마음의 생태계가 새롭게 창조된다. 아니 창조(create)는 낳음(born)이다. 이해는 긍휼과 자비의 마음을 낳고 또 낳으며 생명의 열매를 맺는다. 케세드(자비)의 열매를 맺는다. 한쪽에는 케세드의 열매를 맺고, 또 다른 가지에는 게부라28)의 열매를 맺는다. 케세드가 홍보석이라면 게부라(힘)는 녹보석이다. 브리아의 나무에는 세 번째 티페레트(美)라는 생명 나무의 열매를 맺는다. 케세드와 게부라(권세)의 아름다운 균형을 유지케 해주는 티페레트는 진선미 중 미에 해당한다. 브리아의 나무는 가슴 나무다. 심장 나무다.

3. *예치라(יצירה)의 나무*

예치라의 나무는 브리아의 나무가 낳고 창조한 세계를 성숙시키고 관계지으며 상호 연결하여 성전을 지어가는 나무다. 하여 더 깊게 하는 조성의 나무요, 지어가는 나무다(I make). 의지를 작동시켜 무엇인가를 만들기도 하고 추상적인 사고를 통해 상호 연관 짓고 기획하는 나무다. 생명 활동이 역동적이고 활발하게 계속되는 나무다. 이때 맺게 되는 생명의 열매가 네차(지속적인 물음과 기다림, 그리고 그 속에서 얻게 되는 수확의 기쁨을 네차라 한다)요, 호드(비로소 나의 나가 그의 곁에까지 드러나며 얻게 되는 희열의 열매가 영광이고 호드)며, 마침내 제 말과 제소리, 씨알의 소리를 씨로 내게 되니 '예소드'의 열매를 맺는다. 생명 나무의 열매를 맺는다.

---

28) 강제하거나 강제당하는 폭력의 힘이 아니라, 대지를 뚫고 울창한 녹음을 이뤄 생명의 기운을 넘치게 하는 원형적 에너지인 녹보석

예소드는 인체의 비유로 하면 생식기에 해당한다. 얼마나 놀라운 일인가. 얼 사람의 정신, 씨알을 내는 정신으로 생명 나무의 숲이 우거진다. 예치라의 나무는 소화하고 더 풍성케 하여 생명의 풍요가 넘치게 하는 나무이니 인체의 비유로 하면 '배(腹)'에 해당한다. 그러므로 예치라의 나무는 배(腹) 나무다.

4. 앗시야(ﬠﬡﬣ)의 나무

앗시야의 나무는 야웨의 역동적인 활동이다. 존재의 내가 나로 사는 생명 활동의 왕성함이다. 창조를 나타내는 동사 세 단어는 바라와 야차르와 아사다. 바라와 야챠르와 아사의 동사가 각각 서로 다른 형태의 생명작용을 하는 것이 곧 창조요. 낳음이고 생명 활동이다. 파라디소스의 다섯 나무 중 앗시야의 나무는 나는 활동한다(I do)의 나무이니 의지의 작동이라 하겠다. 동에서 서로 서에서 남으로 남에서 북으로 오가는 창조의 역동성이 작용한다. 의지의 활성화는 율법의 시대에 작동하는 의지, 큰 자이고자 하는 의지의 활동이 아니다. 앞의 세 나무가 더욱 우거지고 마침내 나라를 이루게 하는 강력한 에너지다. 인체로 하면 두 발로 상징된다. 의식의 생명 활동, 존재를 존재 되게 하는 나무요 곧 위 세 나무 전체를 왕성하게 이동시키는 열매를 맺는다. 그러므로 비로소 '왕국(말쿠트),' 곧 나라를 이루게 하는 열매를 맺는다. 앗시야의 나무는 두 발(foot) 나무다.

파라디소스의 다섯 나무 중 다섯 번째의 나무는 위 넷을 통해 온전함을 이루는 생명 나무, 야웨의 나무다. 야웨의 나무가 존재의 나무요 마침내 하나님의 형상과 모양의 사람을 이루는 궁극의 나무다. 여름이나 겨울에 잎이 지지 않는 나무. 우리의 정신은 곧 창조의 다섯 나무를 통해 온전한 모나코스, 하나를 향해 초대받았다. 야웨의 나무는 마침내 '사람 나무'다. 머리와 가슴과 배와 건강한 다리의 온전한 사람 모습을 하고 있다. 그러므로 야웨의 나무는 신의 형상을 이룬 인자의 나무요, 신의 나무다.

낙원의 다섯 나무에 대해, 이런 나의 해석은 도마복음과 카발라의 생명 나무가 내 순례의 여정에서 만나 서로서로 해석해 줌으로 가능했다. 여기서 죽음을 맛보지 않는 생명의 세계가 펼쳐진다. 아직도 죽음을 맛보지 않는 것을 육체의 영생불사나 진시황의 욕망으로 보려는 이들에게는 죽음을 맛보지 않는다는 의미를 전달할 방법이 없다. 이 글을 함께 읽는 이들이 죽음을 맛보지 않는다는 것을, 여전히 내세에 예비 된 천국이 그대만을 위해 준비되었다고 생각하는 독자들에게 이글은 백해무익이고 무용지물이다.29)

---

29) 위에 등장하는 아칠루트, 브리야, 예치라, 앗시야, 야웨의 개념 이해를
    위해서는 김창호, 「유대신비주의 카발라와 생명나무」 참조, 도서출판
    예랑, 2023,

말씀 20 겨자씨와 왕국의 비유

제자들이 예수께 말했다. "천국이 어떤 것인지 말씀해 주십시오."
그가 그들에게 말씀하셨다. "겨자씨 한 알 같도다.
모든 씨앗 중에서 가장 작은 것이로되
그것이 기경(起耕)된 땅에 떨어지면
큰 가지를 내고 공중의 새들의 쉼터가 된다."

겨자씨 비유는 공관복음에 동시에 나온다.

또 비유를 베풀어 가라사대 천국은 마치 사람이 자기 밭에 갖다 심은 겨자씨 한 알 같으니 이는 모든 씨보다 작은 것이로되 자란 후에는 나물보다 커서 나무가 되매 공중의 새들이 와서 그 가지에 깃들이느니라(마 13:31-32, 막 4:30 - 32, 눅 13:18 - 19)

겨자씨가 뿌려지는 밭에 대해, 표현이 조금씩 다 다르다. 마태는 자기 밭에(ἐν τῷ ἀγρῷ αὐτοῦ 엔 토 아그로 아우투, 그의 밭에), 마가는 땅 위에(ἐπὶ τῆς γῆς 에피 테스 게스, 땅 위에), 누가는 정원(εἰς κῆπον 에이스 케폰, 정원)으로 표기한다. 도마복음은 흙갈이 된 땅으로 묘사한다.

흙갈이 된(ⲍⲱⲃ 홉) 밭(ⲕⲁⲍ 카흐)에 떨어지다(ⲍⲉ 헤)

씨 뿌림(카타볼레스 코스무)은 창조요 창세다. 예수는 밭을 흙갈이하기 위해 십자가를 진다. 세상 임금 예수가 떠나갈 때 비로소 베드로의 마음 밭은 기경(起耕)된다. 비로소 베드로의 마음은 짐승의 씨를 뿌리는 밭이 아니라 자기 자신을 존재케 하는 씨가 뿌려질 밭이 된다.

농부가 밭에 씨를 뿌리면 씨는 밭에 떨어진다. 따라서 농부로서는 발로(βάλλω 던지다, 혹은 σπείρω 흩뿌리다)요, 씨로서는 떨어짐(fall)이다. 길가나 돌 짝 위에나 가시덤불은 기경된 밭이 아니다. 농부가 갈아놓은 땅이 아니다. 그러므로 길가나 돌 짝이나 가시덤불에 밭이라는 말을 붙이면 안 된다. 길가나 돌무더기나 가시덤불은 기경된 밭이 아니라는 말이다. 그러므로 성서에서 창조 혹은 창세는 모두 씨 뿌림의 이야기이고 왕국의 이야기다. 창조 이야기는 나라가 세워져 가는 이야기다. 창세기 1장도 예외가 아니다. 물리적 우주를 비유로 왕국을 세워가는 이야기가 성서의 창조 이야기다. 창조 과학도 유신진화론도 그런 점에서 성서의 이야기 본질과는 벗어난 담론이다.

도마복음은 어떤 학자는 114개의 말씀을 다섯 개 부문으로 나누기도 한다.30) 원본은 총 668행으로 되어 있다.

1부 1-19(1-148행)
2부 20-45(149-301행)
3부 46-75(301-483행)
4부 76-95(483-573행)
5부 96-114(573-668행)

　도마복음 114개의 말씀에서 '왕국'의 개념은 22회 등장한다. 1부 3에서 2회, 2부 20, 22, 27에서 5회 3부 46, 49, 54, 57에서 4회, 4부 76, 82에서 2회, 5부 96, 97, 98, 99, 107, 109, 113　114에서 9회 총 22회 왕국이라는 말이 사용된다.

　말씀 3에서 왕국은 하늘이나 바다, 그 어디에도 없고 네 안에 있다는 것을 단호하게 말한다. 이는 복음서와도 다르지 않고 바울 서신과도 다르지 않다. 하나님의 나라는 여기 있거나 저기 있는 것이 아니다. 우주 종말 후에 오는 게 아니다. 도마복음은 물론 성서는 이 점에서 한결같다. 너희 안에 있고 너희 눈에도 있다는 것. 너희 자신을 알게 될 때 결핍과 핍진에서 벗어나게 된다는 것이 거듭거듭 강조된다.

　결국, 감추인 것이 드러나고 처음 것이 떠나가야 비로소 왕국이 시작된다. 왕국은 나를 알게 된다는 말과 동의어다. 그러므로 왕국은 존재의 나무, 생명 나무인 '나'가 드러나는 것이다.

---

30) THE GOSPEL OF THOMAS SAYINGS 1-19, SAMUEL ZINNER, 2018.
　　pp. 7-8. 참조

선악 나무를 떠나 생명 나무로 드러나는 것, 바로 왕국의 드러남이다.

제자들이 묻는다. 천국은 어떤 것입니까. 여기에서 질문은 육신이 죽은 다음에 도래할 천국에 관해서 묻는 것일까. 공간적인 천국에 대한 질문일까. 이미 도마복음 말씀 3에서 그런 천국은 없다는 것이 분명해졌고, 도마복음 말씀 19에 이르기까지 처음 하늘과 처음 땅이 지나가야 한다는 것이, 여러 형태로 언급됐다. 그런데도 제자들은 왜 여전히 같은 물음을 던지는 것일까. 1-19에 이어 편집된 말씀 20은 도마복음의 맥락에서 본다면, 그렇다면 "하늘의 왕국은 어떤 것이란 말입니까."라고 이해하는 것이 자연스럽다. 조금 더 각색한다면, "왕국이 우리 각자 안에 있는 것이라면, 그렇다면 그 마음에서 이뤄지는 천국은 무엇과 같은 것입니까?"라고 묻는 물음으로 보아야 한다는 게 나의 해석이다.

이 비유는 무엇을 강조하는 것일까. 겨자씨는 씨 중에 가장 작은 씨로되, 눈에 잘 보이지도 않을 만큼 작은 씨로되 그 작은 씨알에도 씨눈이 박혀 있고, 발아하게 된다는 말이다. 타자에 의해 전해진 화려한 지식의 더미(도그마)는 커 보이고 미려해 보이고, 혹여 생명의 씨처럼 보일지라도 그것은 타인의 진리임으로 내게는 죽은 것이다. 제소리가 아닌 타인의 소리에 맞춰 살아야 하기에 그곳엔 '자기'가 없다. 비록 말하고 있는 그에게는 타당할지 모르나 그것은 내가 아니다. 따라서 타자의 소리에 맞춰 산다는 것은 나는 부재한 죽음을 맛보는 것이 그곳에 있다. 도그마는 그래서 올무요 정신을 옥죄는 죽음의 덫이다.

왕국의 특징을 겨자씨를 비유해서 대답한다. 왕국이란 무엇인가. 아니 무엇과 같은가. 자기 자신이 드러나는 것은, '존재의 나'가 드러나는 것은 마치 겨자씨 한 알과 같다. 씨 중에 가장 작은 씨, 겨자씨는 한국에서는 갓 씨다. 돌산 갓 씨다.

예수께서 씨 뿌림의 비유를 말씀하신 후, 좋은 땅에 뿌리었다는 것은 말씀을 듣고 깨닫는 것이라고 해석해 준다.(마 13:23) 타자에게서 듣는 것을 결별하고 이제 자기 자신에게서 그의 말을 들을 수 있을 때 비록 보잘것없는 작은 씨앗과 같다 해도 그것이 준비된 밭에 떨어져 발아하는 것에서 하늘의 왕국은 시작된다. 가장 작은 씨는 히브리어로 요드요, 헬라어로는 이오타다. 요드는 가장 작은 문자로서 우주 최초의 원초적 진동을 의미하는 점(point) 하나다. 순간 번쩍이는 번개와 천둥소리의 상형이다. 뱀의 소리를 듣는 것을 멈춰야 제소리를 듣게 된다. 뱀의 소리에 귀 기울이는 동안은 제소리를 들을 수 없다. 제소리가 자기 존재의 시작이다. 제소리가 씨알이고 그것은 가장 작은 씨앗의 한 알인 겨자씨(mustard)에 비유된다.

왕국은 그 어디에 있는 것이 아니라, 자기 자신 안에 있다. 자기 안에서 들려오는 작은 속삭임의 소리를 들어야 그것이 존재의 밭에 떨어져 존재의 나무를 싹 틔운다. 생명 나무가 시작된다. 골방에서, 삼매에 들어 들려오는 소리가 가슴에 떨어져야 가슴이 열린다. 마음의 생태계가 새롭게 시작된다. 제소리를 들어야 제 말을 하게 된다. 자기 언어로 존재를 담아낸다. 시인의 언어, 존재의 언어가 비로소 시작된다. 겨자씨란 골방에서 들려오는 가장 작은 소리, 세미한 음성의 비유다. 천국은 마치 이와 같다.

> 만일 너희가 너희 자신을 알지 못한다면,
> 너희는 결핍 속에 있고, 너희 자신이 결핍이다."
> 너희 자신을 알지 못한다면 그 자신이 결핍(2HKЄ 헤케)이다.

결핍은 자신의 부재를 일컫는다. 존재(being)하기 전에 존재하는 것에 의해 마침내 존재에 이르게 되는 것, 너희 안에 있는 왕국이 왕국으로 드러남이다. 존재의 나무, 생명의 나무가 왕국이고 천국이다. 천국은 마치 겨자씨 한 알과 같이 드러나고 전개된다. 준비된 땅에 떨어져 발아하고 떡잎을 내고 가지를 내어 새가 깃들 수 있을 만큼 훌쩍 자라는 식물이다. 그 가지가 크면 사람 키만큼 자라고 줄기는 목질화되어 마치 나무 같다.

새가 쉼터로 삼을 만큼 자란다. 공중에 나는 새는 쉼을 얻지 못한다. 그러므로 우리의 생각은 하늘을 나는 새와 같다. 어디든 날아가서 그의 먹이를 취하고 또 하늘을 날아다니며 먹이를 찾는다. 타자에게서 취한 생각과 먹이는 언제든 다시 허기진다. 생각은 헝클어지고, 생각은 아무리 쉼 없이 생각한다 해도 안식하지 못한다. 공중의 새가 쉼터를 얻는 것은 비로소 자기 자신에게서 시작된 존재의 나무가 큰 가지를 낼 때 그곳에 깃들어 공중의 새가 쉼을 얻는다. 생각도 더는 방황하지 않는다. 언제든 날아오르고 언제든 가지에 내려앉는다.

말씀 21 집주인과 도적의 비유

21.1 마리아가 예수께 물었다. "당신의 제자들은 어떤
사람들인가요?" 예수가 말했다.
"그들은 자기 것이 아닌 밭에 사는 어린아이들과 같다.
밭 주인이 오면 '우리 밭을 돌려 달라'고 할 것이다.
그들은 밭을 돌려주기 위해 그들 앞에서 옷을 벗는다."
21.2 그러므로 나는 말한다. "집주인이 도적이 올 줄 알면
그가 올 때까지 지키고, 물건을 빼앗아가지 않도록
자기 왕국의 집이 뚫리지 않게 할 것이다.
너희는 세상(ⲕⲟⲥⲙⲟⲥ 코스모스)의 시작(ⲉⲍⲏ 에헤)부터 깨어 있어라.
도적이 길을 찾지 못하도록 강한 힘으로 허리를 동여매라.
외모를 중시하게 되면 겉에 빠지게 될 것이다.
네 중심에 이해심의 사람이 오게 하라.
열매가 익었을 때, 그는 손에 낫을 들고 속히 나가서
그것을 수확할 것이다. 속에 있는(within) 그에게
들으려는 귀를 가진 자는 듣게하라"

남의 밭에 사는 어린아이

말씀 21을 10절, 혹은 11절로 나누기도 하나 나는 편의상

두 개의 단락, 두 개의 절로 나눠 해석하려 한다. 마리아가 예수께 묻는다. 당신의 제자들은 무엇과 같습니까? 예수의 답변은 다음과 같다. 그들은 마치 남의 밭에 사는 어린아이와 같다. 밭 주인이 밭을 내어 달라고 하면 그들은 밭을 돌려주기 위해 옷을 벗고 밭을 돌려준다. 말씀 21-1에서 예수는 마리아에게 제자들의 정체성을 남의 땅을 여행하는 어린아이와 같다고 한다. 땅 주인이 왔을 때 옷을 벗고 땅을 돌려주는 어린아이.

예수께서 마리아에게 전하는 제자의 정체성이다. 순례자란 그 정신이 본래의 자기 정신을 찾아 떠나는 사람을 일컫는다. 인생은 '나'를 찾아 떠나는 여행이다. 누구나 처음 정신은 남의 밭에서 살고 있다. 부모로부터 육체가 태어나지만, 그 정신은 그 사회의 문화와 집단의 무의식이 부모를 통해 내게 이식(移植)된다. 나의 정신은 그 시대가 입혀주는 옷을 입는다. 그 시대의 종교가 입혀주는 옷을 입고, 교육이 입혀주는 옷을 입고, 적자생존에서 살아남는 옷을 입고, 그들의 세계에서 사는 법을 배운다. 그들의 터에서 살게 된다. 우리의 정신은 언제나 남의 땅에서, 남의 밭에서 사는 것과 같다. 주인은 타자요, 파라오며 내 정신은 그들의 요구에 부응하며 살고자 한다. 그럴 때 적자생존 동물의 왕국에서 생존할 수 있다.

제자란, 그 같은 정신의 현주소를 어느 때가 되면 명확히 자각하게 된다. 하여 밭 주인이 밭을 내어달라고 하면 그가 지내던 삶의 터를 떠나면서 아울러 입고 있던 옷도 함께 벗고 떠나게 되는 게 제자다. 이제 그대는 더는 바로의 노예로 살 수 없다. 남의 밭에서 노예로 살고 있다는 자각이 찾아오면, 거기에 더는 머물 수 없다. 이를 도마복음은 밭 주인이 밭을 돌려달라고 하는 것으로 묘사한다. 제자는 노예로 있다는 사실을 자각하는 것, 그것 자체가 그 밭을 돌려달라는 요구로 인식된다. 그러므로 옷을 벗고 밭을 떠나게 된다.

그대 자신이 사는 삶의 길이 있으니 그곳을 향하여 떠나라. 모세에 의해 새로운 삶의 방식에 초대받은 유대 백성은 그가 살던 남의 땅, 파라오가 지배하는 애굽을 떠난다. 요셉과 그의 후손에게 주어졌던 고센 평야를 바로에게 내어주고 애굽을 떠난다. 광야는 애굽에서 입었던 옷을 벗는 장소다.

니체는 정신의 세 유형을 다음과 같이 말한 바 있다.

"정신이 낙타가 되고 낙타가 사자가 되고 사자는 마침내 어린아이가 된다." 정신이 낙타가 된다는 것은 타자의 밭에서 놀이할 때 겪게 되는 현상이다. 타인이 지워놓은 무거운 짐을 지고 사막을 걷는다. 평화와 사랑이라는 무거운 짐을 등에 올려놓는다. 하나님 사랑과 이웃 사랑이라는 고매한 봉우리 두 개를 등에 짊어지고 있다.

낙타가 사자가 되려면 그가 서 있던 곳을 그 주인에게 돌려주고 낙타의 옷을 벗어야 비로소 사자로 탈바꿈한다. 사자는 자유의 상징이다. 자유는 무거운 짐을 내려놓고 숲의 왕자가 되려고 한다. 그 정신이 무거운 짐을 벗어놓고 자유의 노래를 부르게 되나 여전히 생명의 세계는 요원하다.

사자가 어린아이가 되어야 비로소 사람이 되고 비로소 세계를 떠나 자기 세계를 얻는다. 사자의 세계를 잃어야 자기 세계를 얻는다. 사자의 옷을 벗어야 사람의 형상인 어린아이의 옷을

입는다. 어린아이는 생명의 세계요 존재의 나무다. 신의 형상이
고 신의 모양이다. 제자의 정체성은 타인의 밭에서 노니는 어린
아이와 같아서 때가 되면 그 터를 주인에게 돌려주고 돌려주기
위해 옷을 벗는 것이다. 낙타의 옷을 벗고 사자가 된다. 사자의
옷을 벗고, 사람의 옷을 입는다. 신의 형상과 모양의 옷으로 갈
아입는 것, 순례자가 걷는 길이다.

집주인과 도적의 비유

21.2 그러므로 나는 말한다. "집주인이 도적이 올 줄 알면
그가 올 때까지 지키고, 물건을 빼앗아가지 않도록
자기 왕국의 집이 뚫리지 않게 할 것이다.
너희는 세상(κοςμος 코스모스)의 시작(ϵϩн 에헤)부터 깨어있어라.
도적이 길을 찾지 못하도록 강한 힘으로 허리를 동여매라.
외모를 중시하게 되면 겉에 빠지게 될 것이다.
네 중심에 이해심의 사람이 오게 하라.
열매가 익었을 때, 그는 손에 낫을 들고 속히 나가서
그것을 수확할 것이다. 속에 있는(within) 그에게
들으려는 귀를 가진 자는 듣게하라."

어린아이는 주인이 있는 밭을 버리고, 혹은 땅을 돌려주고
비로소 자기 세계를 얻는다. 더는 노예로, 노예도덕으로 살지
않는다. 타자가 주인인 세계를 버렸다. 자신이 주인이 되는 세
계를 얻는다. 그러므로 21-2는 주인이 달라졌다. 내가 나의 세

계의 주인이다. 내 집의 주인은 나다. 하여 이제 그 집의 주권
(ⲚⲦⲈ ⲦⲈϥⲘⲚ̄ⲦⲈⲢⲞ 엔테 테프멘테로 of his kingdom, reign of king)은 바로
자신에게 있다. 1절 밭의 주인은 노예를 거느리고 있는 타자
(slave owner)요, 여기 집의 주인은 비로소 자기 세계를 획득한
어린아이요 작은 자다. 온전히 주권을 갖고 다스리는 왕국이다.

출애굽 후 광야에서 온전히 애굽의 옷을 벗고 요단을 건너
가나안에 이르게 된 것이다. 자기 땅을 분배받으니 비로소 내
땅이고 내 밭이요 내 집이다. 그곳의 주권은 내게 있다. 존재하
기 전 존재하는 것에 의해 비로소 존재에 이르게 된 것이다.
낙타의 옷을 벗고, 사자의 옷을 벗고, 사람의 옷을 입었다. 비
로소 신의 형상과 모양의 사람이 된 것이다. 자신의 집을 자신
이 다스린다. 타인에 의해 휘둘리지 않는 진정한 왕권을 회복한
것이다.

자신의 밭에 대추 야자수 열매가 맺히고 포도나무와 무화과
열매가 맺힌다. 포도나무에서 풍성한 열매를 얻고 각종 과일나
무에서 과일을 추수하게 되니 바구니가 넘친다. 부러울 게 없
다. 여기가 천국이라고 흥얼거린다. 젖과 꿀이 흐르는 땅에 이
르러 부르는 노래를 부른다. 혼자 먹을 수 없다. 이웃과 나누게
된다. 나누어도 남는다. 포도주를 담고 무화과 술을 담는다. 벗
을 부르고 이웃을 불러 잔치를 벌인다.

여기가 또다시 경계지점이다. 나누다 보면 반드시 찾아오는
게 있다. 노아가 포도주에 취해 옷을 벗고 널브러져 있었던 것
처럼 나도 어느 한순간 포도주에 취해 벌거벗고, 벗었으나 부끄
러워하지 않는다. 축복의 포도주가 진노의 포도주, 저주의 잔으

로 바뀐다.

한순간 도적이 그 의식의 담을 뚫고 들어와 진노의 포도주에 취해 왕국을 순식간 빼앗아간다. 메데와 바사 왕국에 점령당하게 되고 네부카드네자르의 식민백성이 되고 만다. 영지주의에 빠져 영적 지식의 유혹에 점령당한다. 도적이 찾아온 것이다. 남방 민족에게서 해방되어 해방의 노래를 부르는 것도 잠시, 다시 북방 민족에게 잡혀간다. 남방민족, 애굽의 노예 생활은 내가 타자의 지배 아래에 있었다면, 북방 민족에게 잡혀간다는 것은 자신의 지혜로 타인을 지배하려는 속성에 빠지는 정신 현상이다.

영지주의를 앞세워 영적 지식이 구원인 양 사람을 유혹하게 되고 자신의 지식으로 타인을 현혹하여 지배하려는 속성이 발동하는 것은 정신이 유혹에 빠지는 것이고, 도적에게 탈취당하는 일이다. 진정한 생명 현상이 아니다. 생명을 다시 탈취하는 것이다. 깨달음과 영적 지식으로 자신의 존재를 증명하려는 어리석음에 빠지는 것이다. 한 번 비췸을 맛보고 잠시 존재의 세계에 참여했다가 다시 타락하는 현상이다(히 6장 참조). 우후죽순 솟아나는 신흥종교는 이와 같은 현상의 표출이다. 남방에서는 타인의 지배 아래 노예도덕 속에 살아왔다. 율법과 도덕의 기준이 타인이었다.

북방에서는 뭇별 위에서 비길 자가 없다고 빛 중의 빛임을 내세우며, 두로 왕의 의식에 빠져 있는 영적 지식의 소유자가 기준이다. 늘 새로운 법과 기준을 생산하며 타자에게 강요한다. 타자를 살리는 것이 아니라 죽인다. 남방에서는 타자에게 죽임을 당하며 죽음을 맛보는 삶을 살았다면 여기서는 자신이 타자에게 영적 지식을 명분으로, 참된 생명이 여기 있다는 것을 명분으로 삼지만 실은 죽음의 법을 내세우며 끊임없이 당근과 채찍을 휘두르며 타인을 정신의 노예로 삼으려 한다. 자신이 세상 임금이 되려는 것이다. 하늘 궁을 세우고, 평화의 궁전과 증거 장막성전을 세워 왕의 지위에 있으려 한다. 타자의 영혼을 노략하려는 것이다. 깨어있지 않으면 순식간에 이같이 되어버린다. 사람의 형상을 잃고 짐승의 형상이 되어 사자가 되고 곰이 되고 표범이 되고 무섭고 두려운 짐승의 형상을 신의 형상으로 오해한다. 깨어있지 않으면 순간 그리로 잡혀간다.

강한 힘으로 허리를 동여매지 않았기 때문이다. 선생이 되려하고 그녀의 외모(숫자와 세력의 신의 미혹)에 시선이 가는 순간 그들은 겉 사람에게 빠지게 되고 포도주에 취하게 되기 때문이다. 겉을 말하면 듣는 이는 반드시 강탈당한다. 겉에 빠진다. 에덴의 이야기에 하와가 뱀의 말을 듣고 그의 집이 강탈당한 이야기가 대표적이다. 선악을 알게 하는 나무의 열매를 먹으면 눈이 밝아 하나님처럼 된다고 하는 것이 외모를 치장하는, 겉에 관한 이야기다. 겉을 꾸미는데, 외모를 가꾸는데 지식보다 더 나은 화장품은 없지 않은가. 그 말을 듣게 되면 반드시 겉에 빠지게 되고 그 속(집, house)은 강도에게 뚫리고 집안의 것을 강탈당한다. 총명과 자비의 마음이 빛을 잃는다.

그러므로 총명한 그가 마음 한가운데 있어야 한다. 그 외중에도 다니엘과 세 친구로 상징되는 네부카드네자르의 압제에 굴복하지 않은 총명한 사람이 등장한다. 북방 민족에게 포로로

잡혀가도 굴복하지 않는 총명의 사람이 있다는 점이다. 한 번 비췸을 받고 타락한 이들이 생명을 살리는 삶에 무력해지게 되고 존재의 삶, 생명 나무의 열매를 맺을 수 없게 된다. 영지주의자는 갈수록 강퍅해진다. 각각 존재의 나무로 살 수 있게 하는 데는 무기력해진다(ἀδύνατος). 히브리서 6장은 이렇게 한번 비췸을 받았다가 타락(바빌론에 잡혀간)하여 무기력(ἀδύνατος)해진 자를 돌이키게 하기 위한 메시지를 담고 있으나, 번역 성서들은 한결같이 이를 반대로 회개케 할 수 없다는 의미로 번역하여 독자에게 혼란을 주고 있다. 4절 첫 번째 나오는 단어, 아두나토스(ἀδύνατος)를 엉뚱하게도 6절 중간에 나오는 단어 회개(εἰς μετάνοιαν)하고 연결해 회개케 할 수 없다는 뜻으로 번역한다. 거의 모든 번역 성서들이 이점에서는 한결같다는 점에서 놀랍다.

영지주의는 사자의 머리를 하고 몸은 뱀 두 마리의 형상으로 묘사된다. 소위 데미우르고스의 괴물이다. 영적 지식과 구원을 무기로 물질은 악마의 창조물이고 영적인 지식만이 진리라고 주장하며, 역설적으로 물질을 갈취하고 영혼을 저당 잡는다. 선악을 알게 하는 지식 나무의 지독한 특성이다. 북방 민족의 지혜와 지식의 물결이 너무나 거세게 몰아닥쳐 잠시 정신을 못 차리고 숨죽이며 있던, 죽은 듯이 있던 총명의 사람이 깨어나야 출바빌론이 가능하다.

북방의 바빌론에 잡혀가도 비록 그 형편이 처음 애굽에서보다 일곱 배나 더한 일곱 귀신이 그 집에 들끓고 있어도 마침내 그발 강가에서 고토를 향한 노래를 부르게 하는 것은 그 중심에 아직은 맥이 끊기지 않은 지혜와 총명의 사람이 남아 있을 때 출바빌론, 귀가나안이 가능하다.

도마복음 말씀 21-1과 2. 단순히 몇 마디의 말씀 자체만을 보게 되면 해석하기 쉽지 않다. 어록은 어록이 담고 있는 보이지 않는 대서사를 읽어내야 비로소 해석을 발견할 수 있다. 말씀 21의 대서사는 출애굽, 광야, 가나안, 바빌론, 출바빌론의 대서사 맥락 속에서 읽어야 비로소 읽힌다. 해석을 발견하게 된다.

그에게서 듣게 하라

"귀 있는 자는 들어라." 콥트어 본문은 "그에게 들을 귀 있는 자는 그에게서 들어라!"라고 한다. 그는 누구일까. 그대의 중심에 있는 총명한 그요, 자기 자신의 지성소 안에 있는 HE (him)에게서 들을 수 있는 귀를 가지고 있는 이는 곧 그에게서 들으라는 것을 강조한다.

깨달은 영성가(?)에게서 들으려는 미혹을 물리치고, 그대 안에 머무는 그에게서 들어라. 혹여 누군가 깨달은 영성가가 있다고 하면, 그저 힌트를 얻을 수는 있되 더는 미혹 당하지 않아야 한다. 그에게서 들으라는 것, 말씀 21이 전해주는 강력한 메시지다.

"그에게서 들을 수 있는 귀를 가진 이는
듣게 하라(ⲘⲀⲢⲈϤⲤⲰⲦⲘ 마레프소티엠, let him listen)"

　그에게서 귀 기울여 듣게 하는 것, 그것이 예수께서 베드로를 떠나는 까닭이다. 그에게서 듣는 것을 도외시하고 세상 임금 예수에게서 듣고자 하는 고질병을 치료하기 위해 예수는 베드로를 떠나 십자가를 진다. 베드로가 베드로 안에 있는 총명한 자의 소리를 듣도록 베드로를 떠났다. 그것이 예수의 십자가 사건이다.

말씀 22 작은 자와 왕국

22.1 예수께서는 작은 자가 젖을 먹는 것을 보셨어.
예수께서 제자들에게 이르시되
"이 젖을 먹는 작은 자가 왕국에 들어가는 자와 같다."
그들이 이르되 "그러면 우리가
작은 자의 존재(being)가 되어 천국에 들어가겠습니까?"
22.2 예수께서 그들에게 말씀하셨다. "그 둘을 하나로 만들고 안이
바깥과 같고 밖이 안과 같으며
위가 아래와 같게 만들고 그리하여 너희가 남자와 여자를
홀로 하나(Ⲙⲡⲓⲟⲩⲁ ⲟⲩⲱⲧ 엠피우아 우오티)로 만들 것이다.
남자가 남자가 아니고, 여자가 여자가 아니기 위함이다.
네가 눈 대신에 눈을, 손 대신에 손을, 발 대신에 발을,
형상 대신에 형상을 만들면 그때 너희가 [왕국]에 들어갈 것이다."

작은 자란

그때 제자들이 예수께 나아와 가로되 천국에서는 누가 크
니이까 예수께서 한 어린아이를 불러 저희 가운데 세우시
고 가라사대 진실로 너희에게 이르노니 너희가 돌이켜 어

린아이들과 같이 되지 아니하면 결단코 천국에 들어가지
못하리라 그러므로 누구든지 이 어린아이와 같이 자기를
낮추는 그이가 천국에서 큰 자니라 또 누구든지 내 이름으
로 이런 어린아이 하나를 영접하면 곧 나를 영접함이니(마
18:1-5; 막 10:13~16; 마 19:13~15; 막 9:36 참조)

도마복음 22에 등장하는 작은 자, 여기서 작은 자는 매우
독특하게 사용된다. 굳이 쉐레(ϣHPE, ϣEEPE, child, 어린아이)를 사
용하지 않고 코우이[KOYI little(small) person, 작은 자, 4, 8, 37, 46,
96 참조]를 사용하고 있다는 점이다. 말씀 46에서도 코우이를 사
용한다. 물론 코우이와 쉐레를 동의어로 취급할 수도 있다. 다
수의 해설가가 그렇게 여긴다. 칠 일된 어린아이에서는 쉐레(ϣH
PE, ϣEEPE)와 함께 등장한다. 즉, 어린아이에서 한 번 더 형용하
여 **작은 어린아이**다.

여기서 코우이는 big person 혹은 old person 과 대비되는
개념이다. 말씀 46에 등장하는 요한보다 큰 자가 없다고 할 때
의 '지세(ϫICE, be high)'가 큰 자를 일컫는 개념이다. 도마복음에
서는 말씀 46에 단지 1회 '지세(ϫICE)'가 등장한다. 따라서 어
린아이는 작은 자에 대한 비유다. 그러므로 코우이와 쉐레를 동
의어로 보기보다는 쉐레(어린아이)는 코우이(작은 자)에 대한 비유
라고 보는 것이 더 적절하다는 게 나의 의견이다. 도마복음은
그런 점에서 매우 분명해 보인다. 말씀 22와 46에서 굳이 코
우이(KOYI little person)를 사용하고 있다는 것이 이를 입증한다.
아울러 공관복음은 이를 잘 뒷받침하고 있다.

공관복음은 매우 분명한 대비를 보여준다.(막 10:13-16; 마 19:13-15; 참조 막 9:36; 마 18:2-5, 눅 18:15) 제자들이 예수에게 묻는다. '천국에서는 누가 가장 큰 자인가요?(Τίς ἄρα μείζων ἐστὶν ἐν τῇ βασιλείᾳ τῶν οὐρανῶν;)'라고 하는 물음에 예수는 큰 자(μείζων, 메이존)와 대비하여 어린아이를 세우고 있다. 그러므로 거기서 어린아이는 메이존과 대비되는 작은 자(little person)의 비유라는 것이 분명하다. 공관복음에는 어린아이가 파이디온(παιδίον)으로 표기된다.

파이디온은 남자와 여자를 구분하지 않는다. 성으로 하면 소년과 소녀로 구분할 수 있겠으나, 천국에 들어가는 어린아이의 비유에서는 그냥 '파이디온'이다. 예수는 어린아이에 대해 주석해준다. 천국에서는 자기 자신을 낮추는 자(ταπεινόω 타페이노, bring low, humble)가 큰 자라고. 그러므로 율법에서는 여인이 낳은 자 중 요한이 가장 큰 자(ϩⲓⲥⲉ, be high)다. 그렇다면 어떻게 낮출 수가 있을까. "겸손은 힘들어" 조영남의 노래 제목이다. 겸손의 몸짓으로 낮춰지고 온유할 수 있는 것인가. 그렇게 되는 게 아니다.

율법 아래에서는 작은 자가 있을 수 없다. 누구나 큰 자의 경쟁을 하는 곳이 율법 아래에 있을 때이기 때문이다. 즉, 율법 아래에서는 정신의 '파이디온'이 있을 수 없다는 뜻이다. 성서의 어법으로 물과 성령으로 거듭 태어나지 않으면 작은 사람이 될 수 없다. 이를 모태에 들어갔다가 다시 태어나는 것이냐고 묻는 물음이 터무니없는 것이듯, 율법 아래에서는 작은 자로 태어날 수 없다. 율법이 그의 정신이 태어나는 모태라면, 율법의 태에서는 작은 자가 태어날 수 없다. 그곳에서는 서열이 있고 계급이 있더라도 모두가 큰 자를 지향하는 시스템이 율법의 질서이기 때문이다. 하갈의 태에서는 큰 자가 되려는 것의 노예 곧 종이 태어날 뿐이다.

유대교에서는, 무릇 종교의 시스템 아래에서는 작은 자가 태어날 수 없다. 그의 정신이 태어난 모태에 다시 들어가서 태어날 수 있는 게 아니기 때문이다.

다시 강조한다면, 율법 아래에서는 큰 자가 되려는 시대여서 아무리 작은 자라 해도 그의 의식은 큰 자를 지향한다. 하여 사울은 큰 자요, 다메섹 이후 작은 자 바울이 작은 자(little person) 어린아이다. 사울과 바울은 그 정신이 쌍둥이다. 큰 자와 작은 자의 대비를 드러내는 정신의 쌍둥이다. 이를 생물학적 육체의 쌍둥이로 해석하는 것은 난센스 아닌가. 사울은 그의 정신이 태어난 모태 유대교를 떠나서야, 다메섹을 지나 새로운 예수 그리스도의 태에서, 자유자의 어머니 사라의 태에서 새로 태어나 바울이 된다. 비로소 낮출 수 있는 자가 된다. 출애굽하고 광야를 지나 요단강을 건너야 비로소 땅을 기업으로 얻는다. 온유한 자가 땅을 비로소 기업으로 얻으려면 그렇게 새로 태어나는 것을 통해서만 가능하다.

아브람은 큰 자를 지향한다. 아브라함은 비로소 큰 자의 세계관을 넘어선 작은 자다. 먼저는 아브람이요 나중은 아브라함이다. 거듭 태어나는 정신에 대한 대비를 히브리인들은 그 같은 비유법을 동원해 서사에 담는 특성이 있다. 바울은 육신의 생각과 영의 생각으로 이를 대비시킨다(롬 8:1-6 참조). 육신의 생각을 좇는다는 것은 "누가 크냐"를 좇아서 사는 세계관이다.

예수의 제자들이 묻는다. 천국에서 누가 큰 자인가. 오늘 종교는 천국에서 서로 큰 자이기를 지향한다. 큰 자이기를 바라는 것을 부추기고 그것에 기대어 종교는 교세를 확장한다. 예수를 믿는다는 사람들의 정신이 예수의 세계관과 예수의 천국과는 거꾸로 간다.

말씀 20에 등장하는 겨자씨, 겨자씨는 큰 자의 소리가 아니라 작은 자의 소리를 듣는 것의 상징이다. 자기 자신 속에서 미세한 음성을 듣는 것이 겨자씨의 상징이다. 쌍둥이 복음의 특성은 말씀 22에도 아주 잘 묻어 난다. 히브리 서사 구조의 양식이기도 하려니와 도마는 대비의 방식으로 복음의 세계를 전달하는 뛰어난 특성이 있음을 엿볼 수 있다. 오죽하면 그의 처음 이름 유다보다 나중 이름인 토마스가 더 알려져 토마스 복음이라고 할까.

칠 일 된 어린아이란, 생물학적 칠 일 된 어린아이를 비유한다고 볼 수도 있겠으나, 기실 창세기 1장 칠 일 창조의 어린아이를 함의하고 있다. 여섯째 날 하나님의 형상과 모양의 사람이 창조된 후 비로소 쉼, 곧 안식에 이른 어린아이의 상징이 담겨 있다.

도마복음 말씀 22에 '젖을 먹는(ⲉⲩⲍⲓ ⲉⲣⲱⲧⲉ 유지 에로테)' 작은 자라는 표현이 등장한다. 공관복음에는 볼 수 없는 표현이다. 단지 작은 자가 아니다. 젖 먹는 작은 자다. 젖을 먹고 있는 작은 자라는 도마복음만의 이 독특한 표현에서 말씀 20의 겨자씨 비유는 도마복음의 맥락을 따라 읽으면 '작은 자의 젖'이라는 의미가 크게 부각 된다. 가장 작은 씨, 겨자씨는 작은 자의 젖이다. 도마 공동체는 큰 자의 말을 듣고 그의 세계를 키워나가는 것과 전혀 다른 세계에 와 있다.

아브라함에게는 약속의 자녀 이삭이 하나님 나라의 유업을 이을 자다. 젖을 먹는 작은 자에게 작은 자의 모유 수유가 이뤄지고 있다. 젖을 먹으면 큰 자가 되어야 하는 게 아닌가. 아니다. 천국은 그런 곳이 아니기 때문이다. 작은 자의 젖을 먹을수록 작은 자의 삶을 숙성시킨다. 천국은 작은 자가 큰 자라고 하는 역설의 세계다.

갈수록 무한 경쟁으로 내모는 큰 자의 시대, 작은 자의 복음, 도마복음이 시대의 목탁과 경종(警鐘)이 될 수 있을까. 그것은 큰 자를 지향하는 삶에서 넋 아웃(soul out) 된 이들에게만 유효하고 또 그 소리가 들리리라. 도마복음은 탈종교 시대에 흩어져 존재 자아의 삶을 꿋꿋이 세워가는 이들이 곁에 두고 읽을 경전이다.

둘을 하나로 만드는 자(*안과 밖, 위와 아래, 남자와 여자*)

22.2 예수가 그들에게 말했다. "그 둘을 하나로 만들고
안이 바깥과 같고 밖이 안과 같으며
위가 아래와 같게 만들고 그리하여 너희가 남자와 여자를
홀로 하나(ⲘⲠⲒⲞⲨⲀ ⲞⲨⲱⲧ 엠피우아 우오티)로 만들 것이다.
남자가 남자가 아니고, 여자가 여자가 아니기 위함이다.

네가 눈 대신에 눈을, 손 대신에 손을, 발 대신에 발을, 형상 대신에 형상을 만들면 그때 너희가 [왕국]에 들어갈 것이다."

무슨 뜻일까. 질문은 다음과 같다. "우리가 작은 자(being)가 되어 천국에 들어갈까요?" 대답은 마치 동문서답이다. 작은 존재가 될 것인지, 그래서 천국에 들어갈 것인지를 묻는 물음에 예수는 둘을 하나로 만들고 안이 바깥과 같고 밖이 안과 같으며 위가 아래와 같게 만들고…… 등을 나열하고 있다. 작은 자가 되어 천국에 들어갈 수 있는지를 묻는 물음에 대한 답이다. 그러므로 그의 대답은 작은 자가 되면, 작은 자는 안이 바깥과 같고 밖이 안과 같으며 위와 아래를 같게 만드는 이라는 답변이 아니겠는가. 작은 자는 남자와 여자가 홀로 하나가 되게 한다는 답이나 다름없다. 이어서 열거되는 항목들 또한 작은 자에게서 나타나는 현상들이다. 작은 자에게 나타나게 될 모습으로 제자들의 물음에 답하고 있다.

어느 때에 이러한 일들이 일어날 것이며 또 가능할까. 아니 가능한 일인가. 어느 때에 하나는 둘이 될까. 둘을 하나로 만들 때는 또 어느 때인가. 앞서 알곡의 비유로 설명한 바가 있다. 한 알의 밀알이 땅에 떨어지게 되면 하나는 둘로 나뉜다. 한 알은 씨눈과 배젖으로 분화되고 둘이 된다. 둘은 곧 배젖의 죽음과 씨눈의 발아로 둘이 하나 되는 생명 현상이 진행된다.

어느 때 둘이 하나가 될까. 동시에 둘일 때는 또 어느 때일까. 이는 생명 현상에서 읽어야 하고 또 살펴야 한다. 안과 밖, 밖과 안은 비로소 작은 자가 되는 과정에서 발생한다. 율법은 밖이고 외피이며 겉이요 배젖이다. 그 속은 씨 눈이며 생명이다. 생명을 둘러싼 생명 싸개가 율법이며, 그것은 겉옷이다. 생명이 꿈틀거리며 속과 겉이 분리되고 외피가 박리(剝離)되며 배젖이 와해 된다. 그리고 생명의 눈을 키우게 된다. 율법의 처음 것이 폐해지며 생명의 둘째 것이 도래한다. 그것은 폐해지며 동시에 생명의 씨눈의 자양분이 된다. 따라서 폐해지면서 없어지는 것으로 설명되지만 생명에게 흡수된다. 안과 밖이 하나가 되는 것이다.

에덴의 이야기에 의하면 이 모든 일은 '흙이니 흙으로 돌아가리라'는 예언처럼, 다시 아담 아파르(티끌 사람, 작은 자)가 되어야 비로소 하나님의 형상과 모양의 사람, 둘을 하나로 만드는 '셋(seth)'을 향하게 된다.

남자로되 남자가 아니고 여자로되 여자가 아닌, 안과 밖이 하나가 되고 겉과 속이 하나가 되는 것, 다시 태어나 작은 자가 될 때만 비로소 가능하다. 거기서 새로 태어나 홀로 하나인 모나코스(모노게네스)가 되며 위와 아래로 나누고, 큰 자와 작은 자를 나누고 안과 밖을 나누는 눈이 바뀐다. 작은 자(little ones)의 세계에는 큰 자와 작은 자를 나누는 나뉨이 없다. 남자로되 남자가 아니고 여자로되 여자가 아니다.

이분법을 극복하는 것은 '누가 크냐'의 세계관에서 벗어나 있을 때 비로소 가능하다는 의미다. 큰 자의 세계관으로 바라보는 눈이 바뀔 때, 옳고 그름의 눈이 생명의 눈으로 바뀔 때, 선악의 오른손을 잘라내고 생명의 손으로 바뀔 때, 선악에 발 빠른 것에서 생명의 발로 바뀔 때, 가이사의 형상, 곧 큰 자를 지향하는 마음의 형상이 하나님의 형상과 모양으로 바뀔 때 비로소 '작은 자'가 된다. 어린아이가 된다. 아니 작은 자가 되었을 때 바로 그와 같이 된다.

사울이 바울이 되고 시몬이 게바(베드로)가 되고 야곱이 이스라엘이 된다. 쌍둥이 형 에서와 대비되는 지렁이 같은 야곱에게서 큰 자 하나님과 싸움, 그리고 그의 이김을 보게 된다. 이스라엘은 본디 엘'(אֵל)이란 명사와 '겨루어서 이기다'란 동사 '사라'(שָׂרָה)의 미완료 형태인 '이스라'(יִשְׂרָ)가 결합한 이름으로 '그가 하나님을 이기리라'라는 의미다. 미완료는 '이겼다'가 아니다. '이기리라'라는 의미가 있다. 그러므로 이스라엘(יִשְׂרָאֵל)의 명칭은 '그가(야곱 HE) 하나님을 이리기라'는 의미를 담고 있는 것으로 보는 것이 타당하다. 브니엘에서 천사와 밤새 씨름하고 환도 뼈가 부러졌을 때 얻은 이름이다. 밤새 씨름하고 천사가 떠나면서 야곱에게 준 이름이라고 해서 그 밤에 하나님과 씨름하여 이긴 것인가, 아니면 장차 이기게 될 것인가. 물론 그 밤에도 그는 하나님과 겨뤄 이겼다. 그리고 이스라엘이라는 이름이 주어졌다. '하나님과 싸워 이기게 되리라'라는 이름을 얻었다. '이겼고, 이기게 되리라'라는. 여기서 '이겼다'라는 히브리어 야콜(יָכֹל)은 극복(overcome, prevail)을 의미한다. 강하여져(ἐνίσχυσας) 마침내 이기게 되었다. 마치 신약성서 요한계시록의 '이기는 자(τῷ νικῶντι, 토 니콘티)'와 방불하다.

그러므로 하나님을 이기게 될 때, 비로소 엘샤다이 하나님이 떠나가고 야웨 하나님이 계시가 된다. 야웨 하나님이란 여호수아, 호세아, 예수를 통해 계시가 된 '내가 나'인 하나님 곧 '나님'이다. 이스라엘은 그 명칭 자체가 예언이다. '하나님을 이기게 되리라'라는 예언. 큰 자의 천국, 큰 자의 하나님을 이기는 것은 결국 작은 자를 통해서만 가능하다. 큰 자는 이분법의 하나님이다. 안과 밖을 분리하고 위와 아래를 나누고 남자와 여자를 나누고 '누가 크냐'만을 향해 서 있게 한다.

인생은 신과의 한판 겨룸이다. 하여 저 하늘에 있는 엘샤다이 엘로힘을 마침내 땅으로 끌어 내려 패대기를 쳐야 비로소 네부카드네자르의 형상에서 야웨 엘로힘의 형상으로 바뀌게 된다. 가이사의 형상을 벗고 하나님의 형상으로 바뀐다. 하나님의 것과 가이사의 것을 구분한다.

"나는 티끌과 먼지로소이다." 티끌과 먼지와 같은 작은 자의 고백을 통해, 짐승은 사람이 된다.31)

너희는 아파르이니 마침내 아파르가 되리라(너희는 흙이니 흙으로 돌아가리라 כִּי־עָפָר אַתָּה וְאֶל־עָפָר תָּשׁוּב 키 아파르 아타 베엘 아파르 타슈브)는 예언이 하나님과 겨뤄 이기는 곳에서 이뤄진다. 작은 자가 되는 곳에서 큰 자의 하나님을 이기게 된다. 큰 자의 신을 혁파하는 데서 왕국이 시작된다. 작은 자의 복음이며, 어린아이로 다시 태어나는 길이 거기에 있다.

예수는 유대인의 신을 향해 살인자요, 거짓말쟁이요, 미워하는 자며 마귀라고 유대인 엘로힘의 실체를 들통 내서 하늘로부터 끌어 내린다. 이스라엘이 다 이스라엘이 아니라, 마침내 엘로힘과 겨뤄 이기리라는 예언이 성취된 그가 참 이스라엘이 된

---

31) 김창호, 「에덴의 뮈토스와 로고스」 참조, 도서출판 예랑, 2021.

다. 하나님과 싸워 참으로 이긴 자는 예수라는 말이다. 그리고 그는 야웨 하나님을 맞이한다. 내가 나인 하나님을 온 이스라엘에 전한다. '내가 나인 그것이 참된 구원이다'라고. 신이 죽어야 그 죽은 자로부터 신이 살아난다. 예수는 형상 대신에 형상뿐만 아니라, 신 대신에 신을 우뚝 세운 분이다. 둘이 하나가 되게 해야 한다는 당위(當爲)로는 하나(Single One)가 되게 할 수 없다.

작은 자는 이분법을 극복하는 길이다. 남자와 여자를 보더라도 남자와 여자로 보지 않는다. 남자로되 남자가 아니요, 여자로되 여자가 아니다. 그 모두가 각기 홀로 하나다. 남자도 홀로 하나의 눈으로 보고 여자도 홀로 하나의 눈으로 본다. 언제나 큰 자가 되려는 눈이 이것과 저것을 나눈다. 큰 자의 눈을 빼어버려야 한다. 눈 대신에 눈을 손 대신에 손을 발 대신에 발을 형상 대신에 형상을 만들 때, 비로소 작은 자가 되고 그가 왕국에 들어간다.

말씀 114에서 남자와 여자에 대해 다시 살피게 될 것이다. 여자가 남자가 된다는 것과 말씀 22는 서로 충돌하지 않는다. 본디 하나님의 형상과 모양의 사람은 자칼과 네케바(남자와 여자)로 창조된다. 그 정신의 세계에 이 둘이 항상 함께 있다. 생물학적인 남성에게도 그 정신은 남성성과 여성성이 함께 있다. 생물학적인 여성에게도 그 정신은 남성성과 여성성이 함께 있다. 칼 융이 말하는 아니마와 아니무스를 얘기하지 않아도 생명의 세계에는 늘 이 둘이 함께한다. 듣기(to hear)는 여성성이요, 말하기(to speak)는 남성성이다. 우리의 정신은 듣기와 말하기를 통해 그의 의식을 키워간다. 들어야 할 때는 들어야 한다. 아직 혀가 풀리지 않을 때, 그때는 듣기에 충실해야 한다. 정신의 형상이 여자로 있을 때다. 그에게서(자신 안에 있는 He) 듣기가 시작되면 말하기도 시작된다. 타자에게서 듣기를 멈추고 자신에게서 듣기 시작해야 자신의 말을 하게 된다. 여자가 남자가 되는 원리가 거기 숨어 있다. 생물학적 육체의 성전환을 의미하는 게 아니다. 남녀의 우열을 말하는 성차별적 언어가 아니다. 남녀의 성(gender)을 비유로 정신의 성질과 상태를 말하는 것이다.

아담도 나요, 하와 또한 나다. 자칼(זָכָר)과 네케바(נְקֵבָה), 남자와 여자의 창조를 통해 하나님의 형상과 모양의 사람을 향하게 한다. 나는 듣는 귀를 가진 여성성과 마침내 씨알을 내는 말하기의 남성성을 함께 가지고 있다.

내 안의 존재를 드러내는 이야기 속 설명 방식이다. 생명 나무도 마찬가지여서 생명 나무 안에는 남성과 여성이 함께 있다. 남자와 여자도 정신 현상을 설명하는 비유다. 비유는 실체가 드러나면 더는 비유 언어가 아니다.

작은 자의 복음, 도마복음은 혁명의 복음서다.

말씀 23 천에서 하나 만에서 둘

예수가 말했다. "내가 너희를 천에서 하나,
만에서 둘을 택할 것이다.
그리고 그들은 하나(oya oywт, 우아 우오티)로 서게 될 것이다."

천과 만에 대한 성서의 어법, 히브리인들의 언어 사용법을
이해하지 않으면 해석하기 쉽지 않다. 히브리 문학에 등장하는
일천의 용례와 함께 말씀 23을 살펴본다. 삼손이 나귀 턱뼈로
블레셋 사람을 죽인 숫자가 일천이라는 표현이 등장한다.(삿
15:15 참조) 솔로몬은 일천 번제를 드린다.

이에 왕이 제사하러 기브온으로 가니 거기는 산당이 큼이
라 솔로몬이 그 단에 일천 번제를 드렸더니(왕상 3:4)

히브리어 엘레프(אֶלֶף)는 본디 '황소'라는 뜻으로 히브리어 알
파벳 첫 글자와 같고 이것이 수사로 쓰일 때, 일천의 의미로
사용된다. 콥트어로는 쇼(ϣo)로 그 뜻은 일천(thousand)이다.32)
솔로몬이 산상에서 드렸다는 일천 번제는 일천 마리의 양을

번제로 드렸다는 것으로 이해할 수 있다. 다만, 일천 마리의 양을 번제로 드렸다는 것은 해석이 필요하다. 히브리인들의 제사 문화와 그것의 상징성을 오늘의 관점에서 어떻게 이해해야 할 것인가. 히브리인들의 이야기 속에 담겨 있는 그들 제사 문화는 현대인의 관점에서 재해석할 필요가 있다.

목축업을 하는 유목민에게 양을 잡는 일은 신성한 일이다. 양은 주인에게 또 다른 가족이나 마찬가지다. 양을 통해 먹거리를 얻는다. 우유와 치즈는 물론이요, 단백질 공급원인 양은 부(富)의 상징인 재산이기도 하고 실제로 주요 식량 자원이다. 기왕에 잡아야 하는 식량 공급원인 양을 희생시켜 먹거리로 삼을 때마다, 종교 생활과 연관하고 희생의 제물을 신성시하는 제사 문화가 발달하는 것은 유목민의 공동체에서는 자연스러운 것이라 하겠다.

솔로몬에게 일천 번제는 일천 마리의 양이기도 하려니와 일천의 숫자가 상징하는 의미의 관점에서 보아야 한다. 일천은 온전의 의미가 크다. 사울에게는 천천이요, 다윗에게는 만만이라는 백성들의 환호에서처럼, 천천과 만만은 단지 숫자의 개념 이상이라는 의미다. 그것은 동양에서도 마찬가지다. 천세 천세 천천세와 만세 만세 만만세로 황제나 천황을 칭송하는 수사적 표현이 담고 있는 의미가 크다는 뜻이다.

그러므로 일천은 숫자의 많음과 더불어 온전함 혹은 가득함

---

32) TLA lemma no. C5731 (ϣⲟ), in: Coptic Dictionary Online, ed. by the Koptische/Coptic Electronic Language and Literature International Alliance (KELLIA), https://coptic-dictionary.org/entry.cgi?tla=C5731

에 흔히 사용하는 개념이며, 일만은 일천의 열 배이니 더 큰 광의를 형용하는 개념이다. 예컨대 일천은 성읍 백성을 일컫고 일 만은 부족민 전체를 일컫는다.(렘 3장 참조)

현대적인 의미를 탐색해 보자. 인생은 누구나 타인을 통해 자아를 형성한다. 정신과 의사요, 정신 분석 학자요 철학자라고 할 수 있는 자크 라캉33)의 생각을 빌어 해석해보자.

그가 말하는 대로 상상계의 거울 단계에서는, 어머니라는 거울을 통해 자아를 비춰본다. 멘토를 거울삼아 자신의 자아를 형성하려 한다. 상상계에 등장하는 거울은 단지 어머니만이 아니다. 어머니로 상징되는 거울의 종류가 수없이 많다. 거울에 비친 자신의 얼굴이 마음에 들지 않으면 언제든 거울을 깨버리고 새로운 거울을 마련한다. 멘토는 수시로 바뀐다. 유치원에서는 선생님이 거울이 된다. 선생님이라는 거울을 통해 자신의 모습을 상상한다. 의로운 소방관을 통해 자신의 미래를 상상한다. 명작 소설의 주인공을 통해 자신의 새로운 자아상을 비춰본다. 수많은 멘토는 상상계에 속해 있을 때 비춰보는 거울이다. 멘토는 수시로 바뀐다. 멘토는 번제물이 되고 희생제물이 되어 자신의 양식이 된다. 거울은 수시로 깨버리지만, 여전히 상상계에서 방황한다. 상상계를 벗어나려 희생시키는 제물이 하나둘인가. 얼마나 많은 선생과 선배를 만나고 또 헤어지는가. 얼마나 많은

---

33) 자크 라캉(Jacques Lacan, 1902-1981년)은 프랑스의 정신의학자, 정신분석학자, 철학자다. 라캉은 1966년 《에크리 (Écrits)》를 출판하였다. 《에크리》는 구조적인 관점에서의 프로이트적 분석에 대한 논문집이다.

선생을 갈아치우는가. 이것은 새로운 자아를 형성하려는 몸부림이다.

상징계는 언어로 구성된 그가 속한 그룹이다. 언어는 상징체계다. 또래 집단의 언어에 등재되지 않으면 왕따 당한다. 그래서 어떤 형태로든 구성원의 언어에 길들고 그곳에 자신의 언어를 등재하려 한다. 상징계에 자신의 존재를 업로드시키려면, 그들의 언어를 가져다 수많은 상징어를 조합하여 자신의 이름으로 등재해야 그곳에서 낙오되지 않는다. 사춘기에는 그들만의 언어 사용에 익숙해야 하고 그들만의 상징체계에 순응해야 한다.

세대마다 사용 언어가 다르다. 자신의 세대 언어에 익숙지 않으면 도태되고 만다. 그래서 자기 세대의 언어에 순응할 뿐만 아니라 끊임없이 새로운 상징어를 발굴하고 형성해간다. 언어가 자신을 지배하고 나는 그의 식민백성이 된다. 창씨를 개명하고, 그 시대의 언어에 순응하면서 자신의 언어를 잃어버린다. 거기 상상계의 나도 내가 아니다. 물론 상징계의 나도 실재의 내가 아니다. 상상계의 거울 속 수많은 나는 내가 아니다. 다만, 내가 아닌 타인을 통해 꿈꾸는 허상의 나일 뿐이다. 이렇게 만나고 헤어지는 나인듯한 그들이 천천이고 만만이다. 상상계의 그들이 천천이다. 상징계의 언어에는 만만의 언어가 침입해와 있다.

그렇다. 천 명 중 하나라는 뜻은, 내가 상상했던 수많은 거울의 상징적 숫자를 나타낸다. 내가 이상으로 삼았던 멘토의 상징적 숫자다. 그들은 내가 아니다. 혹여 그들을 통해 나를 상상

하고 꿈꿔왔다 해도 상상 속의 나는 자아도취요, 나르시스의 나
일 뿐, 그들은 '나'일 수 없다. 그러므로 홀로 우뚝 서야 하는
싱글 원(ογα ογωτ` 우아 우오티, Single One), 혹은 모나코스는 결코
천 명이 아니다.

그 가운데 오직 하나인 '존재의 나'가 상상계의 수많은 '나'
를 물리치고 선택된다. 천 명 중에서 하나를 택한다고 하는 것
은 바로 이와 같다. 상상계에 등장하는 수많은 거울 속의 나는
단지 거울에 비친 상상 속 나일 뿐 '존재의 나'가 아니다. 홀로
하나인 나는 더더욱 아니다. 그들을 희생제물로 삼아 번제를 드
리고 나야 비로소 '홀로 하나인 나'가 밭에 숨어 있다가 보화
로 드러나게 된다.

상징계의 나는 또 어떠한가. 상징계의 나는 아담에서부터 요
한에 이르기까지, 탈레스와 헤라클레이토스, 소크라테스에서부터
플라톤 아리스토텔레스, 데카르트, 칸트와 헤겔, 하이데거, 사르
트르는 물론이요, 데리다, 라캉, 지젝에 이르기까지, 토마스 아
퀴나스는 물론이요 어거스틴에서 깔뱅과 루터와 이후의 서구
신학자들. 오늘날 성현들의 언어로 짜인 각종 논서, 동양에서는
노자와 공자, 맹자는 물론이고 주자와 정이천 형제, 퇴계와 이
율곡, 다석 유영모, 석가와 그의 후예들 인류의 수많은 성현이
짜놓은 언어의 그물망, 그들 상징계의 언어들을 자신의 언어로
만들어 그들 상징계에 자신을 등재하지 않으면 '나의 존재는
없다.'고 여긴다.

인생은 상상계를 넘어서 상징계에 자신을 업로드할 때 비로
소 자신의 존재의미가 있는 것으로 오해한다. 이것은 노예가 아

닌가. 정신은 이렇게 수고하고 또 수고한다. 일만 스승을 두고 그들의 언어를 배우려 한다. 일만 스승의 상징계를 어떻게 극복할 수 있을까.

도마복음은 만 명 중에서 둘을 선택한다고 한다. 만 명 중에서 선택된 둘은 상징계의 사슬을 넘어설 수 있을까. 도대체 자크 라캉이 말하는 실재계란 무엇인가. 천명 중 하나, 만 명 중 둘의 세계가 라캉이 미처 규명하지 못하고 있는, 단지 모호한 채 유보하고 있는 실재계에 대한 도마의 표현은 아닐까. 말씀 23의 '만 명'을 라캉이 말하는 상징계의 언어 체계와 그물망의 세계로 나는 해석해보는 것이다. 그곳에도 진정한 나는 없다. 상징계에 자신을 등재해 자신의 존재를 드러내려는 수많은 몸짓을 넘어서지 않고는 싱글 원으로 하나가 된 자신의 언어를 찾을 수 없다는 말이다.

따라서 싱글 원으로 우뚝 선다는 것은 상징계의 언어에 종속되어 자신의 언어를 상실하고 타인의 언어에 그의 정신과 말이 속박당해 있는 것을 극복하는 것에 있다. 그곳 상징계는 큰 자의 언어로 점철되어 있다. 누군가 이미 말한 것이 혹여 그런 의미로 말한 것이 아니라 해도 상징계에 어떻게든 등재하려는 나는 그의 언어를 빌어 사용할 때, 큰 자의 언어로 환원해서 사용한다. 상징계에 종속된 만 명의 실상이다.

천 명 중 하나, 만 명 중 둘을 선택한다는 것은 실재계의 자신을 발견하는 일이다. 자신과 자신의 언어를 회복하는 것이다. 둘이란, 자신과 자신의 언어를 일컫는 둘로 해석할 수 있다. 지혜와 명철의 둘이기도 하다. 그런 점에서 천 명 중 한 사람이 천을 쫓아내며 만 명 중 두 사람이 만을 도망케 한다.

선민의식을 고취하는 천박한 하나와 둘을 의미하는 게 아니다. 말씀 23에서도 단일자(ora orur, 우아 우오티)에서 해석의 실마리를 찾아야 한다.

엘레프(אֶלֶף 일천)를 사용하고 있는 관련 성구를 살펴본다.

그들이 지혜가 있어서 이것을 깨닫고 자기의 종말을 생각하였으면- 그들의 반석이 그들을 팔지 아니하였고 여호와께서 그들을 내어주지 아니하셨더면 어찌 한 사람이 천을 쫓으며 두 사람이 만을 도망케 하였을까 대적의 반석이 우리의 반석과 같지 못하니 대적도 스스로 판단하도다 그들의 포도나무는 소돔의 포도나무요 고모라의 밭의 소산이라 그들의 포도는 쓸개포도니 그 송이는 쓰며 그들의 포도주는 뱀의 독이요 독사의 악독이라 이것이 내게 쌓이고 내 곳간에 봉하여 있지 아니한가(신 32:29-34)

신명기 32장은 지혜 있는 한 사람이 천을 쫓으며 두 사람이 만을 도망케 하는 이유를 노래하는 장면이 나온다. 반석이 그들을 팔았고 여호와께서 그들을 내어줄 때 그 같은 일이 생긴다고 모세는 기록한다.

이때 도망하는 이들은 야웨 하나님을 대적하는 다른 신을 좇는 이들이고 반석을 대신해 다른 반석을 두는 이들을 향한 야웨 하나님의 분노를 일컫는다. 천과 만은 따라서 다른 신을 숭배하는 이들이다. 큰 자의 신을 좇는 무리다.

지혜가 있어서 큰 자의 종말과 깨달음이 있는 작은 자가 곧 천을 내어쫓고 거기 작은 자 두 사람이 만을 도망케 한다. 케테르가 천을 내어쫓고 호크마와 비나가 만을 도망케 한다. 천과 만은 수사적인 표현이다.

지혜자 솔로몬의 어록 중 전도서 6장과 7장을 보자.

> 저가 비록 천 년(שָׁנִים אֶלֶף)의 갑절을 산다 할지라도 낙(טוֹב)을 누리지 못하면 마침내 다 한곳으로 돌아가는 것뿐이 아니냐(전 6:6)

천 년의 갑절을 산다 해도 낙을 누리지 못하면 마침내 다 한 곳으로 돌아가는 것뿐이라고 솔로몬이 한탄한다. 이때 낙은 좋음을 일컫는 토브(טוֹב)다. 좋음은 '존재의 나'로, 홀로 하나인 나로 하루를 살 때, '좋다'는 탄성이 절로 나온다. 좋음은 존재의 나를 형용하는 언어다. 그 외의 좋음은 좋음이 아니다. 존재의 나로 사는 좋음의 하루는 천 년이다.

> 내가 깨달은즉 마음이 올무와 그물 같고 손이 포승 같은 여인은 사망보다 독한 자라 하나님을 기뻐하는 자는 저를 피하려니와 죄인은 저에게 잡히리로다 전도자가 가로되 내가 낱낱이 살펴 그 이치를 궁구하여 이것을 깨달았노라 내 마음에 찾아도 아직 얻지 못한 것이 이것이라 일천 남자 중에서 하나를 얻었거니와 일천 여인 중에서는 하나도 얻지 못하였느니라 나의 깨달은 것이 이것이라 곧 하나님이 사람을 정직하게 지으셨으나 사람은 많은 꾀를 낸 것이니라 지혜자와 같은 자 누구며 사리의 해석을 아는 자 누구

냐 사람의 지혜는 그 사람의 얼굴에 광채가 나게 하나니 그 얼굴의 사나운 것이 변하느니라 내가 권하노니 왕의 명령을 지키라 이미 하나님을 가리켜 맹세하였음이니라(전 7:26-8:1)

그러므로 한 사람은 정직한 한 사람이며, 일천과 일만은 많은 꾀를 도모하는 이들을 일컫는다. 상상계와 상징계에서 일어나는 천태만상(千態萬象)이다. 그러므로 천 명 중 하나, 만 명 중 둘은 천태만상의 나에게서 벗어나, 오직 홀로 하나인 실재계에 우뚝 서 있는 나와 마주하는 것을 일컫는다.

주께서 사람을 티끌로 돌아가게 하시고 말씀하시기를 너희 인생들은 돌아가라 하셨사오니 주의 목전에는 천 년이 지나간 어제 같으며 밤의 한 경점 같을 뿐임이니이다 주께서 저희를 홍수처럼 쓸어 가시나이다 저희는 잠간 자는 것 같으며 아침에 돋는 풀 같으니이다 풀은 아침에 꽃이 피어 자라다가 저녁에는 벤 바 되어 마르나이다(시 90:3-6)

베드로는 하루가 천 년 같고 천 년이 하루 같음을 잊지 말라고 전한다.(벧후 3:8) 시편 90편은 모세의 기도문이다. 모세는 하루가 아니라 천년은 밤의 한 경점 같다고 서술한다. 이 모두는 시인의 언어다.

너는 오직 네 죄를 자복하라 이는 네 하나님 여호와를 배반하고 네 길로 달려 모든 푸른 나무 아래서 이방 신에게

절하고 내 목소리를 듣지 아니하였음이니라 여호와의 말이
니라 나 여호와가 말하노라 배역한 자식들아 돌아오라 나
는 너희 남편임이니라 내가 너희를 성읍에서 하나와 족속
중에서 둘을 택하여 시온으로 데려오겠고 내가 또 내 마음
에 합하는 목자를 너희에게 주리니 그들이 지식과 명철로
너희를 양육하리라(렘 3:13-15)

말씀 24 빛이 존재하는 빛나는 사람

그의 제자들이 그에게 말했다. "우리는 그분을 찾아야(ΤΑΝΔΓΚΗ, necessary) 해요. 당신이 계신 곳을 우리에게 보여주소서."
그가 그들에게 말했다. "그에게 들을 수 있는 귀를 가진 자는 그에게서 들을 수 있게 하라! 빛이 있는 그가 빛나는 사람이다. 그가 온 세상을 비추는 빛이 된다. 만일 그가 빛이 되지 않으면, 그는 어두움이다."

옥시링쿠스34) 사본의 단편 조각이 남아 있으나 해석에 큰 영향을 미치지는 않는다. 다만, 헬라어 텍스트에는 '포테이노스(φωτεινός)'를 사용하고 있어서 '빛의 사람'이기보다 '빛나는(shining) 사람'으로 해석할 수 있다.

제자들이 묻는다. "우리는 그분을 찾아야 하고 그분이 필요하다. 그러므로 당신이 계신 곳을 보여달라"고 말한다. 그는 지금 여기 제자들 앞에 있지 않은가. 내 앞에 있는 그에게 당신

---

34) P. Oxy. 24.3 [ἐσ]τιν [··· φ]ωτ'ε'ινῷ [··· κ]όσμῳ [··· μ]ή [··· ἐ]σ τιν

이 계신 곳을 알려달라고 하는 까닭이 무엇일까. 예수와 동고동락하던 제자들이 설마 그가 묵고 있는 그의 집이 어디인가를 가르쳐달라는 것일까.

여기 계시고 당신이 요셉의 아들인 것도 알고, 당신의 형제들이 누구인 것도 알고 있지만, 정작 내 앞에 있는 그대여, 우리는 당신이 머무는 그곳에서 그를(당신의 그) 만나야 하는데 우리에게 그곳을 보여주시오. 지금 여기 내 눈앞에 있는 그에게 당신이 계신 곳은 어디인지 보여주시오. 단순히 그가 머무는 물리적인 공간에 대한 질문만일까. 마태복음과 누가복음에는 다음과 같은 이야기가 기록된다.

길 가실 때에 혹이 여짜오되 선생님이여 (당신이)어디로 가시든지 저는 좇으리이다(Ακολουθήσω) 예수께서 가라사대 여우도 굴이 있고 공중의 새도 집이 있으되 인자는 머리 둘 곳이 없도다 하시고(마 8:19-20; 눅 9:57-58)

도마복음 24의 물음을 "당신이 어디로 가시든지 우리가 좇으려 합니다. 그러니 어디 머무는지 보여주시면 따라가겠습니다."로 바꿔 읽으면 어떨까. 마태복음은 질문자가 '서기관'이고, 누가복음은 질문자가 '어떤 사람'이고 도마복음 24는 '제자들'이다. 마태복음의 서기관은 '선생님이여(Διδάσκαλε, 디다스칼레)!'로 누가복음은 '당신(σοι)'으로 호칭한다. 당신이 계신 곳(επτοπος, 에프토포스 place). 다분히 공간적 장소의 물음인듯한 질문에 예수는 전혀 의외의 답변을 하신다.

마태와 누가복음에는 "여우도 굴이 있고 공중의 새도 깃들일 곳이 있으나 인자는 머리 둘 곳이 없다"라고 하신다. 여기서 당신이 어디로 가시든지의 '당신'에서 답변에 등장하는 그는 물음 속 당신이 아니라, '인자'로 바뀌고 있다. 눈앞에 있는 육체 예수는 어디 가고 '인자'가 등장하는 걸까.

'인자(ὁ υἱὸς τοῦ ἀνθρώπου, 그 사람의 그 아들)'가 머무는 곳은 어디일까. 예루살렘일까 감람산일까. 초막일까 궁궐일까. '그 사람의 그 아들이 머무는 곳'은 여우가 머무는 헤롯 궁전도 아니고, 공중의 새가 집을 짓는 나무 위 둥지도 아니다. 나무 위 '둥지'라 함은 사람들의 인식 속 도그마, 곧 선악의 나뭇가지에 틀어놓은 지식의 세계를 일컫고, 도그마를 비유한다고 할 수 있겠다. 공중의 새는 흔히 선악을 알게 하는 지식의 나뭇가지에 둥지를 튼다. 자기 정체성의 근거를 지식에 둔다.

말씀 23에서 언급한 상상계의 거울 속도 아니고, 상징계에 난무하는 그들의 언어 체계, 이미 내 안에 무수히 밀고 들어와 점령한 채, 큰 자를 향한 작동방식이 무의식의 창고에까지 가득 쌓여 나의 행동을 배후 조종하는 그곳도 인자가 머물 곳이 아니다. 그곳은 여우의 집이 되어버렸다. 다시 말해 세상 임금이 되고, 큰 자가 되고, 머리가 되려는 의식이 반복하여 쌓이고 쌓여 무의식의 창고에 가득 채워져 있다. 그곳에는 단군 이래 집적된 채 전승되어 오던 집단 무의식의 문화가 들어와 있다. 나도 모르는 사이 여우의 굴이 되어버렸다. 내 집에 '나'는 없고 여우가 살고 있고, 여우의 굴이 되었다. 거기 상처받은 여우가 있고, 언제든 튀어나와 공격성을 내보이는 공격적인 여우도 있다. 수많은 트라우마의 흔적으로 퇴적된 퇴적층은 억겁의 세월을 두고 형성된 고생물의 암각이 거기에 있는가 하면, 의식의 표층에는 상징계의 언어, 도그마로 점철된 지식의 복토(覆土) 층이 형성되어 있다. 선악의 나뭇가지에 새의 집을 짓고 있다는 말이다. 아, 인생이 그러하다. 그러므로 거기 '인자'가 머물 곳이 없다. 예루살렘 성전이 온통 장사꾼이 난무하고 성전이 아니라 복마전이 되어버렸다. 내가 바로 마구니가 들끓고 있는 복마전이 되어버린 것이다.

'다윗의 아들 예수'는 사람들이 부르는 이름이다. 민중이 그들의 열망을 담아 부르는 이름이고, 그 이름에는 세상 임금, 곧 로마의 속국에서 해방해 줄 민족의 희망이 담긴 '메시아', 민중의 열망을 담은 '그리스도'가 그들이 부르는 호칭 속에 담겨 있다. 오늘 기독인들이 주문처럼 외는 '오, 주여!' 속에는 한 치도 예외 없이 그때 민중들이 부르던 '다윗의 자손 예수여!'라는 칭호의 의미가 담겨 있다. 예수를 자신의 욕망을 구현하고 실현케 해줄 메시아로 호칭한다는 말이다. 예수는 그 같은 호칭을 스스로 사용한 적이 없다. 도리어 '그 사람의 그 아들'은 예수가 자신에게 부여한 독특한 정체성을 드러내는 이름이다. 민중의 열망을 배반하는 호칭이다. 신이어야 하는데, 신의 아들이고 이스라엘을 구원할 메시아여야 하는데, 기껏 '그 사람의 그 아들'이라니 이 무슨 민어탕에 동태 넣고 끓이는 소리인가.

사람들은 세상 임금 메시아를 영접하고 있을 뿐, 그 사람의 그 아들에는 관심이 없다. 사람들은 상징계에 업로드할 수 있는 깊은 깨달음과 고매한 지식으로 잘 엮은 빛나고 화려한 박사모

(博士帽)로 꾸며진 화관을 원하지 '참사람'에는 관심이 없다.

　본디 히브리인들은 한국인들과 유사한 문화가 있어서, 그의 조상을 빌어 자신의 현재 이름을 부르는 습성이 있다. 예수라 부르지 않고, 다윗의 자손 예수라 부른다. 그냥 아무개라 부르지 않고 아브라함의 자손 아무개로 칭한다. 최진사댁 셋째 딸로 부르지 현재 이름을 부르지 않는다. 전통적으로 이 같은 호칭 문화는 집안의 조상 중 가장 큰 벼슬아치를 전면에 내세워 현재의 자신을 더 높이고 돋보이고자 하고 큰 자로 보이고자 하는 습성에서 비롯된 문화다. 곧 다른 권위를 빌어 현재 자신의 권위로 삼고 자신의 정체성을 위장하려는 것으로부터 비롯된 문화다. 히브리인들이 그러하고, 우리 조상들의 문화가 그러하고 어느 사회나 대동소이하다.

　예수는 혁명가다. 그 같은 사회적 전승과 문화를 송두리째 부정하는 것이, '그 사람의 그 아들'이라고 자신을 부르는 것에 있다. 인자가 머리 둘 곳이 없는 까닭이다. 사람들이 '그 사람의 그 아들'을 영접하려 하지 않는 까닭이다. 사람들은 자신이 '사람이 되고 또한 사람의 아들이 되는 것'에 관심이 없다. 베드로도 '그 사람의 그 아들 예수'를 따라다닌 것이 아니다. 이스라엘을 회복할 메시아를 좇았다.

　당신이 어디로 가든 당신이 계신 곳에 내가 가겠습니다. "부름 받아 나선 이 몸 어디든지 가오리다"이다. 서기관이나 어떤 사람이 그러했던 것처럼, 제자들과 베드로도 예수가 있는 곳에 가려는 뜻이 별반 다르지 않았다. 예수를 좇는 이들이 이

러하다. 누구를 막론하고 예수를 좇는 사람들의 소이(所以)가 이
러하다.

그런데 여기에 예수는 강력히 제동을 건다. 그에게서 들을
수 있는 귀를 가진 자는 그에게 들어라[35]하면서 하는 답변은,

빛이 있는 그가 빛나는 사람이다. 그가 온 세상을
비추는 빛이 된다. 만일 그가 빛이 되지 않으면, 그는 어두움이다.

지금까지의 방식과는 다른 혁명적 전환이 이뤄진다. 더는 나
를 따를 수 없다. 그렇게 나를 좇는 것을 통해, 예루살렘이나
감람산 갈릴리와 사마리아, 그곳에서 만나는 그는, 그가 아니다.
이제 그렇게 만나는 시간은 지나갔다. 나(인자)는 그곳에 없다.
내가 가려는 곳에 더는 따라올 수 없다. 요한복음 13장에서 예
수는 제자들에게 전혀 새로운 방식의 길을 안내한다. 지금까지
의 방식과는 전혀 다른 것에 대한 행보에 제자들이 당황한다.
좌충우돌하는 장면이 나온다.

소자들아 내가 아직 잠시 너희와 함께 있겠노라 너희가 나
를 찾을 터이나 그러나 일찍 내가 유대인들에게 너희는 나
의 가는 곳에 올 수 없다고 말한 것과 같이 지금 너희에게
도 이르노라 새 계명을 너희에게 주노니 서로 사랑하라 내
가 너희를 사랑한 것같이 너희도 서로 사랑하라 너희가 서
로 사랑하면 이로써 모든 사람이 너희가 내 제자인 줄 알

---

35) '그에게서 들어라'는 도마복음의 독특한 표현이다. 신약성경의 '들을
귀 있는 자는 들으라'와 비교된다.

리라 시몬 베드로가 가로되 주여 어디로 가시나이까 예수
께서 대답하시되 나의 가는 곳에 네가 **지금은 따라올 수
없으나 후에는 따라오리라** 베드로가 가로되 주여 내가 지
금은 어찌하여 따를 수 없나이까 주를 위하여 내 목숨을
버리겠나이다 예수께서 대답하시되 네가 나를 위하여 네
목숨을 버리겠느냐 내가 진실로 진실로 네게 이르노니 닭
울기 전에 네가 세 번 나를 부인하리라(요 13:33-38)

지금은 따라올 수 없으나 '후에는 따라오리라.' 후에 따라가
는 그곳이 어디인가. 지금의 방식이 아니라 새롭고 산 방식인
'후에는 따라오리라'라는 그곳에 곧 그가 있을 것이고, 그곳이
예수께서 새로 안내하려는 곳이다.

그곳은 여우의 굴도 아니요, 선악을 알게 하는 지식의 나뭇
가지에 튼 둥지도 아니다. 예수는 여우의 굴과 공중에 나는 새
가 머무는 둥지를 헐고, 새로 건축한 그곳을 터로 삼으려 한다.
그곳은 저 물리적 공간이 아니다. 무의식에 깃들어 있는 일곱
귀신의 터를 허물고, 대뇌 피질 기억의 창고에 거미줄처럼 지어
놓고 큰 자가 되고자 하는 소위 상징계로 명명되는 지식의 높
은 산을 무너뜨려 빈탕한 데가 되게 하여 그곳에 안식으로 머
물고자 함이다. 그곳이 사람이 머무는 곳이고, 그곳이 '그 사람
의 그 아들'이 태어나는 곳이고, 그곳이 신이 머무는 곳이기 때
문이다.

'그 사람의 그 아들'을 '신'이라 하니 이전의 신과는 전혀
다른 신이 태어나는 곳이다. 신 대신에 신이 태어나는 그곳에서

들려오는 소리를 들어라. '없이 계시는 그에게'서 '없음'으로 나타나는 빛이 곧 생명의 빛이다. 이곳에 머무는 이가 빛나는 사람이다. 내가 가야 할 곳은 바로 거기 여우의 굴도 아니고 새의 둥지도 아닌, 내 안의 빈탕한 데 있는 그에게서 듣고 그곳에 머무는 빛으로 빛나야 한다. 그가 빛이다. 만일 그가 아니면 고매한 상징계의 언어들로 구슬을 꿰어 상징계에 전입해 있어도 그는 본래의 자신과는 상관없다. 중동의 아름다운 양모로 직조된 열 폭 피륙의 앙장이요, 더 짙은 어두움일 뿐이다. 성막(聖幕)을 만들되 앙장(仰帳) 열 폭(幅)을 가늘게 꼰 베 실과 청색(靑色) 자색(紫色) 홍색(紅色) 실로 그룹을 공교(工巧)히 수(繡) 놓아 만들어 놓은(출 26:1) 성전이라는 이름의 복마전일 뿐이다.

따라서 빛이 필요한 곳은 어둠으로 가득한 복마전이다. 빛의 처소는 그 어느 곳도 아니고, 복마전이 청소되고 난 그곳이 빛의 처소요, 어둠으로 뒤덮여 있는 무의식의 깊은 굴, 여우의 처소가 되어 있는 그곳에 빛이 비쳐야 한다. 빛이 비친다는 것은 휘장을 찢고 휘장 넘어 지성소의 빛이 성소를 비추는 것에 있다. 성소를 비추고 성전 마당을 비추고, 성전의 전각을 비추는 것이 우선이다. 시온의 빛은 우리 자신을 향해 있어야 한다. 그곳이 세상이기 때문이다. 우선은 저 밖에 있는 세상의 빛이 되려고 하는 무거운 짐으로부터 해방되어야 한다. 그가 머무는 곳, 그곳으로 가야 한다.

처소가 예비 되면 그가 다시 와 머물려는 곳이고, 그곳에서 그를 만날 수 있다. 지성소의 빛이 머무는 그곳에서 그의 소리를 듣는 것으로부터 시온의 빛이 시작된다. 그가 빛의 사람이고 빛나는 사람이다.

그에게 들을 수 있는 귀를 가진 자는 그에게서 들을 수 있게 하라!
빛이 있는 그가 빛나는 사람이다.
그가 온 세상을 비추는 빛이 된다.
만일 그가 빛이 되지 않으면, 그는 어두움이다.

말씀 25 형제 미움과 형제사랑

예수가 말했다.
"네 형제(ⲤⲞⲚ)를 너의 목숨(ⲮⲨⲬⲎ 푸쉬케)처럼 사랑하라(ⲘⲈⲢⲈ),
그를 너희 눈동자(ⲈⲖⲞⲨ ⲘⲠⲈⲔ`ⲂⲀⲖ`)처럼 지켜라(ⲦⲎⲢⲈⲒ 테레이)."

여기서 주목하여 읽어 볼 개념은 '형제'(ⲤⲞⲚ 손)와 '눈'(ⲂⲀⲖ 발)이다. 도마복음 말씀 55는 자기 아버지와 어머니를 미워하지 않는 자는 나의 제자가 될 수 없고 형제와 누이를 미워하지 않고 나처럼 자기 십자가를 지지 않는 자는 내게 합당하지 않다고 한다. '네 형제를 자신의 목숨처럼 사랑하고 눈동자처럼 보호하라'와 정면으로 충돌하는 게 아닌가. 형제를 미워하는 것과 형제를 사랑하고 눈동자처럼 보호하라는 것. 도마복음 독자들은 이를 어떻게 읽어 낼 것인가.

말씀 99는 이를 잘 정리해준다. 물론 거기에도 해석이 필요하나 어떤 부분은 분명한 힌트를 주고 있다.

제자들이 말하기를 "당신의 형제들과 어머니가 밖에 서 있습니다." "여기 내 아버지의 뜻을 행하는 자들이 나의 형제들이고 나의 어머니다. 나의 아버지의 나라에 들어갈 자들은 그들이다."라고 누가 어머니요, 형제들인지를 새롭게 정리해준다. 즉, 형제 혹은 어머니를 단지 육신의 형제와 부모만을 일컫는 게 아님을 분명히 한다.

말씀 55는 자기 아버지와 어머니를 미워하지 않는 자는 나의 제자가 될 수 없다고 한다. 이때의 부모와 형제와 누이는 육체의 부모와 형제, 그리고 누이를 일컫는 것일까. 너무나 많은 이가 그렇게 오해한다.

부모와 친척 아비 집을 떠나야 능히 내 제자가 될 수 있다는 것으로 인해 출가를 단행한다. 출가하여 승려가 되고 목사가 되고 종교인이 된다. 아브라함도 부모와 친척 아비 집을 떠났다고 하지 않는가.

누가복음에도

예수께서 무릇 내게 오는 자가 자기 부모와 처자와 형제와 자매와 및 자기 목숨까지 미워하지 아니하면 능히 나의 제자가 되지 못하고 누구든지 자기 십자가를 지고 나를 좇지 않는 자도 능히 나의 제자가 되지 못하리라 …… 이와 같이 너희 중에 누구든지 자기의 모든 소유를 버리지 아니하면 능히 내 제자가 되지 못하리라(눅 14:26-33).

위와 같은 말씀 때문에 부모와 처자와 형제와 자매와 및 자기 목숨까지 미워해야 한다. 이때 자기 목숨은 '푸쉬케'를 번역한 것이다. 그래서일까. 모든 종교에는 실제로 출가(出家)의 전통이 있다. 육신의 부모와 형제를 홀연히 떠나 산중에 머물며 신에게 귀의하려는 종교 전통은 여전히 현인들의 본뜻을 오해한 데서 비롯된다. 우리가 떠나야 하고 미워해야 하는 것은 육신의 부모와 형제일까.

미워해야 하는 부모, 미워해야 하는 형제 그리고 누이는 비유다. 도마복음은 물론이요, 경전에서 논하는 것은 그의 정신이 어느 씨를 갖고 어떤 태에서 태어났으며, 같은 부모의 씨와 태에서 태어난 형제와 자매가 있다는 것을 자각하고 그곳을 떠나야 한다는 것을 무던히도 반복하고 있다. 예수는 바리새인들과 유대인들을 향하여 너희는 너희 아비 마귀에게서 태어났다고 일갈한다. 유대 종교인들은 아브라함의 하나님, 이삭의 하나님, 야곱의 하나님, 유일하신 하나님이 자신들의 아버지라고 주장한다. 예수는 너희 아비와 나의 아버지는 다른 아버지라고 말한다. 즉, 씨도 다르고 태도 다르다. 그러므로 그들은 예수의 형제가 될 수 없다. 능히 나의 제자가 되려면 너희의 아비 마귀를 미워하지 않으면 내 제자가 될 수 없다는 것이다.

너희 어미는 위에 있는 예루살렘 '사라'가 아니고 땅에 있는 예루살렘 '하갈'이 너희 어미이니, 너희는 종의 자녀다. 태가 다르다. 자유자의 태, 우리의 어머니는 '사라'가 아닌가. 그러므로 그들의 부모와 바울의 부모가 다르다. 그들의 집과 바울의 집이 다르다. 그들의 본토와 친척 아비 집과 바울이 말하는 새로운 부모와 형제, 그리고 누이, 아비 집이 같을 수 없다. 부모를 미워해야 하는 까닭이 거기에 있다. 남편을 미워해야 하는 까닭이 거기에 있다. 형제를 미워해야 하는 까닭이 거기에 있다. 율법 아래에 있는 동안은 율법의 행위가 자기 목숨이다. 베드로가 그랬던 것처럼 '목숨을 바쳐 주를 사랑하겠다'고 하는 것이 그의 의(義)다. 목숨을 바쳐서 주를 사랑하겠다고 하는 종교적 열심을 버리지 않으면 능히 내 제자가 될 수 없다. '목숨을 바쳐 주를 사랑하겠나이다'라는 것은 제 목숨을 살리고자 함이고, 그저 큰 자가 되려는 욕망의 분출일 뿐이다. 이것으로는 결코 그의 제자가 될 수 없다. 바울은 그의 정신이 태어나고 길러진 유대교를 다메섹에서 홀연히 떠난다. 유대교에 대해 눈멀고 눈의 비늘이 벗겨진 후 새로운 세계에 눈 뜬다.

그러므로 말씀 25를 해석하려면, 말씀 25 이면에 있는 수많은 서사를 이해하지 않으면 해석할 수 없다. 뉘라서 그의 형제를 제 목숨처럼, 제 눈동자처럼 사랑할 수 있다는 말인가. 너무 무거운 짐이 아닌가. 자신도 사랑할 수 없는 존재에게 형제를 목숨처럼 사랑하고 눈동자처럼 보호하고 지키라고 하면 이것은 너무 버거운 것이고, 무거운 짐이다.

이는 마치 에덴의 이야기에 "여호와께서 가인에게 이르시되 네 아우 아벨이 어디 있느냐 그가 가로되 내가 알지 못하나이다 내가 내 아우를 지키는 자니이까"(창 4:9)

"형제를 사랑하라"도 아니고 단지 "네 아우 아벨이 어디 있느냐?"는 물음에 "내가 알지 못하니이다. 내가 아우를 지키는 자니까(לֹא יָדַעְתִּי הֲשֹׁמֵר אָחִי אָנֹכִי)"라며 항변하고 있지 않은가. 내가 형제를 지키는 자니까. 즉, 거기서 형제는 미움의 존재요, 죽이고 싶은 존재요, 실제로 죽여버린다. 아벨은 죽었고, 죽은 아벨의 자리에 '셋'이 다시 태어난다. 가인은 들로 내어 쫓긴다. 형제 사랑은커녕 에덴의 가족 이야기는 풍비박산 난 가족사가 아 닌가.

여기서 존재 자아가 태어나는 대하 드라마가 있다. 내 목숨처럼 사랑하고, 내 눈동자처럼 지켜야(THPeI 테레이) 하는 존재는 나의 존재 자아를 향한 노래다. 그러나 먼저는 가인이고 가인과 아벨의 갈등 관계가 대두한다. 이때는 사랑할 수 없다. 어떤 계명으로도 제어되지 않는다. 지키기는커녕 "내가 아우를 지키는 자니이까"하며 항변하는 때다.

누가 내 형제며 자매인가. 누가 내 아비며 어미인가. 다시 태어난다는 것은 모태로 들어가서 거기서 다시 태어나는 게 아니다. 다른 태에서 태어나는 것이다. 인생은 율법과 선악의 태에서 뱀의 씨를 받아 태어난다. 따라서 그 정신의 처음 부모는 뱀이고 선악이다. 타자 자아로 태어난다. 타자 자아는 타자 자아에서 태어난 이들을 형제로 두고 자매로 둔다. 그곳이 그의 터요, 본토며 친척이고 아비 집이다. 그곳은 우리의 참된 본향이 아니다. 그곳의 나는 내가 아니요, 가아(假我)다. 가인이다. 먼저 태어났으나 큰 자가 되지 못해 늘 갈등과 불만이 가득한 '나'다.

'네가 큰 자가 되리라'는 첫 번째 언약으로는 결코 평안함이 없다. 처음 언약 율법은 결국 '큰 자가 되리라'는 언약이다. '네가 큰 자가 되리라'는 언약은 타자가 내게 입력하고 생존하려면 수납하지 않을 수 없는 언약이다. 누구나 이 같은 방식의 약속에 자필 사인하고 인생을 살아간다. 현혹됨이고, 미혹됨이다. 그곳의 부모를 미워하고 그곳의 형제, 자매를 미워하지 않으면 두 번째 형제를 만날 수 없다. 두 번째 형제는 큰 자가 되리라는 언약에 예속되지 않는다. 네가 너답게 살리라. 네가 너다운 너로 살게 되리라는 새로운 언약을 약속으로 받는다. 아버지의 마음과 하나 된 너로 사는 것이 너다운 삶을 안내한다. 아버지와 나는 하나라고 하는 하나님의 마음으로 새로 태어난 '나'. 무한 경쟁의 전쟁터를 벗어나 네가 너로 사는 것이 참삶이요, 참살이라는 것에 눈뜨게 된다. 아직은 아니라 해도 명년 이맘때에 '아들이 있으리라'는 약속을 믿음으로 받는다.

성서에 믿음이라는 말이 유난히 많이 등장하는 까닭은 두 번째 언약을 약속으로 받기 때문이다. 내가 나답게 살게 되고 내가 나인 존재 자아를 약속으로 받는다. 그것은 도래하지 않은 것이나, 그렇게 사는 것에 대해 수납하는 이는, 마음에서 받아들이는 이는 아직 도래하지 않은 자신의 자신다운 삶을 믿음으로 먼저 받게 된다는 말이다. 그렇게 시작하여 새로 태어나는 아들이 곧 형제다. 그러므로 이때 형제는 '존재의 나'인 셈이다.

첫 번째 언약에 속한 나를 미워하고, 사라의 태에서 새로 태어나는 나가 곧 '형제'요 목숨처럼 사랑하고 눈동자처럼 지키고 보호해야 하는 형제다. 곧 존재 자아다. 존재 자아는 곧 존재 자아를 지킨다. 야웨의 분깃이고 나의 생명이다. 정신의 나를 말하는 것이다. 형제를 사랑하는 이는, 존재 자아가 목숨이고 눈동자인 사람은 나의 존재 자아가 나에게 생명인 것처럼, 너의 존재 자아가 그의 생명인 것을 알게 되고 천금처럼 존중한다. 그에 대해서조차 그의 존재 자아를 목숨처럼 존중하고 지켜 주려 한다. 너의 존재 자아를 지키고 보호한다. 미워할 것을

미워하고 사랑할 것을 사랑한다. 이 해석을 발견하는 자는 죽음
을 맛보지 않으리라는 형제 사랑 이야기다.

눈(Bⲁⲗ 발) 동자(ⲉⲗⲟⲩ 에루)

눈은 마음의 창이다. 모든 씨앗에는 생명의 씨눈(eyes of seed)
이 있다. 우리 의식의 영역에서 존재, 곧 생명의 씨눈은 로고스
에 의해 점화된 불꽃이자 눈동자며 새로 태어난 존재의 의식을
향해 서 있는 깨어있는 의식이고 겨자씨며 누룩이다. 눈은 지성
의 영역과 감성의 영역을 지각하는 지혜의 눈이고 총명의 눈이
다. 씨알이며 어머니의 자궁인 총명이 곧 눈이다. 이 눈을 지켜
야(콥 ⲧⲏⲣⲉⲓ 테레이, 헬 τηρέω 테레오, 히 שָׁמַר 샤말)한다. 형제는 곧 새
로 태어난 자기 자신이니 하나님의 형상과 모양의 사람 '셋'이
다. 형제를 '눈동자'처럼 지키는 것은 곧, 저 밖에 있는 누군가
를 향해서도 같은 시각을 갖게 된다. 그가 '존재의 그'로 살게
하는 것을 지향(指向)한다. 야웨 하나님은 '내가 나인 엘로힘'이
다. 야웨는 자기 백성이 자신의 분깃이며, 야곱은 야웨와 함께
엮인 영토요 나라다. 여기서 형제 사랑과 형제를 눈동자처럼 지
키는 지킴을 읽어야 한다.

여호와의 분깃은 자기 백성이라 야곱은 그 택하신 기업이
로다 여호와께서 그를 황무지에서, 짐승의 부르짖는 광야
에서 만나시고 호위하시며 보호하시며 자기 눈동자같이 지

키셨도다(כְּאִישׁוֹן עֵינוֹ the pupil of His eye) (신 32:9-10)

주께 피하는 자를 그 일어나 치는 자에게서 오른손으로 구원하시는 주여 주의 기이한 인자를 나타내소서 나를 눈동자 같이 지키시고 주의 날개 그늘 아래 감추사(시 17:7-8)
내 아들아 내 말을 지키며 내 명령을 네게 간직하라 내 명령을 지켜서 살며 내 법을 네 눈동자처럼 지키라 이것을 네 손가락에 매며 이것을 네 마음 판에 새기라(잠언 7:1-3)

너는 네 형제를 마음으로 미워하지 말며 이웃을 인하여 죄를 당치 않도록 그를 반드시 책선하라 원수를 갚지 말며 동포를 원망하지 말며 이웃 사랑하기를 네 몸과 같이 하라 나는 여호와니라 너희는 내 규례를 지킬지어다(레 19:17-18)

너희가 만일 경에 기록한 대로 네 이웃 사랑하기를 네 몸과 같이 하라 하신 최고한 법을 지키면 잘하는 것이거니와 (약 2:8)

말씀 26 들보와 티
(the Beam and the speck/mote)

예수가 말했다. 너는 네 형제 눈에 티가 있는 것을 본다.
그러나 네 눈에 들보가 있는 것을 보지 못한다.
그러나 네가 네 눈의 들보를 빼어버리면
네 형제의 눈에 있는 티를 제거할 수 있도록
밝히 보게 될 것이다
(ⲕⲛⲁⲛⲁⲩ 케나나우 you will see clearly, διαβλέπω 디아블레포).

보라 네 눈 속에 들보가 있는데 어찌하여 형제에게 말하기
를 나로 네 눈 속에 있는 티를 빼게 하라 하겠느냐 외식하
는 자여 먼저 네 눈 속에서 들보를 빼어라 그 후에야 밝히
보고 형제의 눈 속에서 티를 빼리라(마 7:4-5)
어찌하여 형제의 눈 속에 있는 티는 보고 네 눈 속에 있는
들보는 깨닫지 못하느냐 너는 네 눈 속에 있는 들보를 보
지 못하면서 어찌하여 형제에게 말하기를 형제여 나로 네
눈 속에 있는 티를 빼게 하라 할 수 있느냐 외식하는 자여
먼저 네 눈 속에서 들보를 빼어라 그 후에야 네가 밝히 보
고 형제의 눈 속에 있는 티를 빼리라(눅 6:41-42)

말씀 26의 주제는 형제와 눈이다. 본다는 것은 말씀 25의 형제 사랑과 밀접한 연관이 있다. 눈동자처럼 지키는 것도 눈과의 관련이다. 들보와 티는 큰 허물과 작은 허물을 비교하는 것일까. '똥 묻은 개가 재 묻은 개를 나무란다'는 속담의 유형일까. 대개 큰 허물과 작은 허물의 관점에서 읽으려 한다. 아니다. 형제 사랑의 이야기가 계속되는 것이다.

성서의 이야기 속에 등장하는 '형제'는 매우 독특하다. 인생의 정신은 한 몸 안에서 두 태를 통해 그 정신이 태어나고 갈등한다. 돌비에서 태어나는 '나'와 심비에서 태어나는 '나'는 둘 다 나인데, 형제 이야기다. 그 둘은 내 안에 태어나는 '나'다. 그런데 서로는 태가 다른 나요, 이질적인 나다. 이 둘이 동거할 때와 다툴 때와 분리될 때와 화해할 때, 그 모두가 '나' 이야기며 형제 이야기다. 형제 이야기를 이해하려면, 태가 다른 곳에서 태어났어도 형제라는 사실과 태가 같은 곳(리브가의 태에서 난 에서와 야곱)에서 태어난 것도 형제라는 사실을 염두에 둬야 성서의 심층에 흐르는 이야기를 직관할 수 있다. 맥락에 따라 어떤 형제를 일컫는지 독자 스스로 헤아려야 밝히 볼 수 있다.

아브람과 아브라함은 형제다. 사울과 바울도 형제다. 이스마엘과 이삭도 형제다. 에서와 야곱은 한 태에서 태어났으나 자유와 사랑으로 상징되는 형제다. 전기의 베드로는 "내가 주를 위해 목숨을 버리겠나이다"라면 예수의 십자가 사건 후의 베드로는 "내가 주를 '필로'하는 줄 주께서 아시나이다. 즉 나는 당신을 아가페오 할 수 없다는 것을 아시지 않습니까" 전기의 베드로와 후기의 베드로는 전혀 다른 베드로다. 누가복음의 맏아들과 둘째 아들 비유도 마찬가지다. 성서는 이렇게 정신의 두 유형을 형제 이야기로 풀어가고 있다.

인생은 전기가 있고, 후기가 있다. 전기는 타인이 큰 자가 되라는 소망을 담아 부모 혹은 타자가 그 이름을 지어준다. 후기는 비로소 자기 됨됨이, 자기 존재의 모습을 담아 새로운 이름으로 불린다. 전기 하이데거와 후기 하이데거가 다르다. 전기의 비트겐슈타인과 후기 비트겐슈타인이 다르다.

두 태에서 태어난 형제는 갈등과 고난의 연속으로 대비된다. 두 태에서 태어난 형제는 곧 두 가지 정신 유형의 '나'를 일컫는다. 나의 나는 형제 이야기를 통해 그 본모습을 드러내려는 게 성서의 이야기 방식이다. 나인데, 나의 두 존재 유형이 형제 이야기 속에 담겨 있다는 말이다. 따라서 형제 사랑은 형제 미움과 나란히 나온다. 도마복음이 쌍둥이 복음이라는 것을 따라서 읽으면 조금 더 이해를 높일 수 있을 것이다.

우리 인생은 전기에는 큰 자를 향한 이름과 큰 자를 향한 정신 활동이 작동한다. 후기는 큰 자의 의미가 사라지고 자신의 존재다움을 향해 선다(stand). 어떤 이는 그저 전기의 유형으로 생을 마감한다. 대부분 인생이 그러하다.

성서는 전기와 후기의 삶을 '형제'라는 이야기에 버무려 담는다. 전기와 후기는 명확히 나눌 수 없다. 전기에도 후기의 존재 유형이 꿈틀대고 후기에도 전기의 존재 유형이 잔존하기 때문이다. 그런데도 이야기 속에는 뚜렷한 대전환의 계기가 있다. 그래야 이야기 속에 인생을 제대로 담아낼 수 있기 때문이 아닐까. 소위 제대로 된 이야기 전개가 성립한다. 음악가 살리에

리와 모차르트, 헤르만 헤세가 그의 소설 싯다르타에 담고 있는 고빈다와 싯다르타 두 정신의 유형이 형제 이야기에서 뚜렷하게 대비 된다.

들보와 티는 큰 허물과 작은 허물을 일컫는 게 아니다. 눈(콥 ⲂⲀⲗ 발, 헬 ὀφθαλμος 옵달모스)의 문제를 말한다. 내 안에는 두 눈이 있다. 들보가 있는 눈과 들보를 빼어버린 눈이다. 먼저 온 나는, 내 안에 먼저 차지하고 있는 나는 큰 자가 되려는 눈을 갖고 있다. 눈이 밝아 하나님처럼 되려는 큰 자를 향해 서 있는 눈(ⲂⲀⲗ 발)이다. 큰 자를 향해 서 있는 눈은 언제나 밖(Ⲃⲟⲗ, 볼)을 향해 있다. 콥트어 발(ⲂⲀⲗ 눈 eye)과 볼(Ⲃⲟⲗ 밖 outward)은 모음 하나 차이다.

밖을 바라보는 눈(ⲚⲀⲨ ⲈⲂⲟⲗ)에 대해, 크럼은 콥트어 '나우 에 볼(ⲚⲀⲨ ⲈⲂⲟⲗ)'을 '볼 수 없다, 눈이 멀다'는 의미로 해석한다.36)

들보(ⲤⲟⲈⲓ 소에이)는 밖(ⲈⲂⲟⲗ)으로 던져야 한다(ἐκβάλω). 들보는 자신을 지탱하고 떠받쳐주는 관점이다. 큰 자가 되고자 하는 선악의 지식이고 율법이다. 그에게 찾아온 처음 남편이다. 자신을 지탱시켜주고 버티게 하는 삶의 의미요 들보(beam)다.

선악의 지식, 돌비의 지식이 네 눈 안에(ἐν τῷ ὀφθαλμῷ σοῦ) 있으면 스스로는 눈이 밝은 자라고 하나, 사실은 소경이다. 본다고 하나 보지 못하는 자요. 자칭 눈 뜬 자라고 하나 눈먼 자다. 먼저 눈에서 들보를 빼 밖으로 던져 버려야 한다(ἔκβαλε πρῶτον τὴν δοκὸν ἐκ τοῦ ὀφθαλμοῦ σοῦ). 형제를 미워하지 않으면 능

---

36) W.E. Crum, 'Coptic Anecdota (II. Severus and the Heretics)', JTS 44 (1943), 234.

히 내 제자가 될 수 없다는 말과 병행을 이루는 것이다. 들보를 빼어버린다는 것은 먼저 찾아온 형제(나)를 미워해야 한다는 말과 같다. 큰 자를 향해 서 있는 나를 미워하는 것은 들보를 빼어버리는 것이다.

소경이 비로소 눈 뜬다는 말이다. 비로소 만물을 밝히 보게 되고(διαβλέψεις, you will see clearly), 거기서 형제의 눈에 있는 얼룩(티, 점)이 제대로 보여 그것을 빼낼 수 있게 된다는 말이다. 여기서 일컫는 형제 역시 후기에 찾아오는 자기 자신을 일컫는 형제다. 어떤 이들은 형제의 눈에 있는 얼룩을 빼낼 수 있게 된다는 것을 예수의 제자가 다른 사람을 바로 잡을 수 있게 된다는 것으로 주석하려 한다. 나는 동의하지 않는다. 물론 외적인 원리로만 보면 그렇게 볼 수도 있을 것이다. 그러나 여기서 우선은 내적인 원리를 보아야 한다. 내적인 원리가 해소되어야 외적인 원리로도 확장된다.

선악으로 눈이 밝아진 것은 눈먼 눈이고, 생명에 비로소 눈이 뜨고 사람을 보되 나무가 아닌 사람으로 보이고 만물을 밝히 보게 되면, 형제(새로 태어난 나)의 눈 속에 있는 얼룩을 빼게 될 수 있다. 때로 눈 속의 얼룩이 만물을 흐리게 할지라도 마침내 다시 보게 한다는 말이다.

절뚝이는 야곱과 에서가 함께 껴안게 되는 형제 사랑이 비로소 구현되는 것이다. 처음의 나와 나중의 나가 비로소 '하나(Single One)'요 모나코스를 향해 나아가는 형제 사랑의 이야기가 들보와 티 이야기 속에도 비밀스럽게 숨어 있다. 나와 나의 화해에서 너를 향한 시선도 회복된다. 형제 사랑 없이는 밖에

있는 형제 사랑도 불가능하다. 형제 사랑은 마침내 마음의 질병
을 치유하는 근원적 통로다.

말씀 27 금식과 안식

예수가 말했다. "너희가 세상을 금식하지 아니하면 하나님의
나라를 찾지 못하리라. 그리고 만일 안식일을
지키지 못하면 아버지를 보지 못하리라"[37)]

[예수가 말했다] "너희가 세상을 금식하지 아니하면 [하나님의]
나라에 들어갈 수 없다(ⲦⲈⲦⲚⲀϨⲈ ⲀⲚ` ⲈⲦⲘⲚ̄ⲦⲈⲢⲞ).
안식일을 지키지 않으면 아버지를 보지 못할 것이다."

[예수가 말했다]는 옥시링쿠스 사본에는 있으나 콥트어 본문에는 없다. 그래서 [ ]는 옥시링크쿠스 헬라어 본을 반영한 것이다. 왕국을 수식하고 있는 '[하나님의(τοῦ Θ(εο)ῦ]' 또한 옥시링쿠스에는 나타나지만, 콥트어 본문에는 없다.

말씀 27에는 금식과 안식이 나란히 나오고 있다. 금식과 안식은 서로 무슨 연관이길래 말씀 27은 이를 나란히 취급하고

37) P. Oxy. 27.1 λέγει ις· ἐὰν μὴ νηστεύσητ⟨ε⟩ τὸν κόσμ ον, ọὐ μὴ εὕρητ⟨ε⟩τὴν βασιλείαν τοῦ Θυ· κạὶ̣ ἐὰν μὴ σαββατίσητε τὸ σάβ βατον, οὐκ ὄψεσ̣ Θ̣ε τὸ(ν) πρα.

있을까. 이미 살펴본 바대로 도마복음은 금식에 대해 매우 부정적이다. 말씀 6에서 금식은 거짓이고 위선이며, 말씀 14에서 그것은 해로운 것으로 묘사하고 있다. 그러나 말씀 27에서 금식은 하나님 나라에 들어가는(fall) 것이고 안식은 아버지를 보는 것으로 표현한다. 그것도 하나님 나라에 풍덩 빠지(fall)는 것처럼 콥트어 본문이 묘사하고 있으니 금식이야말로 순례자에게는 매우 중요한 것이 아닐 수 없다. 어느 날 사랑이 찾아오고 사랑에 빠지듯, 천국은 다가오는 것이며 천국은 그것에 빠지는 것이다. 천국은 마치 그와 같은 것이다. 그러므로 금식과 안식은 연속해서 함께 일어나는 일이다. 안식이 없으면 아버지를 보지 못한다. 금식과 안식은 어떤 관계인가.

말씀 27에서의 금식은 따라서 말씀 6과 14에서 말하는 육체의 금식을 일컫는 게 아니다. 육체의 금식은 그것이 현대인들의 다이어트 식이요법이라면 몰라도 종교적 이유에 의한 것일 때, 그것은 위선이고 자신의 또 다른 욕망을 위한 수단의 금욕이기에 허위이며 거짓이고 위선이다. 더구나 그러한 금욕은 자신의 몸을 해치는 행위다. 금식과 금욕의 덕목은 이미 낡은 것이고, 옛것이지만 어느 때나 종교는 무지몽매에 기대어 혹세무민한다.

여기에서 금식은 코스모스(콥 ⲉⲡⲕⲟⲥⲙⲟⲥ, 헬 τὸν κόσμον)에 대해서 금식하는 것이다. 육체의 음식을 금식하는 것이 아니다. 금식은 신랑이 떠나갈 때 하는 것이 금식이다. 제자들은 신랑인 예수가 떠나가면서 예수를 통해 이루고자 했던 큰 자의 욕망을 더는 꿈꿀 수 없게 되었다. 거기서 예수는 세상 임금 그리스도였고, 세상 임금을 통해 먹던 양식을 더는 먹을 수 없게 되었다. 세상에 대해 금식한다는 것과 세상 임금 그리스도에 대해 금식한다는 것은 그러므로 같은 의미다. 예수의 말씀이 얼마나 달콤했던가. 예수는 그렇게 말하지 않았지만, 예수의 말씀을 그의 정신의 양식으로 삼던 제자들은 그의 말한 바와 상관없이 각자의 자리에서 '누가 크냐' 키를 재기하며 '큰 자의 양식'으로 예수의 말씀을 받아먹는다.

각자 자기 관점에서 예수를 통해 이루고 싶은 천국이 있었고, 그것도 제각각이었다는 말이다. 그가 말한 바(기표 記標 , 시니피앙, 의미하는 바, σημεῖον, אות)와 상관없이 각자 자기 생각과 그의 무의식에서 요구하는 바에 따라 듣고 싶은 것(기의 記意 , 시니피에, 의미되는 것)만을 듣는다. 서로 입장에 따라 듣고 싶은 대로 들으니 의미 되는 게 서로서로 다르다. 그런데 기표자가 떠나니 의미 되는 것도 사라졌고 그가 의미하는 것과 상관없이 내게서 의미 되던 것이 의미 없어졌다. 더는 먹을 수 없게 되었다. 금식이 시작된다.

예수께서 저희에게 이르시되 혼인집 손님들이 신랑과 함께 있을 동안에 슬퍼할 수 있느뇨 그러나 신랑을 빼앗길 날이 이르리니 그때에는 금식할 것이니라(마 9:15)

제자들과 동고동락하던 예수, 마침내 신랑이 떠나려 한다. 마태복음과는 전혀 다른 분위기로 묘사하고 있는 마가복음의 한 장면을 보자.

가버나움에 이르러 집에 계실새 제자들에게 물으시되 너희
가 노중에서 서로 토론한 것이 무엇이냐 하시되 저희가 잠
잠하니 이는 노중에서 서로 누가 크냐 하고 쟁론하였음이
라 예수께서 앉으사 열두 제자를 불러서 이르시되 아무든
지 첫째가 되고자 하면 뭇 사람의 끝이 되며 뭇 사람을 섬
기는 자가 되어야 하리라 하시고(막 9:33-34; 마 16:21 참조)

신랑이 신부를 떠나게 되면 신부는 금식하게 될 것이라던
예수가 그의 제자들을 향해 '인자'가 사람들에게 넘기어 죽임을
당하고 죽은 지 삼 일 만에 살아나게 될 것을 이야기하고 나서
묻는 말이다.

제자들과 거의 마지막 걸음을 남겨 두고 있을 즈음에도 여
전히 제자들은 '서로 누가 크냐'를 쟁론하고 있으니 이런 제자
들의 모습은 앞의 이야기에 등장하는 귀신들린 아이의 모습 그
대로다. "이에 데리고 오니 귀신이 예수를 보고 곧 그 아이로
심히 경련을 일으키게 하는지라 저가 땅에 엎드러져 굴며 거품
을 흘리더라"(막 9:20)에 나오는 등장인물이 제자들의 지금 자화
상 아닌가. 심히 경련을 일으키고 땅에 엎드러져 뒹굴며 거품을
흘리던 아이는 노중에서 서로 누가 크냐 쟁론하고 있던 제자들
에 대한 기표다.

예수는 제자들의 그러한 쟁론을 끝내려 한다. 심히 경련을
일으키고 거품을 물던 아이의 귀신을 쫓아낸 것처럼, 누가 크냐
의 중심에 놓여 있는 세상 임금 예수를 거세하기 전에 그 토론
은 멈출 수 없다. 입의 거품은 멈추지 않는다는 말이다. 하여

거품의 원인인 세상 임금을 십자가에 못박으려 한다. 의미하는 바와 의미 되는 바의 틈새를 극복하려 한다. 그 중심에 있는 예수가 죽임을 당하지 않고는 극복할 수 없다는 걸 잘 안다. 심히 경련을 일으키고 땅에 엎드러져 구르며 거품을 흘리게 하는 제자들의 무의식에 도사리고 있는 여우(큰 자가 되려는 무의식)를 쫓아내려면, 귀신을 쫓아내려면 바알세불의 중심에 있는 예수를 십자가에 못 박아 더는 그로부터 먹는 양식을 먹을 수 없게 해야 한다. 금식하지 않으면 방법이 없다. 더는 큰 자의 양식을 먹고 자기도취에 취하게 해서 안 된다. 나르시스에 빠진 그들을 고치려면, 큰 자의 양식을 멈춰 세워야 한다.

예수는 제자들에게 선악을 알게 하는 지식의 나무가 되었고 그들의 신랑이었다. 그동안 신랑 신부가 신혼의 단꿈에 취해 세월 가는 줄 모르고 있었구나. 이제 신랑이 떠나려 한다. 선악을 알게 하는 지식의 나무에서 먹는 선악의 열매를 더는 먹을 수 없게 된다. 금식의 계절이 찾아온 것이다.

"누가 크냐"는 탐진치를 일으키는 삼독(三毒)의 근원이요, 그곳엔 안식이 없고 오직 상대적 비교에서 생성되는 불안, 자기 존재의 부재로 인한 존재의 불안이 죽음을 맛보며 사는 삶의 척추를 이루고 있고, 들보가 되어 있다. 그곳에는 단지 불의(자기 됨과는 상관이 없는 타자 자아)가 넘실댈 뿐이다. 따라서 금식은 "누가 크냐"의 양식을 끊게 되는 현상이다. 신랑이 떠나갈 때 나타나는 현상이다. 하나님 나라의 도래가 그렇게 시작된다. 충성의 양식을 끊게 된다. 목숨을 바치는 헌신이 멈추게 된다. 하여 금식은 동시에 안식이다. 인위가 멈추고, 열심이 멈추고, 육신의 생각이 멈추고, 자기 의로 행하려는 행위가 멈추고, 율법 남편의 사랑이 멈춘다. 수고가 멈춘다. 이때 찾아오는 안식을 안식하지 않으면 아버지를 볼 수 없다는 게 도마복음 27의 금식과 안식의 논지다.

베드로는 요한복음 21장에 이르러서야 안식에 이르고 그의 수고가 멈춘다. 스스로 띠 띠고 자신의 욕망에 춤추며 예수를 따르던 수고가 멈춘다. 목숨을 바쳐야 하는 열심과 고단이 멈춘다. '그 사람의 그 아들' 인자가 안식일의 주인이라는 뜻은, 저 하늘에 좌정하고 있는 신은 더는 믿음의 대상이거나 충성과 헌신의 대상이 아니라는 혁명의 아침이 찾아오는 것이다. 신과의 격절, 그는 거기 있고 나는 여기 있는 이분법의 관계가 청산되어야 안식이 찾아온다. 거기 그렇게 있는 신은 잠시도 인간을 가만히 놔두지 않는다. 달달 볶는다. 어떤 빌미와 명분을 들어서라도 노역을 요구한다. 그러므로 둘이 아니라 그가 내 안에 있고, 내가 그 안에 있는 '그 사람의 그 아들'에게서만, 나와 그가 하나인 곳에서만, 거기 대상으로 있는 신의 횡포를 멈춰 세울 수 있다. 마침내 안식이 찾아온다.

인자가 안식일의 주인이지, 저 하늘의 저 고매한 신이 안식일의 주인이 아니다. 안식일의 주인은 '사람의 아들'이다. 신의 은총으로부터 찾아오는 양식에 대해 금식하는 것, 세상에 대해 금식하는 것이다. 신의 은총이 그대에게 독약이었다는 사실이 자각되지 않는 한, 금식할 수 없다. 그 신은 죽은 신이라는 사실이 찾아오지 않는 한 그 양식을 먹지 않을 수 없다는 얘기다. 그러므로 죽은 신이 그대 위에서 춤추는 동안 그대는 세상에 대해 금식할 수 없다. 손을 높이 들고 그를 찬양하며 그에게 은총을 구하시라. 그에게 안식을 구하는 동안 거기 안식은 없다. 안식의 주인인 '사람의 아들'로 다시 태어나는 그곳에 자유와 사랑이 찾아오고 형제 동거의 아름다움이 시작된다. 안식에서만 아버지를 볼 수 있다.

"또 가라사대 인자는 안식일의 주인이니라 하시더라."(눅 6:5)

말씀 28 술 취하지 말라

28.1 예수가 말했다. "내가 세상 가운데 서서 육체로 그들에게 나타났느니라 28.2 나는 그들이 모두 취한 것을 보았고, 그들 가운데 목마른 사람은 아무도 없다. 28.3 그리고 사람의 아들들로 인해 내 마음이 아프다. 왜냐하면 그들은 마음의 눈이 멀어 보지 못하기 때문이다…"38)

28 예수가 말했다. "나는 세상(κοCΜΟC 코스모스)의 한 가운데 서서 육체(CΔΡƷ 사르크)로 볼 수 있게(ΕΒΟλ 에볼) 그들에게 나타냈다. 나는 그들에게(ΕΡΟΟΥ 에로우) 있었고 그들 모두는 취해 있었다. 그들 누구도 목말라하지 않았다(목말라하지 않는 그들에게 나는 빠지지 않았다). 내 마음(ΨΥΧΗ 푸쉬케)이 사람의 아들들로 인해(ΕΖΝ ΝϢΗΡΕ ΝΡΡωΜΕ) 아프다(고통을 지불했다). 그들은 마음의 눈이 멀어서 아무도 보지 못한다. 그들은 빈손으로 세상에 왔고 빈손으로 세상에서 나오려고 한다(ϢΙΝΕ 쉬네 seek). 그럼에도 그들은 취해 있다."

---

38)P.Oxy. 28.1 λέγει. ι.ς. ἔ[σ]τη γ ε’ν μέσῳ τοῦ κόσμου κ αἰ ἐν σαρκ 〚ε〛ὶ ὤφθην αὐτοῖς 28.2 καὶ εὗρον πάντας μεθύοντας καὶ οὐδένα εὗρον δειψῶ(ν)τα ἐν αὐτοῖς 28.3 καὶ πονεῖ ἡ ψυχ ή.μ ου ἐπὶ τοῖς υἱοῖς τῶν ανων ὅτι τυφλοί εἰσιν τῇ καρδίᾳ αὐτῶ[ν] καὶ [οὐ] βλ έπ [ουσιν] …

만일 그들이 그들의 포도주를 버리게 되면
그때 그들은 돌이키게(METANOEI 메타노에이) 될 것이다.

금식과 안식에 이어 술에 취한 채 목마름이 없는 실존에 대해 언급하는 말씀 28.

세상에 대한 금식과 세상 한가운데 서서 육체로 그들에게 나타냈다는 것. 서로 연관성이 있다. 예수는 세상의 한 가운데 어떻게 육체로 서 있었는가. 왜 금식하게 되고 또 술을 끊게 될까. 술에 취해 있다는 뜻은 무엇을 의미하고 또 그로 인해 목말라 하지 않는 인생에 대한 도마복음의 진단. 우리는 거기서 어떤 해석을 발견할 수 있을까.

참 빛 곧 세상에 와서 각 사람에게 비취는 빛이 있었나니 그가 세상에 계셨으며 세상은 그로 말미암아 지은 바 되었으되 세상이 그를 알지 못하였고 자기 땅에 오매 자기 백성이 영접지 아니하였으나 영접하는 자 곧 그 이름을 믿는 자들에게는 하나님의 자녀가 되는 권세를 주셨으니(요 1:9-12)

요한복음에 의하면 세상에 와서 각 사람에게 비취는 빛이 있었고 그가 세상에 계셨으며 세상은 그로 말미암아 지은 바 되었으나 세상이 그를 알지 못하였고 자기 땅에 오매 자기 백성이 영접하지 않는다고 서술한다.

그들은 이미 세상에 취해 있었다. 그를 알지 못하고 그를 영접하지 못한다. 이때 세상은 그의 땅이고 자기 백성이다. 그들은 이미 술에 취해 있었고 그 마음의 눈이 멀어서 세상은 그를 알지 못한다(ὁ κόσμος αὐτὸν οὐκ ἔγνω). 이미 취해 있었다. 그런 까닭에 누구도 빛에 대해 목말라 하지 않는다. 그를 영접하지 않는다.

세상은 곧 자기 백성을 일컫는다. 제자들은 예수를 영접했다. 예수를 영접했기에 그를 삼 년 반 따라다닌 것이다. 그러나 그들은 영접했으나 영접하지 않았다. 그들은 예수를 '세상 임금 그리스도'로 영접했다. 그를 따르면 더 큰 자가 될 것이라는 믿음을 좇아서 그를 영접했다. 그러므로 그들은 영접했으나 영접하지 않았다. 술에 취한 것이다. 세상의 술은 '큰 자 이데올로기'다. 그들은 '그 사람의 그 아들'을 영접한 것이 아니라, 이스라엘을 회복할 육체 예수, 사르크로 나타난, 육체 예수를 메시아로 영접하고 예수를 중심으로 자신들의 질서, 곧 큰 자의 지배질서를 세우려 한다. 이른바 코스모스(ΚΟCΜΟC 질서)다. 자신을 중심으로 한 서열이고 계급 질서요 힘의 질서다. 그 근본은 폭력적 질서다.

그 한 가운데에 예수가 서 있다. 그들에게 처음에는 그렇게 드러낸다. 따라서 그들이 취해 있는 포도주는 곧 누가 크냐고 할 때, 서로 큰 자의 질서 상층부를 향한 꿈에 젖어 있고 그 포도주에 취해 있는 것이다. 중심에 예수를 세워놓고 질서를 지우려 한다. 누구도 예수가 전하려는 바, 그것에 목말라 있는 이는 볼 수가 없다. 그때도 그랬고 지금도 여전히 그렇다. 이른바 그 마음의 눈이 우준하고(ἐμωράνθησαν, became fools) 어둡고 멀어 있기 때문이다. 그들은 '그 사람의 그 아들'이 아니다.

말씀 28에는 '인자'와 유사한 표현이 나오고 있으나 전혀 다른 의미의 '사람의 아들들'이라는 표현이 등장한다. 도마복음에만 볼 수 있는 표현이다. '그 사람의 그 아들'은 신구약 모두 단수로 표현한다. '하벤 하아담'도 단수요, '호 휘오스 투 안드로푸'도 단수 '사람의 아들'이다.

말씀 28에 등장하는 '사람들의 아들들'39)이라는 표현은 도마복음에 유일하게 등장한다. 따라서 여기 '사람들의 아들들'은 영접했으나 영접하지 않은, 사람의 아들이라는 외형을 갖추었으나 여전히 예수를 통해 큰 자가 되려는 이들에 대한 기표다. 술 취해 있는 자들을 의미한다. 오늘날로 말하면 자칭 하나님의 자녀요, 예수의 제자들이다. '인자(그 사람의 그 아들)'를 표방하나 그 욕심을 따라 예수를 세상 임금으로, 하나님을 자신의 욕망 대상으로 따르는 이들을 상징하는 것이 '사람의 아들들'이다. 구약에서는 하나님의 아들들이 사람의 딸들을 취하여 낳은 자식을 '네피림'이라 부르는 이야기가 나온다. 그들은 용사요, 큰 자를 지향하는 대표 선수들이다.

그들은 인생이 빈손으로 세상에 왔다는 사실을 잘 안다. 하여 세상에서 벗어나 빈손의 삶을 향하려 무던히도 애쓴다. 율법을 통해 하나님의 의에 이르려 한다. 목숨을 바치겠다는 충성과 헌신으로 하나님의 뜻을 이루려는 자의 형상이다. 하나님께 열심이 있으나 힘써 하나님의 의를 복종하지 않는다. 열심을 내는 만큼 그에 비례하여 하나님을 대적한다. 열심은 있으나 지식을

---

39) Ⲛ̄ϢⲎⲢⲈ Ⲛ̄ⲢⲢⲰⲘⲈ 엔쉐레 엔에르로메, 쉐레와 로메에 접두된 관사(Ⲛ̄)를 통해 복수를 표시한다.

좋은 것이 아니라고 바울은 서술한다.(로마서 10장 참조) '사람들의 아들들'이라는 도마복음의 표현은 그런 점에서 매우 시사적이고 상징적이다.

세상에 대한 금식은 선악의 지식 나무 열매, 큰 자가 되려는 양식을 금하는 것이었다면, 포도주를 버린다는 것 역시 선악의 지식에 취해 있고, 포도주에 취해 북방 민족의 식민백성이 되고, 북방 민족에게 포로로 잡혀가는 바빌론 유수(幽囚 גלות בבל)에서 해방되는 것을 일컫는다. 바빌론에서 벗어나게 되면 고토(古土)를 향하게 된다. 이른바 포도주를 끊게 되면 회개하게 되리라(METANOEI 메타노에이)는 것의 의미다. 포도주에 취한 것이 바빌론에 잡혀가는 것이냐고 항변할 이들이 많을 것이다. 포도주에 취하면 그 길로 가게 된다. 포도주에 취하면 바빌론에 잡혀가는 줄 모르는 사이에 바빌론의 포로가 된다. 축복의 잔이 진노의 잔으로 변하게 된다. 영지주의의 실태다. 오늘날도 지식을 추구하고, 그것에 취해 있다 보면, 두로 왕의 자리에 자신을 포지셔닝하고 뭇사람들을 정신으로 지배하려는 유혹에 빠진다. 자기도취의 포로, 밑뿌리에는 열등이 자리 잡고 있고 그 윗자리에는 오만이 춤춘다.

자기도취의 자리에서도 빈손으로 왔다는 깨달음이 찾아온다. 그런데도 해결되지 않는 것이 있다. 곧 세상에 빈손으로 왔고 또 빈손으로 세상에서 벗어나려 해도 그의 벗어나려는 열심으로는 해결되지 않는다. 이미 그 자체가 술에 취해 있는 것일 뿐이다. 그 또한 큰 자가 되려는 술에서 깨어난 것이 아니다. 여전히 취해 있어 그 같은 열심을 내고 그것으로 자신의 의를 이루고자 함이다. 만일 그들이 그들의 술을 버리면 그때 그들은 돌이키게(METANOEI 메타노에이) 될 것이다.

세상의 중심에 서 있는 예수는 그들이 그들의 술을 버리도록 세상 임금 예수를 십자가에 내어준다. 신랑이 떠나가면 금식하게 되고 신랑이 떠나가게 되면 그로부터 먹던 음료를 더는 마시지 못한다. 세상 임금의 어사 주에 취해 비틀거리는 인생에게 예수가 십자가에 못 박혀야 하고 큰 자의 꿈에 취해 있는 그들에게 더는 큰 자의 하나님이 될 수 없는 죽은 신이라는 사실이 드러나야 한다. 그때 비로소 술이 깬다.

> 술 취하지 말라 이는 방탕한 것이니 오직 성령의 충만을 받으라(엡 5:18)

술 취하지 말라 이는 방탕한 것이니, 오직 새 술에 취해야 한다. 우상은 큰 자가 되고자 함에서 비롯되고 큰 자를 지향하는 심리에 기생하여 독버섯처럼 피어난다. 우상은 언제나 죽은 신이다. 전지전능한 신의 옷을 입고 큰 자가 되려는 이들의 큰 자에 대한 목마름을 충족시켜준다. 우상은 그곳에서 태어난다. 술을 버린다는 것은 죽은 신과의 단절을 의미하고, 네 안의 거룩한 신에 입맞춤하며 비로소 자기 자신과 호흡하며 존재의 나를 향해 발걸음을 내딛는 것을 의미한다.

성서의 이야기에서 술은 그 처음이 무교절을 지내는 것에서 알 수 있듯, 애굽의 술이다. 바로의 누룩이 섞인 빵을 먹지 않는 것이 무교절이다. 무교절은 유교병을 금식하는 것이고 바로의 술도 함께 먹지 않는 것이다. 헤롯의 누룩이 파라오의 누룩이다. 헤롯의 누룩이 있고 바리새인의 누룩이 있고 사두개인의 누룩이 있다. 누룩은 효모를 말한다. 헤롯의 세계관이 의식을 지배할 때 누룩처럼 그 정신이 오염된다. 정치적 권력을 통해 큰 자가 되려는 것. 바리새인의 누룩은 종교적인 열심을 통한 큰 자가 되려 함이다. 내세 지향적이고 종말 후의 부활을 강조한다. 내세의 부활이 그 중심에 있다. 여전히 종교적 큰 자를 향한 바리새인의 누룩이다. 사두개인은 부활 같은 것은 없다는 것을 강조한다. 이때 사두개인의 부활은 바리새인들이 말하는 내세의 부활, 그러한 부활은 없다는 것이다. 바리새인의 부활에 대한 반대 관점에 서서 지금 여기에서 큰 자를 지향한다. 사두개인의 누룩이 많은 이들의 의식을 지배하고 또 감염시킨다.

예수는 헤롯의 누룩이나 바리새인의 누룩, 사두개인의 누룩 모두를 경계한다. 예수는 죽은 자로부터의 부활을 강조하나, 바리새인이나 사두개인이 말하는 부활을 의미하지 않는다. 죽은 자로부터의 부활은 죽음을 맛보는 삶(다나토스)으로부터 죽은 자, 곧 그렇게 죽은 자(네크로스)에게서 생명이 살아나는 부활을 강조한다. 율법에 대하여 죽은 자에게서 살아나는 생명의 부활을 강조하고 있다. 바리새인의 누룩에 취해 있는 이들은 예수의 부활을 마르다가 마지막 날에 살아날 것이라고 믿는 부활, 곧 이다음에 살아날 줄 믿는다는 부활로 치환한다. 모두 술에 취해 있다는 의미다.

제자들 역시 예수를 따르면서 헤롯의 누룩과 바리새인의 누룩과 혹은 사두개인의 누룩에 취해 있었다. 예수를 곧 그 같은 꿈을 성취해 줄 대상으로 여기고 그를 좇았기 때문이다. 이스가 리옷 유다는 물론이고 제자들 각각이 꿈꾸는 예수는 같은듯하 여도 서로 조금씩 그 형상과 모양을 달리하고 있는 것에서 이 를 넉넉히 짐작할 수 있다.

포도주에 취하지 말라는 뜻은, 히브리인들의 이야기를 따라 가다 보면 오순절과 초막절 사이에 벌어지는 일이다. 가나안 땅 에 당도하여 각자의 땅을 분배받은 후 포도나무에 열매가 풍성 히 맺히는 계절에 빚어지는 술 취함이다. 축복의 잔이 진노의 포도주가 되어 버린 사태가 요한계시록에 등장한다. 도마복음 말씀 28은 이들 모두에 대해 포도주로 함축한다.

그러나 너희에게 이르노니 내가 포도나무에서 난 것을 이 제부터 내 아버지의 나라에서 새것으로 너희와 함께 마시 는 날까지 마시지 아니하리라 하시니라(마 26:29)

금식이 돌을 떡으로 만들어 먹는 것을 멈추는 것이라면, 세 상에 취해 있고, 이제 세상에 취해 있는 술을 끊는다는 것은 아버지의 나라에서 새것으로 마실 것을 준비하는 것이다. 술 취 하지 말라. 금식과 술 취하지 않음은 나란히 찾아온다.

참고문헌

김창호, 「예수의 믿음」 열린서원. 2018.

--------, 「에덴의 뮈토스와 로고스」 도서출판 예랑. 2021.

--------. 「유대신비주의 카발라와 생명나무」 도서출판 예랑. 2023

박형용(헬), 윤영탁(히) 「완벽성경성구대전」 히, 헬-한글사전 편,
　　　　아가페출판사, 1988

D. DeConick, The original gospel of thomas in translation-With a Commentary and new english translation of the Complete gospel-T&T Clark International A Continuum imprint. 2006.

Gregory A. Lint; Ralph W. Harris; Thoralf Gilbrant, Greek-English Dictionary, The Complete Biblical Library. Springfield, Missouri, U.S.A.1990

Henry George Liddell. Robert Scott. A Greek-English Lexicon. revised and augmented throughout by. Sir Henry Stuart Jones. with the assistance of. Roderick McKenzie. Oxford. Clarendon Press. 1940.

James Strong, The Strong's Exhaustive Concordance with Hebrew and Greek Lexicons. Baker Book House.1979

Lambdin T.O. - Introduction to Sahidic Coptic, Mercer University press, 1983.

Martijn Linssen, The true words of Thomas, Interactive Coptic-English translation. MA Version 1.9.5. 2020.

Michael W . Grondin. Grondin`s Interlinear Coptic/English Translation of The Gospel of Thomas, Revised November 22, 2002.

SAMUEL ZINNER, THE GOSPEL OF THOMAS SAYINGS 1-19, 2018.

S.J. Gathercole, The Gospel of Thomas Introduction and Commentary,(Brill, Leiden)2014

W.E. Crum, 'Coptic Anecdota (II. Severus and the Heretics)', JTS 44 (1943)

TLA lemma no. C5731 (ϣo), in: Coptic Dictionary Online, ed. by the Koptische/Coptic Electronic Language and Literature International Alliance (KELLIA)

Oxyrhynchus Papri, P.Oxy. 654-655.

Bible Program / https://biblehub.com/

도마복음 콥트어 원문 직역(로기온 1~28)

서론

이것은 살아 있는 예수가 말했고 쌍둥이 유다 도마가 기록한 숨은 말씀이다.

말씀 1

그가 말했다. "여기서 말한(말하기, to speak) 것들의 해석을 발견하는 자는 죽음을 맛보지 않을 것이다."

말씀 2

예수가 말했다. "찾는 자는 그가 발견할 때까지 중단하지 말라. 그가 발견하게 되면 그는 당혹스러울 것이다. 그가 당혹하게 될 때, 그는 놀랄 것이다. 그러면 그는 모든 것 (THP)을 다스릴 것이다."

말씀 3

예수가 말했다. "만일 너희를 인도하는 자들이 너희에게 '보라, 왕국이 하늘에 있다.'라고 말한다면, 하늘의 새들이 너희보다 먼저 갈 것이다. 만일 그들이 너희에게 '그것은 바다에 있다.'라고 말한다면 물고기가 너희보다 먼저 가서 들어갈 것이다. 그러나 왕국은 너희 안에 있다. 그리고 너희의 눈(Bαλ, eye)에 있다. 만일 너희가 너희 자신을 안다면 그들은 너희를 알게 될 것이고, 너희는 너희가 살아계신 아버지의 아들이라는 것을 깨닫게 될 것이다. 그러나 만일 너희가 너희 자신을

알지 못한다면, 너희는 결핍 속에 있고, 너희 자신이 결핍이
다.”

말씀 *4*

예수가 말했다. “그의 날에서 노인이 된 사람(옛사람)은 칠 일
된 어린아이에게 생명의 장소에 관하여 묻기를 머뭇거리지
않을 것이다. 그리고 그는 살 것이다. 왜냐하면 처음(사람)이
나중 (사람)이 될 사람이 많을 것이다. 그리고 그들은 단독자(ο
ΥΔ ΟΥωΤ, one alone)가 될 것이기 때문이다.”

말씀 *5*

예수가 말했다. “네 앞에 있는(앞선) 것을 알라. 그리하면 네게
감춰 있던 것이 너에게 드러나리라. 왜냐하면 감추인 것은 네
게 드러나지 않을 것이 없기 때문이다.”

말씀 *6*

예수의 제자들이 그에게 묻기를, “당신은 우리가 금식하기를
원하십니까? 어떻게 기도해야 합니까? 우리가 자비를 베풀어
야 합니까? 음식을 어떻게 가려 먹어야 합니까?” 예수가 말했
다. “거짓말 하지 마라, 너희가 싫어하는 것을 하지 마라. 모
든 것이 하늘 앞에서는 드러날 것이기 때문이다. 드러나지 않
을 비밀도 없고, 나타나지 않을 숨김도 없다.”

말씀 *7*

예수가 말했다. “사람이 먹게 될 사자는 복이 있다. 그리고 그
사자는 사람(ΡΡωΜΕ, become-man, 남자가 된)이 된다. 그리고 사자

가 먹게 될 자, 그 사람은 저주가 되었다. 그리고 그 사자는 사람(ⲡⲱⲙⲉ, human)이 될 것이기 때문이다.”

말씀 8

그리고 그가 말했다. “그 사람(ⲛⲡⲣⲱⲙⲉ)은 그물을 바다에 던지는 가슴으로 사람이 된(ⲣⲣⲙⲛ̄ϩⲏⲧ, become-man of mind, 가슴으로 남자가 된) 한 어부와 같다. 그는 바다에서 물고기가 가득 찬 그물을 끌어 올렸다. 작은 물고기는 아래쪽에 크고 좋은 물고기는 위쪽에 있다(작은 물고기가 가득했고, 크고 좋은 물고기는 마음의 높은 곳 안쪽에, ⲛ̄ϩⲣⲁⲓ). 사람이 된(ⲣⲣⲙⲛ̄ϩⲏⲧ, 가슴으로 남자가 된) 어부는 작은 물고기를 모두 바다로 던졌다. 그는 망설이지 않고 큰 물고기를 선택하였다. 듣고자 하는 귀를 가진 자는 그에게 듣게 하자.”

말씀 9

예수가 말했다. “보라, 씨 뿌리는 자가 나갔다. 그는 (씨들을) 그의 손에 가득 채웠고 뿌렸다. 어떤 것들은 길 위에 떨어졌다. 새들이 와서 그것들을 쪼아 먹었다. 어떤 것들은 바위 위에 떨어졌다. 그것들은 땅속에 뿌리를 내릴 수가 없었고, 하늘을 향하여 이삭들을 내지 못하였다. 어떤 것들은 가시덤불 가운데 떨어졌다. 가시덤불이 씨들을 질식시켰고, 벌레가 그것들을 먹어치웠다. 그러나 어떤 것들은 좋은 땅에 떨어졌다. 그것은 하늘을 향해 자라서 좋은 열매를 내었다. 60배, 120배의 열매를 맺었다.”

말씀 10

예수가 말했다. "나는 세상에 불을 질렀다. 보라 나는 그것이
불타오르기까지 그것(NTOU, HE, it)을 지키고 있다."

말씀 11

예수가 말했다. "이 하늘은 사라질 것이고 하늘 위에 있는 것
도 사라질 것이다. 죽은 자 그들은 생명으로 살지 못하고, 살
아 있는 자 그들은 죽음을 맛보지 않을 것이다. 죽은 자 그들
은 생명으로 살지 못하고, 살아 있는 자 그들은 죽음을 맛보
지 않을 것이다. 그대가 죽은 것을 먹던 날에, 그대는 그것을
산 것(생명)으로 만들었다. 그대가 빛이 되었을 때 그대는 무엇
을 할 것인가. 그대가 하나였던 날에, 그대는 둘이 되었다. 그
러나 그대가 둘이 되었을 때, 그대는 무엇을 하겠는가?"

말씀 12

제자들이 예수에게 말했다. "당신이 우리를 떠나게 되리라는
것을 알고 있습니다. 누가 우리 위에 큰 자가 되겠습니까?"
예수가 그들에게 말했다. "그대들이 서 있는 그곳에서 그대들
은 의로운 야고보스를 향해 가게 될 것이다. 그가 가지고 있
는 그 하늘과 땅은 바로 그에게 오는 자들을 위해 존재하기
때문이다."

말씀 13

예수가 그의 제자들에게 말했다. "내가 누구와 같은지 비교하
고 내게 말하라." 시몬 베드로가 그에게 말했다. "당신은 거룩
한 천사와 같습니다." 마태가 그에게 말했다. "당신은 마음의

사람 철학자와 같습니다." 도마가 그에게 말했다. "선생님(Cd2),
내 입으로는 전혀 그것을 말할 수 없다는 것을 받아들여요."
예수가 말했다. "나는 너의 선생이 아니다. 너는 마시고 있기
때문이다. 너는 내게 속하고 내가 전한 넘치는 샘에 취해 있
다." 그다음 그를 데리고 물러가서 그에게 세 마디를 말하였
다. 도마가 그의 동료들에게 돌아왔을 때, 그들이 그에게 물
었다. "예수께서 네게 무어라고 말했는가?" 도마가 대답하였
다. "만일 내가 너희에게 그가 내게 한 말 중 한 마디를 말한
다면, 너희는 돌을 들어 나를 칠 것이다. 그러면 돌들로부터
불이 나와 너희를 태워 버릴 것이다!"

말씀 14

예수께서 그들에게 말했다. "너희가 금식하면, 너희는 너희 자
신에게 죄를 지을 것이다. 너희가 기도하면 정죄를 받을 것이
다. 너희가 자선을 베풀 때, 너희의 정신을 해칠 것이다. 너희
가 어떤 지방에 들어가서 그 시골을 통과할 때, 너희가 받아
들여진다면 너희 앞에 놓여 있는 것을 먹어라. 그들 가운데
마음의 병든 자를 치료하라. 입으로 들어가는 것은 아무것도
너희를 더럽히지 아니할 것이요, 네 입에서 나오는 것이 너희
를 더럽히기 때문이다."

말씀 15

예수가 말했다. "너희가 여인에게서 태어나지 않은 자를 볼
때, 너희의 얼굴을 숙이고 그를 찬양하라, 그는 너희의 아버
지이기 때문이다."

말씀 16

예수가 말했다. "아마도 사람들은 내가 세상에 평화를 주러 왔다고 생각할 것이다. 그들은 내가 땅에 분열을 주러 왔다는 것을 모른다. 불과 칼과 전쟁을 주러 왔다. 한 집에 다섯 사람이 있으면 셋이 둘과, 둘이 셋과 대적할 것이요, 아버지가 아들과, 아들이 아버지와 대적할 것이다. 그러고서야 그들은 홀로(MONAXOC, 모나코스) 서 있을 것이다."

말씀 17

예수가 말했다. "눈으로 보지 못한 것, 귀로 듣지 못한 것, 손으로 만지지 못한 것, 사람의 마음에 떠오르지 않은 것을 너희에게 주리라."

말씀 18

제자들이 예수에게 말했다. "우리의 끝이(2AE, 하에) 무엇과 같을지 말해주십시오." 예수가 말했다. "그러면 너희들이 마지막(2AE, 하에)을 찾기 위해, 근본(APXH, 아르케)이 겉으로(EBOA) 드러났는가(6WAN)? 근본 안에 있으면 궁극에 이르게 될 것이다. 근본에 서 있는 자는 복이 있다. 그는 궁극을 알 것이고 죽음을 맛보지 않을 것이기 때문이다."

말씀 19

예수가 말했다. "나기 전에 나신 그이는 복이 있다. 너희가 내 제자가 되어 내 말을 들으면 이 돌들이 너희를 섬기리라. 낙원에는 너희를 위하여 변함없는 나무 다섯 그루가 있다. 여름과 겨울, 그 잎사귀가 떨어지지 않는 것을 아는 사람은 죽음을 맛보지 않을 것이다."

말씀 20

제자들이 예수께 말했다. "천국이 어떤 것인지 말씀해 주십시오." 그가 그들에게 말했다. "겨자씨 한 알 같도다. 모든 씨앗 중에서 가장 작은 것이로되 그것이 흙갈이 된 땅에 떨어지면 큰 가지를 내고 공중의 새들의 쉼터가 된다."

말씀 21

21.2 마리아가 예수께 물었다. "당신의 제자들은 어떤 사람들인가요?" 예수께서 말했다. "그들은 자기 것이 아닌 밭에 사는 어린아이들과 같다. 밭 주인이 오면 '우리 밭을 돌려 달라'고 할 것이다. 그들은 밭을 돌려주기 위해 그들 앞에서 옷을 벗는다." 21.2 그러므로 나는 말한다. "집주인이 도적이 올 줄 알면 그가 올 때까지 지키고, 물건을 빼앗아가지 않도록 자기 왕국의 집이 뚫리지 않게 할 것이다. 너희는 세상(κοcμοc 코스모스)의 시작(εzн 에히)부터 깨어 있어라. 도적이 길을 찾지 못하도록 강한 힘으로 허리를 동여매라. 외모를 중시하게 되면 겉에 빠지게 될 것이다. 네 중심에 이해심의 사람이 오게 하라. 열매가 익었을 때, 그는 손에 낫을 들고 속히 나가서 그것을 수확할 것이다. 속에 있는(within) 그에게 들으려는 귀를 가진 자는 들게하라."

말씀 22

예수께서는 작은 자가 젖을 먹는 것을 보셨다. 예수께서 제자들에게 이르시되 "이 젖을 먹는 작은 자가 왕국에 들어가는 자와 같다.” 그들이 이르되 “그러면 우리가 작은 자의 존재 (being)가 되어 천국에 들어가겠습니까?” 예수께서 그들에게 말씀하셨다. “그 둘을 하나로 만들고 안이 바깥과 같고 밖이 안과 같으며 위가 아래와 같게 만들고 그리하여 너희가 남자와 여자를 홀로 하나(ⲙⲡⲓⲟⲩⲁ ⲟⲩⲱⲧ 엠피우아 우오티)로 만들 것이다. 남자가 남자가 아니고, 여자가 여자가 아니기 위함이다. 네가 눈 대신에 눈을, 손 대신에 손을, 발 대신에 발을, 형상 대신에 형상을 만들면 그때 너희가 [왕국]에 들어갈 것이다.”

말씀 *23*

예수가 말했다. “내가 너희를 천에서 하나, 만에서 둘을 택할 것이다. 그리고 그들은 하나(ⲟⲩⲁ ⲟⲩⲱⲧ, 우아 우오티)로 서게 될 것이다.”

말씀 *24*

그의 제자들이 그에게 말했다. “우리는 그분을 찾아야(ⲧⲁⲛⲁⲅⲕⲏ, necessary) 해요. 당신이 계신 곳을 우리에게 보여주소서.” 그가 그들에게 말했다. “그에게 들을 수 있는 귀를 가진 자는 그에게서 들을 수 있게 하라! 빛이 있는 그가 빛나는 사람이다. 그가 온 세상을 비추는 빛이 된다. 만일 그가 빛이 되지 않으면, 그는 어두움이다.”

말씀 *25*

예수가 말했다. “네 형제(ⲥⲟⲛ)를 너의 목숨(ⲯⲩⲭⲏ 푸쉬케)처럼 사랑하라(ⲙⲉⲣⲉ), 그를 너희 눈동자(ⲉⲗⲟⲩ ⲙⲡⲉⲕⲃⲁⲗ)처럼 지켜라(ⲧⲏⲣⲉⲓ 테레이).”

말씀 26

예수가 말했다. "너는 네 형제 눈에 티가 있는 것을 본다. 그러나 네 눈에 들보가 있는 것을 보지 못한다. 그러나 네가 네 눈의 들보를 빼어버리면 네 형제의 눈에 있는 티를 제거할 수 있도록 밝히 보게 될 것이다(ⲕⲚⲀⲚⲀⲨ 케나나우 you will see clearly, διαβλέπω 디아블레포)."

말씀 27

예수가 말했다. "너희가 세상을 금식하지 아니하면 하나님의 나라를 찾지(만나지) 못하리라. 그리고 만일 안식일을 지키지 못하면 아버지를 보지 못하리라" **P.Oxy. 27**

27.1[예수가 말했다] "너희가 세상을 금식하지 아니하면 [하나님의] 나라에 들어갈(빠질) 수 없다(ⲦⲈⲦⲚⲀ2Ⲉ ⲀⲚ` ⲈⲦⲘⲚ̅ⲦⲈⲢⲞ). 27.2 안식일을 지키지 않으면 아버지를 보지 못할 것이다."

말씀 28

28.1 예수가 말했다. "내가 세상 가운데 서서 육체로 그들에게 나타났느니라 28.2 나는 그들이 모두 취한 것을 보았고, 그들 가운데 목마른 사람은 아무도 없다. 28.3 그리고 사람의 아들들로 인해 내 마음이 아프다. 왜냐하면 그들은 마음의 눈이 멀어 보지 못하기 때문이다…" **P.Oxy. 28**

28 예수가 말했다. "나는 세상(ⲔⲞⲤⲘⲞⲤ 코스모스)의 한 가운데 서서 육체(ⲤⲀⲢ3 사르크)로 볼 수 있게(ⲈⲂⲞⲗ 에볼) 그들에게 나타났다. 나는 그들에게(ⲈⲢⲞⲞⲨ 에로우) 있었고 그들 모두는 취해 있었

다. 그들 누구도 목말라하지 않았다(목말라하지 않는 그들에게 나는 빠지지 않았다). 내 마음(ⲯⲩⲭⲏ 푸쉬케)이 사람의 아들들로 인해 (ⲉϪⲛ ⲚϢⲎⲣⲉ ⲚⲢⲣⲱⲙⲉ) 아프다(고통을 지불했다). 그들은 마음의 눈이 멀어서 아무도 보지 못한다. 그들은 빈손으로 세상에 왔고 빈손으로 세상에서 나오려고 한다(ⲱⲓⲛⲉ 쉬네 seek). 그럼에도 그들은 취해 있다. 만일 그들이 그들의 포도주를 버리게 되면 그때 그들은 돌이키게(ⲙⲉⲧⲁⲛⲟⲉⲓ 메타노에이) 될 것이다."

2023년 초판 발행 ㅣ 신국판 320쪽 ㅣ 도서출판 예랑 ㅣ 정가 22,000원
e-book 으로도 출판되었습니다.